本成果受到中国人民大学 2018 年度
"中央高校建设世界一流大学（学科）和特色发展引导专项资金"支持

中国义务教育资源配置公平研究

基于价格差异的视角

Research on the Equality of Resource Allocation of
Compulsory Education in China
A perspective Based on Price Difference

付 尧 著

知识产权出版社

全国百佳图书出版单位

图书在版编目（CIP）数据

中国义务教育资源配置公平研究：基于价格差异的视角/付尧著. —北京：知识产权出版社，2019.9
ISBN 978 - 7 - 5130 - 5836 - 0

Ⅰ. ①中…　Ⅱ. ①付…　Ⅲ. ①义务教育—教育资源—资源配置—研究—中国　Ⅳ. ①G522. 3

中国版本图书馆 CIP 数据核字（2019）第 206395 号

责任编辑：荆成恭　　　　　　　　　责任校对：王　岩
封面设计：段子可　　　　　　　　　责任印制：孙婷婷

中国义务教育资源配置公平研究：基于价格差异的视角

付　尧　著

出版发行：知识产权出版社 有限责任公司　　　网　　址：http://www. ipph. cn
社　　址：北京市海淀区气象路 50 号院　　　　邮　　编：100081
责编电话：010 - 82000860 转 8341　　　　　　责编邮箱：jcggxj219@ 163. com
发行电话：010 - 82000860 转 8101/8102　　　 发行传真：010 - 82000893/82005070/82000270
印　　刷：北京虎彩文化传播有限公司　　　　经　　销：各大网上书店、新华书店及相关专业书店
开　　本：720mm × 1000mm　1/16　　　　　印　　张：15. 25
版　　次：2019 年 9 月第 1 版　　　　　　　　印　　次：2019 年 9 月第 1 次印刷
字　　数：232 千字　　　　　　　　　　　　定　　价：79. 00 元
ISBN 978 - 7 - 5130 - 5836 - 0

目　录

第1章　绪　论 ………………………………………………… 1

1.1　问题的提出 ………………………………………… 1

1.2　研究意义 …………………………………………… 4

1.3　研究的问题与方法 ………………………………… 6

1.4　概念的界定 ………………………………………… 11

1.5　本书结构安排 ……………………………………… 15

第2章　已有文献的述评 …………………………………… 18

2.1　国外相关研究 ……………………………………… 18

2.2　国内相关研究 ……………………………………… 33

第3章　理论基础 …………………………………………… 37

3.1　公共产品理论 ……………………………………… 37

3.2　外部性理论 ………………………………………… 39

3.3　劳动力市场分割理论 ……………………………… 40

3.4　购买力平价理论 …………………………………… 42

第4章　中国地区间义务教育资源价格差异探析 ………… 43

4.1　人员性投入的价格差异 …………………………… 44

4.2　非人员性投入价格的差异 ………………………… 56

第5章　中国地区间义务教育人员性投入价格指数模型的构建 ……… 62

5.1　地区间义务教育人员性投入价格指数的内涵 …… 62

5.2　理论框架：一般劳动者工资差异的影响机制 …… 67

5.3　中小学教职员工工资应有差异的来源分析 ……… 71

5.4　度量中小学教职员工工资应有差异的方法选择 … 76

5.5　实证模型的构建 …………………………………… 85

第6章　中国各省份城镇地区间义务教育人员性投入价格
　　　　指数的构造 …………………………………………… 89

6.1　数据及变量说明 …………………………………… 89

6.2 各省份城镇地区间可比工资指数的构造 ············· 103

6.3 各省份城镇地区间可比工资指数探讨 ············· 110

6.4 省份内城镇地区间义务教育人员性投入价格指数研究 ······· 116

第7章 中国地区间义务教育非人员性投入价格指数 ········· 123

7.1 相关研究 ································· 125

7.2 理论框架 ································· 128

7.3 中国地区间义务教育非人员性投入价格指数的构造 ······· 129

第8章 中国地区间义务教育资源价格总指数的构造 ········· 137

8.1 中国义务教育服务的消费结构 ················ 137

8.2 构造方法 ································· 139

8.3 城镇间义务教育资源价格总指数 A ·············· 141

8.4 城镇间义务教育资源价格总指数 B ·············· 143

8.5 城镇间义务教育资源价格总指数 A、B 的比较 ········· 146

第9章 中国各省份城镇地区义务教育资源配置公平状况 ······ 149

9.1 生均事业性经费个人部分支出与义务教育人员性投入 ····· 149

9.2 生均事业性经费支出与实际投入 ··············· 158

第10章 中国各省份城镇地区间义务教育生均经费及人员性投入的

跨时变化 ······························ 165

10.1 生均事业性经费个人部分支出及不平等程度的变化 ······ 168

10.2 各省份义务教育人员性投入价格指数的扩展 ········· 174

10.3 各省份义务教育人员性投入价格指数的跨时变化 ······· 178

10.4 各省份城镇间义务教育人员性投入及不平等程度的变化 ···· 186

第11章 中国城乡间义务教育资源配置公平状况 ············ 200

11.1 城乡生均义务教育经费差异 ················· 200

11.2 城乡义务教育资源价格指数的构造 ············· 209

11.3 城乡生均义务教育资源投入差异 ·············· 211

11.4 城乡生均义务教育经费与资源投入差异排序 ········· 215

第12章 结论与展望 ······························ 220

12.1 结论与政策含义 ······················· 220

12.2 创新点与局限性 ······················· 223

12.3 展望 ······························· 225

参考文献 ································· 226

第1章 绪 论

1.1 问题的提出

教育公平是社会公平的重要内容之一，也是实现社会公平的重要手段。在教育改革和发展的过程中，对教育公平问题的研究不仅不可避免，而且显得尤为重要。我国政府在 21 世纪初提出的科学发展观与建设和谐社会的目标，更进一步明确和提升了教育公平的地位和意义。在各级各类教育中，义务教育是国民教育的基石，对于国家的发展起着至关重要的作用。义务教育的公共产品性质决定了提供义务教育是政府所提供的公共产品和服务的重要组成部分，因此推进义务教育公平，是政府应履行的职责。2010 年颁布的《国家中长期教育改革和发展规划纲要（2010—2020 年）》明确指出"教育公平的主要责任在政府，全社会要共同促进教育公平"。

从政策实施的角度来看，公共义务教育资源的配置公平是实现义务教育公平的物质保障。如果地区❶间义务教育资源投入差异过大，将不利于义务教育，特别是贫困地区义务教育的普及和质量上的保证，不利于教育公平的实现。此外，义务教育阶段人力资本投资的地区差异也将进一步加剧各地区在经济、文化等方面发展的不平衡。因此对我国来说，地区间义务教育资源配置的公平，有助于国民素质的提高和社会公平的实现。实现

---

❶ 如无特明说明及限定本书的"地区"一词，一般指我国的省级行政区域，即省份。但在实证部分，由于数据可得性原因，本书对地区间的研究未能涵盖台湾地区、香港特别行政区、澳门特别行政区；大部分内容也不包括西藏自治区。

义务教育资源在地区间的公平配置，是政府和教育部门责任中的重要一环。

但是在现实中，与世界上的很多国家一样，我国义务教育主要由地方政府提供，中央政府的供给比例较小，因此，当各地区经济发展水平不一致时，地方政府提供义务教育的能力也有所不同。因此教育的支出水平就会有所差异，从而造成教育资源分配的不平等。在我国，义务教育主要由县级政府提供。但由于幅员太广，我国各地区之间经济文化发展状况非常不均衡，这在客观上导致了我国各地区义务教育资源配置的不均等。

为解决这一问题，政策制定者需要获知两方面信息：一方面是当前义务教育资源在不同地区之间的配置状况；另一方面则是政策所涉及地区义务教育经费的购买力差异，即教育资源的价格水平差异。由于数据获取成本及公信力等方面的原因，义务教育资源在不同地区之间的配置状况的实证研究多数都以教育经费为研究对象，同时对政策制定者的建议也大多是基于这些研究结论提出的（潘天舒，2000；钟宇平与雷万鹏，2002；岳昌君，2003；沈百福，2004；Mun C Tsang 和 Yanqing Ding，2005；李全生和解志恒，2008；田志磊、袁连生和张雪，2011；等等）。但对我国来说，由于地区发展不均衡以及区域劳动力市场分割等制度性因素，造成了多年来各地产品和服务价格具有较大差异的现状，从而教育经费的购买力在地区之间就存在着巨大差异。因此，已有大多数研究对教育资源当前的配置状况信息的获取是不准确的。而如果不采取特定方法，不同地区间的教育资源的价格水平差异也就无法获取。总之，这两方面信息的获取，均需要建立在区域义务教育经费购买力差异的测算之上。在教育政策的制定过程中，如果忽略或主观估计现实存在的区域间教育经费购买力差异，必然影响教育政策的实施效果，其造成的影响大小和方向也是值得探讨的。

关于我国义务教育资源配置公平的问题，已经有众多学者进行了定量的探讨和评价。目前，由于教育经费数据多为已公布的统计数据，在计算上更加令人信服，采用定量方法评价我国义务教育资源配置公平的研究大多以教育经费在地区间的分配差异为研究对象。潘天舒（2000）对我国预算内义务教育投资的地区差异进行了统计检验，用变异系数、基尼系数、泰尔指数和回归分析的方法，研究了我国预算内义务教育投资的差异状况。钟宇平等（2002）利用省级数据计算变异系数、McLoone 指数等指标，分析我国义务教育财政投入不平衡问题。岳昌君（2003）利用基尼系数研究我国省份之间教育发展水平的差异。沈百福（2004）分别计算了 2001 年我国各省份农村和城市的小学和初中义务教育生均教育经费、生均预算内教育经费和生均预算内公用经费及各省份的城乡差异，并对城乡义务教育投入的差异进行了分析。曾满超与丁延庆（2005）利用 1997—2000 年全国县级教育经费数据对中国义务教育的资源利用和配置不均衡状况进行了描述性统计分析。

以上研究分别对我国地区间义务教育经费配置状况进行了有益的测量及讨论。但是，地区间义务教育经费及其生均支出差异是否能完全反映地区间义务教育资源投入的真实差异呢？答案是否定的。这是因为，在不同地区，同样质量和规格的产品和服务的价格可能会呈现出一定差异，因此在不同地区购买同样的一组产品和服务所需要的经费就会出现差异。如果把这组产品和服务，看作是义务教育学校为向学生提供完全相同的教育服务而购买的，可称之为教育资源，那么在不同地区，购买这组相同产品和服务所需要的经费就很可能是不同的。此时，教育资源投入相同，但所支出的教育经费不同。可见，生均教育支出与生均教育资源投入是不同的两个概念。因此处于不同地区的学校，即使向每位学生提供着完全相同的义务教育服务，其投入的生均教育经费也可能呈现出一定的差异。可见，地区间教育资源价格的差异影响了教育经费的购买力，使得等额教育经费在不同地区呈现出不同的购买能力。

综上所述，考虑到地区间产品和服务价格的差异，地区间生均义务教育经费差异的来源实际上有两方面：一方面是学校向每名学生投入的教育资源的差异；另一方面则是教育经费购买力的差异，即地区间教育资源的价格差异。对于这种即使在教育资源投入相同时也受价格因素影响而变化的教育经费，本书称之为"名义教育资源投入"。而采取各种方法剥离了价格因素影响后的各地区教育经费水平，能够反映不同地区义务教育资源投入的真实差异，也可以用于地区间的比较，本书称之为"真实教育资源投入"，或者"教育资源投入"。一个地区的生均义务教育资源投入、义务教育资源的价格、生均义务教育经费支出，以及义务教育经费的购买力之间的关系，见图1-1。

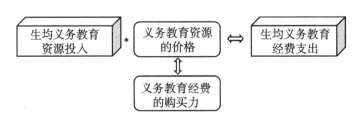

图1-1　生均义务教育资源投入、义务教育资源的价格、生均义务教育经费支出以及义务教育经费的购买力之间关系

因此，在讨论地区间义务教育公平问题以及义务教育拨款与转移支付问题时，如果直接将各地生均教育经费支出进行比较，不剥离地区间价格差异的影响，教育资源配置的真实状况就会被名义教育资源投入所掩盖，研究得出的结论往往会失去真实性。

1.2　研究意义

1.2.1　理论意义

教育资源配置公平的实证研究，主要采用的方法有两种：第一种是对各地区学校生师比、教师学历结构、教师职称结构的比较，部分教育物力资源，例如校舍建筑面积、图书册数、计算机台数等生均占有量的比较[1]。第二种是对生均学校固定资产总值、生均教育经费的比较。用部分物力资源的生均占有量代表时，由于教育服务所需的物力资源多种多样，对学生产生影响的物力资源种类也不一而足，研究中可以选取的物力资源种类稀少，因此代表性有限。利用公布的各种教育经费数据研究义务教育资源配置，有时效性强、成本低、可信度高等优势，也是很多学者与政策制定者常使用的研究方法。但教育经费购买力差异在教育资源配置问题的研究以

---

[1]　沈有禄. 中国基础教育公平［M］. 北京：北京教育科学出版社，2011.

及评价过程中通常容易被忽略，或者，由学者或政策制定者对购买力差异的具体数值进行主观估计。当采取这两种处理方式时均可能导致对我国教育资源配置状况不准确的判断。本书的研究可以弥补这一不足。经过地区间教育资源价格差异的调整后，用可比的教育经费度量地区间资源配置公平情况，可以为政策制定者提供理论支持。

在理论层面上，这一研究将丰富教育资源配置研究领域的研究方法和理论基础，为各地区义务教育资源配置领域的研究提供新的视角和更加完善的研究方法。以便在此基础上进行教育财政公平、充足和效率等方面的分析，为相关研究人员提供理论参考。

1.2.2 实践意义

在实践层面上，本书的研究可以为政府教育政策制定者提供丰富而准确的信息。构造我国的地区间义务教育资源价格指数，根据地区价格差异对教育经费支出进行调整，获得地区间义务教育资源投入的实际差异，除了对我国义务教育财政公平，尤其是横向公平的研究来说不可或缺，对义务教育财政政策的设计也至关重要。例如，在进行义务教育财政转移支付时，就需要考虑各个地区义务教育投入资源的价格。

我国现行的义务教育财政实行"地方负责，分级管理"的体制，义务教育经费主要以地方负担为主。这有利于调动地方政府的积极性，但同时会引起地区间教育资源投入的较大差异。因此，需要建立规范的义务教育财政转移支付制度，缩小地区差异。为了保证义务教育财政转移支付的公平，在测算各个地区的经费需求时应采用一套较为合理的拨款公式。早在2003年，王善迈、袁连生、刘泽云就指出，应以各地工资水平作为成本调整系数，采用"因素法"建立义务教育财政转移支付模型，确定本地区（县）义务教育经费的标准支出需求和标准收入，进而确定需要上级政府转移支付的需求。其中，标准支出根据完成义务教育阶段教学所必需的各项支出和对贫困生资助所需要的支出，采用数学公式计算得出，各项经费需求全国应该有一个最低标准。但是，到目前为止，这套数学公式还没有形成统一的标准，各项经费需求的全国最低标准也没有确定。

由于地区间资源价格的差异，相同的经费在不同地区的购买力是不同的。因此，在义务教育投入资源价格较高的地区，义务教育经费的支出标准也应更高，而高出的绝对数额的确定，则需要科学的计算公式。考虑到教育投入的产品和服务在地区之间的价格差异，仅仅采用"因素法"是不够准确的。制定标准的方法如果不合理，将在一定程度上影响学校的正常运转，不利于义务教育公平的实现。

所以，为确保义务教育转移支付能够达到促进公平的目的，应该考虑地区间的价格因素，了解两方面信息：当前地区间义务教育资源配置的真实状况以及各地区义务教育经费的购买力状况，只有掌握了这两方面的信息，才能建立公平的义务教育财政转移支付制度。

从20世纪70年代开始，国外学者已经开始对地区间教育成本的调整进行研究工作，并构造出了一系列跨地区的教育资源价格指数。基于对地区间教育成本调整问题进行研究的必要性的认同，美国国家教育统计中心（NCES）从20世纪80年代以来已经形成了对相关研究工作的进展状况进行实时关注并及时发布的传统。这一领域的理论研究成果在教育财政政策中也已经得到了应用。以美国为例，已经至少有20个州针对所辖学区构造了教育成本指数，并在教育拨款公式中使用。但这些已有的指数都具有一定的局限性，它们不能适用于所有研究的研究目的，而且也不是所有国家和地区的状况都符合构建这些指数的前提条件。因此，要获得我国地区间教育资源投入的实际差异数据，就需要构造出适合我国实际情况的"教育资源价格指数"。

因此，本书所进行的研究，将有利于地区间义务教育资源配置信息体系的建立和完善，有利于教育财政公平、充足和效率等方面的分析，将为政府的教育财政拨款及转移支付提供政策支持，以合理分配教育资源。

1.3 研究的问题与方法

1.3.1 研究问题

基于以上考虑，本书的研究以义务教育阶段生均教育资源配置情况为对象，探讨我国地区之间义务教育消费的产品与服务的价格差异，构造地区间义务教育资源价格指数，继而利用该指数剥离义务教育生均经费支出受到的价格差异的影响，揭示我国地区间义务教育生均投入的真实配置状况。本书的研究试图回答以下四个方面的问题：

①我国地区间义务教育经费支出各个组成部分差异的影响因素有哪些？

②应采取何种方法剥离地区间产品和服务价格差异对教育经费投入的影响，才能更准确地刻画地区之间义务教育资源投入的真实配置情况？

③提供义务教育服务所消费的产品和服务的价格在地区之间有什么差异？

④不同地区之间在义务教育生均资源投入上的真实差异及其所体现的义务教育公平状况如何？

本书将综合运用学科的理论和方法，借鉴国外学者对教育成本指数构造的经验，在对我国教育资源的构成以及影响因素进行研究的基础上，探索构造我国各省份城镇地区以及城乡之间义务教育资源价格指数的方法，尝试利用经验研究方法构造地区间义务教育资源价格指数，并对现有的教育经费支出进行调整，分析地区间教育资源投入的实际差异和教育公平状况。

1.3.2 研究方法

本书采用规范分析与实证分析相结合的分析方法分别构造我国各省份城镇之间以及各省份城乡之间义务教育资源价格指数模型，获得义务教育资源价格指数，并利用价格指数获得各个地区的真实义务教育投入并分析其差异及变化规律。

本书利用规范分析方法回答"应该是什么"的问题。在理论层面上基于劳动经济学的理论框架，分析了在理想状况下，为了达到地区间的教育公平，各个地区义务教育阶段教职员工工资（收入）应该具有何种差异的应然答案。

本书还利用实证分析方法讨论地区间义务教育资源的价格差异、地区间义务教育经费的购买力差异，以及义务教育资源配置的状况及公平程度。以下从四个方面说明本书的研究采用的主要方法及模型。

1.3.2.1 基本统计方法

本书将利用基本统计方法刻画教育经费支出的构成情况、样本特征和计算所得的地区间义务教育资源价格指数，以及经过教育资源价格指数调整前后的地区间义务教育支出及其不平等状况。这些基本的统计方法包括：百分比、频数、加权平均数、极值、极差、极差率、变异系数、基尼系数以及泰尔指数等。

1.3.2.2 计量回归模型

基于修正的可比工资模型和扩展的明瑟收入方程，构造了多元回归方程，对劳动者的工资性收入决定因素进行了考察，揭示了各个地区间具有相同特征的劳动者工资性收入差异，从而推断出义务教育学校教职员工应具有的工资差异。

1.3.2.3 购买力平价方法

借鉴经济学的购买力平价方法，收集并利用义务教育公用经费支出结构，指出了我国地区间义务教育事业性经费公用部分价格指数所需数据，并给出了构造方法。

1.3.2.4 不平等程度的度量

借鉴发展经济学关于收入分配的差异分析方法，经济学测量区域间差异的方法主要有极差、极差率、变异系数、基尼系数及泰尔指数等。本书将使用这 5 项指标对各地区间城镇教育经费支出及资源投入的不平等程度进行度量。

（1）极差

极差是一组数据最大值与最小值之差，是描述数据离散程度的最简单测度值，由于只是利用了一组数据两端的信息，不能反映中间数据的分散情况，容易受极端值的影响。其计算公式为

$$R = \max(x_i) - \min(x_i) \qquad (1-1)$$

其中，R 表示级差，$\max(x_i)$ 和 $\min(x_i)$ 分别表示一组数据的最大值和最小值。

（2）极差率

极差率是一组数据最大值与最小值之比。级差率用于反映相对差异，与级差一样仅利用了一组数据两端的信息，不能反映中间数据的分散情况，容易受极端值的影响。但是可以消除变量值水平高低和计量单位不同对离散程度测度值的影响。与级差相结合，可以较为全面地反映数值之间差异的极端情况。其计算公式为

$$I = \frac{\max(x_i)}{\min(x_i)} \qquad (1-2)$$

其中，I 表示级差率，$\max(x_i)$ 和 $\min(x_i)$ 分别表示一组数据的最大值和最小值。

极差和极差率是数据离散程度较为简单的测度值，但较易受极端值的影响，而且未考虑数据内部的分布情况。

（3）变异系数

变异系数是一组数据的标准差与其相应的平均数之比。其作用主要是用于比较不同样本数据的离散程度。计算得到的离散系数大，说明数据的离散程度也大；计算得到的离散系数小，说明数据的离散程度也小。计算离散系数可以消除变量值水平高低和计量单位不同对离散程度测度值的影响。其计算公式为

$$v_s = \frac{s}{\bar{x}} \qquad (1-3)$$

其中，v_s 表示变异系数，s 表示标准差，$\bar{x}$ 表示平均数。

（4）基尼系数（Gini coefficient）

1905 年，统计学家洛伦茨（Lorenz）提出了洛伦茨曲线。将社会总人口按收入由低到高的顺序平均分为 10 个等级组，每个等级组均占 10% 的人口，再计算每个组的收入占总收入的比重。然后以人口累计百分比为横轴，以收入累计百分比为纵轴，绘出一条反映居民收入分配差距状况的曲线，即洛伦茨曲线。

为了用指数更好地反映社会收入分配的平等状况，1912 年，意大利经济学家基尼根据洛伦茨曲线计算出一个反映收入分配平等程度的指标，称为基尼系数，也有研究称坚尼系数。对于如何应用获得的数据计算基尼系数，很多经济学家和统计学家都进行了这方面的探索，各种方法适用于不同类型的数据，具有各自的优缺点。按照可获得数据的形式，本书将使用分组计算法计算基尼系数。

其表达式为

$$G = \frac{2}{n}(y_1 + 2y_2 + \cdots + ny_n) - \frac{n+1}{n} \qquad (1-4)$$

$$n = 1, 2, \cdots$$

其中，G 表示基尼系数；n 是数据中所考察的单位总数；y_i 是第 i 个单位的支出在总支出中的份额，$y_1 < y_2 < \cdots < y_n$。基尼系数的值介于 0 ~ 1 之间，值越大，表明资源分配越不均等；值越小，表明资源分配越均等。当 n 个单位占有资源完全均等时，基尼系数的值为 0；当资源分配绝对不均等时，基尼系数的值为 1。

（5）泰尔指数

泰尔指数也称泰尔系数，是由荷兰经济学家泰尔（H Theil）于 1967 年利用熵概念计算收入不平等性的指标。

Theil 系数的计算公式为

$$T = \frac{1}{n} \sum \frac{x_i}{u} \log\left(\frac{x_i}{u}\right) \qquad (1-5)$$

$$i = 1, 2, \cdots$$

在本书的研究中，x_i 是第 i 个地区的生均教育支出或资源投入，n 为观测的单位数量，u 表示平均生均支出或资源投入水平。生均教育支出或资源投入完全均等时 Theil 系数取最小值，为 0；Theil 系数取 1 时表示极度不公平，此时所有的资金全部供给一个地区。

一般认为，基尼系数对分布中段的变化比较敏感，泰尔系数对分布尾端的变化较为敏感。

1.4 概念的界定

1.4.1 教育公平

公平是现代社会的基本价值理念，尽管认识不尽相同，但很多学者都对其进行了研究和定义。

较为公认的包括罗尔斯（John Rawls）提出的公平三原则：平等自由的原则、机会的公正平等原则，以及差别原则。就教育公平的含义来说也有众多学者对其进行了探讨。

1966 年美国学者科尔曼提交的对西方教育公平理念产生深远影响的《教育机会均等的观念》（也称"科尔曼报告"）指出教育机会的观念在美国一开始就有注重均等的特殊意义，这种意义包括以下四个要素：第一，向人们提供达到某一水平的免费教育；第二，为所有儿童，不论社会背景如何，提供基础的、义务的、公款帮助的教育；第三，为所有儿童提供同样机会的教育系统，也就是说，不论其社会出身，人人都能够不受限制地根据机会均等的原则受到教育；第四，在同一特定区域范围内，教育机会一律平等。

瑞典教育家胡森通过对"平等"和"机会"进行界说，分析了教育公平问题。他认为所谓"平等"，首先是指每个人都有不受任何歧视地开始其学习生涯的机会，至少是在政府所创办的学校教育中应该如此；其次是指平等地对待每一个人，不管他的种族和社会出身如何；最后在制定和实施教育政策时，应确保入学机会和学业成就的机会平等。"机会"作为一个可变标准，包括一组对个人教育有影响的变量：①学校外部的各种因素，如家庭经济状况、学习开支总额、学校地理位置和交通工具；②学校内部的物质设施，如学校建筑物、实验室、图书馆和教科书等；③家庭因素，包括家长的期望值、对掌握知识的态度等；④学校因素，包括教师的能力、对学生的态度、对学习成绩和学习动机的期望；⑤国际学业成就评估协会提到的"学习机会"，包括教学条件、教学时数和课外作业量。

本书将教育公平界定为教育机会的平等，以及教育资源配置的公平。

1.4.2 教育成本

人力资本理论的奠基者，美国经济学家舒尔茨和科恩分别在其专著《教育的经济价值》（1963）和《教育经济学》（1964）中专门论述了教育成本问题。舒尔茨提出了"教育全部要素成本"的概念。他认为，教育的全部要素成本可分为两部分，第一部分是提供教育服务的成本，包括教师、图书馆工作人员、学校管理人员的工资等服务成本；维持学校运行耗费的要素成本、固定资产成本，如房屋、土地、教学设备、报废及折旧成本；维持学校正常运行的费用。上述成本中不包括学生食堂、住宿、体育运动活动等与教育服务无关的附属活动的成本。第二部分是指学生在一定受教育年限内所花费的成本和受教育期间的机会成本。前者包括学杂费、书本费、培训费及迁移费用，后者是指以工资计算的学生因上学放弃的收入。科恩把教育成本分为直接成本和间接成本两大类。直接成本主要是学校提供教育服务的成本，也有一部分是学生因上学而发生的费用支出，除了学杂费、书本费外还有额外发生的食宿、服装费、往返于学校和家庭之间的交通费；间接成本主要是学生因上学而放弃的收益，学校享受的税收优惠，因土地、房屋等用于教育而产生的收益损失。

袁连生教授（2000）将教育成本分为机会成本和财务成本，其中，机会成本包括个人机会成本和公共机会成本；财务成本则可按照教育成本的负担主体分为个人成本和学校成本。其中学校成本是指学校提供教育教学服务所消耗的资源价值，包括人力、各项物品、服务及空间，具体包括工资、公务费、业务费、修缮费以及折旧费。

本书认为，教育成本是教育的机会成本。按照教育成本的承担主体，可在结构上将教育成本分为学校或教育机构的成本、个人的教育成本，以及公共教育成本。其中学校教育成本是学校为提供一定教育教学服务所消费的最少的人力、物力资源的货币体现，其中隐含了教育生产有效率的假定。

1.4.3 教育经费支出

舒尔茨在《教育的经济价值》中曾明确指出,教育成本与教育经费是两个截然不同的概念。教育经费是一个统计概念,它包含了一些不属于教育成本的项目,同时又缺少一些教育成本应该包含的项目。除此之外,教育经费支出是学校为提供一定教育教学服务所进行的实际支出,与成本这个概念不同,教育经费支出中并没有隐含支出是有效率的假定。但由于到目前为止学校还没有实行成本核算,难以得到学校教育成本的信息,在研究和管理中,一般用教育经费支出反映教育成本。

教育经费支出是教育提供教育服务所消耗资源的货币体现。按我国教育经费统计的方法,教育经费支出由教育事业性经费支出和基本建设支出构成,而与我国相对应,国际上将教育经费支出(total spending)的两个组成部分称为经常性支出(recurrent expenditure)和资本性支出(capital expenditure)。在我国,教育事业性经费支出又分为"个人部分支出"和"公用部分支出"两部分,国际上将教育经常性支出分为人员(personnel)支出及非人员(non-personnel)支出两部分。在我国,基本建设支出(通常也简称"基建支出")指属于基本建设投资额度范围内的,并列入各级计划部门基建计划,经批准由学校用于教育基建拨款和其他自筹资金安排的基本建设,并专存银行基建专户的支出,不属于经常性投入。总体来说,两种统计方法及口径较为接近,主要区别在于国际上的统计口径严格界定了其中的非人员支出部分,将使用周期在一年以上的物品购置支出(例如设备购置费等)归入资本性支出当中,但这部分支出所占比例往往较小。本书将完全参照上述我国对教育经费支出的定义的统计口径。

1.4.4 教育资源

教育资源有广义和狭义之分。按照顾明远在《教育大辞典》(1998)中的定义,"教育资源亦称'教育经济条件'。教育过程所占用、使用和消耗的人力、物力和财力资源。即教育人力资源、物力资源和财力资源的总和。人力资源包括教育者人力资源和受教育者人力资源,即在校生数、班级生数、招生数、毕业生数、行政人员数、教学人员数、教学辅助人员数、工勤人员数和生产人员数等。物力资源包括学校中的固定资产、材料和低值易耗物品。固定资产分为共用固定资产、教学和科学研究用固定资产、其他一般设备固定资产。材料和低值易耗物品包括各种原材料、燃料、试剂、低值仪表、工具、文具等。财力资源为人力、物力的货币形式，包括人员消费部分和公用消费部分。人员消费部分有工资、职工福利费、助学金、奖学金等；公用消费部分有公务费、设备购置费、修缮费、业务费、科学研究费和其他费用。"以上所述是发展教育事业和进行教育工作的物质基础。这是广义的教育资源。

而本书所涉及的教育资源是狭义的教育资源，即那些学校或者教育机构，为提供教育服务所直接消耗的人力、物力资源。与教育经费支出的各个组成部分相对应，而且由于基本建设支出所占比例较小，也不是经常性支出，对各个年份各地区之间的学生所享有的教育资源差异的比较意义不大，因此，本书所指的教育资源也略去学校和教育机构为进行基本建设而消耗的资源。

1.4.5 教育资源配置公平

翁文艳（2001）指出，从经济学角度看，较为公认的教育资源分配的公平原则有以下五项：资源分配均等原则、财政中立的原则、调整特殊需要的原则、非义务教育阶段成本分担和成本补偿的原则，以及公共资源从富裕流向贫困的原则。这是现阶段各国学者判断教育资源分配是否公平的最终标准，是教育财政公平的最高目标，也是实现教育机会均等的最根本的财政要求。在本书的研究中主要涉及对义务教育阶段资源配置公平的判断，因此将以除第四项原则外的其他四项原则来界定我国地区间义务教育的资源配置公平状况。

1.4.6 教育资源价格指数

教育资源价格指数是指为使不同地区或不同时期的教育成本或教育经费支出之间具有可比性，根据地区间资源的价格差异对教育经费支出进行调整以揭示地区间教育资源投入相对差异情况所使用的指数。

根据不同地区间资源价格差异对地区间教育经费的调整最早起源于美国，在已有研究中多称上述指数为"教育成本指数"，因此，本书在对国外文献的综述中仍然保留这种叫法。但事实上，这个指数的实质是度量各个地区完全相同的产品与服务价格的高低，并用以调整地区间价格向量对教育经费支出购买力的影响。学校为提供教育服务所购买的一组相同产品与服务的价格越高，指数的取值越大，价格越低，指数取值越小。因此，本书认为称其为教育资源价格指数更为适合。

1.5　本书结构安排

第 1 章引出本书的研究要分析的问题，即义务教育资源配置的真实情况，以及价格在地区之间差异的度量和应用等问题；阐明了该研究在理论和政策层面的重要性，尤其是在义务教育财政政策制定中的重要作用；在明确了本书力图回答的几个问题后，说明了本书运用的研究方法；最后界定并解释了本书涉及的一系列重要名词。

第 2 章对国内外关于地区间义务教育资源价格或教育资源价格指数差异及其度量和调整的相关研究进行了全面评述。首先对国外的相关研究及其进展情况进行了梳理与详细的总结，并结合我国实际对其应用的可行性进行了评价；其次对我国该领域的研究现状进行了介绍与总结。

第 3 章介绍了本书开展研究的理论基础，包括公共产品理论、外部性理论、劳动力市场分割理论和购买力平价理论。

第 4 章通过分析并结合现实数据，回答了本书试图回答的第一个问题，即我国地区间义务教育经费支出各个组成部分在地区间的差异有哪些影响因素。

第 5 章到第 11 章是本书的实证部分，回答了本书试图回答的第二到第四个问题：即应采取何种方法剥离地区间产品和服务价格差异对教育经费投入的影响、义务教育服务所消费的产品和服务的价格在地区之间有什么差异，以及不同地区之间在义务教育生均资源投入上的真实差异及其所体现的义务教育公平状况如何。

第 5 章对义务教育最重要的资源——人员性投入的价格调整方法进行了研究。在总结国际上已有研究和我国实际情况的基础上，构建了较为适合我国实际情况的研究框架，即修正的可比工资指数理论框架。在对我国劳动力市场特征的理论研究过程中，所依据的劳动力市场理论由简单到复杂，对劳动者工作决策的分析从一般到特殊，并在厘清一般劳动者地区间工资差异决定机制的基础上，对我国地区义务教育人员部分的资源价格进行了规范分析。研究还给出了构建人员性投入价格指数的各种可能的思路与方法，从中选取最优方法，并建立了经验研究的回归模型。

第 6 章在第 5 章构建的理论框架及数学模型的基础上，首先对实证研究所使用的变量进行了定义及统计描述，接着利用微观数据大容量样本构造了我国 30 个省份所辖城镇地区的可比工资指数，将其作为义务教育人员性投入价格指数。然后，为评价已构建的城镇地区间义务教育人员性投入价格指数，构造了另一种可选的地区间义务教育人员性投入价格指数——改进的生活成本指数，对两种指数进行了对比，并对二者之间的差异及优劣进行了讨论。在拓展部分，估计了广东省城镇地区的可比工资指数，并与各省份城镇地区间的可比工资指数进行了比较。

第 7 章首先梳理了已有的空间价格指数编制理论与方法的研究，然后借鉴购买力平价理论框架，给出了构造我国地区间义务教育非人员性投入价格指数所需要的数据、代表规格品的选取原则，以及编制的具体方法、步骤。

第 8 章构造了我国地区间义务教育资源价格总指数，给出了本书力图解决的第三个问题的答案。然后借鉴已有相关研究中编制教育资源价格总指数的固定市场篮子方法，将各省份城镇地区间义务教育人员性投入价格指数与非人员性投入价格指数复合成为各省份城镇地区间义务教育资源价格总指数。

第 9 章先后对前文构造的中国各省份城镇地区间义务教育人员性投入价格指数及义务教育资源价格总指数进行了应用，获得了各省份城镇地区间教育资源的真实配置状况，回答了本书力图解决的第四个问题。该部分首先利用构造的价格指数对我国各省份城镇地区义务教育生均事业性经费个人部分支出与教育事业性经费支出进行剥离地区间价格差异的调整，获得了各省份城镇地区间义务教育的人员部分与总的资源投入及其在地区间的配置状况，并根据资源投入的多少对我国 30 个省份进行了排序，并对不同序列进行了比较。

第 10 章对我国各省份城镇地区间义务教育人员性投入价格指数进行了跨时扩展研究。首先通过对基年指数进行适当调整，获得了不同时期各省份城镇地区间义务教育人员性投入价格指数。然后利用该指数对各省份城镇地区生均事业性经费个人部分支出进行了价格调整，获得了 2005—2015 年间奇数年份我国各省份城镇地区间义务教育人员性投入的配置情况及其变化趋势，以及小学和初中人员性投入的不平等程度及其跨时变动趋势，并与生均事业性经费个人部分支出的不平等程度以及跨时变化情况进行了比较。

第 11 章对我国各省份城乡间义务教育生均事业性经费个人部分支出与教育事业性经费支出及其差异和它们随时间变化的情况进行了讨论。进而针对我国城乡之间教育资源价格差异的特点，构造了城乡义务教育资源价格指数，并利用该指数对我国各省份城乡义务教育生均事业性经费个人部分支出与教育事业性经费支出进行调整，获得了各省份城乡义务教育人员部分与总资源投入及其在地区间的配置的公平状况和它们随时间的变化特点，并展开了讨论。

第 12 章总结本书的主要结论和观点，并提出了政策建议，同时对本书的创新点和局限性予以说明，最后提出了对该领域研究的展望。

第2章 已有文献的述评

地区间义务教育资源价格指数是指为使不同地区或不同时期的义务教育成本或教育经费支出之间具有可比性,对教育经费的购买力进行调整所使用的指数。其调整对象是各个地区的义务教育经费支出。在我国,教育经费支出由教育事业性经费支出和基本建设支出构成,对中小学来说,事业性经费支出为经常性支出,是维持学校正常运行的支出,一般来说约占义务教育经费支出的 90% 以上,而基本建设支出一般占教育经费支出的10% 以下。以本书构造教育资源价格指数的基年 2005 年为例,当年,普通小学与初中,平均基本建设支出分别为 3.17% 和 5.34% ❶。学校为提供教育教学服务所消费产品与服务的结构决定了教育经费支出的每个组成部分在地区之间的差异,这些因素都将引起学校的教育经费在地区之间的差异。以下将分别对国内外学者对地区间义务教育资源价格指数各个组成部分以及总指数的构造进行评述。

2.1 国外相关研究

对地区间教育经费的调整最早起源于 20 世纪 70 年代的美国。继而从20 世纪 80 年代起,美国国家教育统计中心开始对该领域研究工作的进展状况进行实时发布。目前,这一领域的研究成果在美国至少 20 个州的教育拨款公式中得到了应用。在人员经费购买力差异方面,主要工作是控制员工质量等因素,衡量教育工作者的工资差异。已有研究采用的最主要的方

---

❶ 数据来源,《中国教育经费统计年鉴》(2006)。

法包括 McMahon – Melton 模型（McMahon 和 Melton，1978；Walter W
McMahon和Shao Chung Chang，1991；F Howard Nelson，1991；等等）、He-
donic 工资模型（Jay G Chambers，1998；E Anthon Eff，2008；等等），以
及可比工资指数（Comparable Wage Index）模型（Christiana Stoddard，
2005；Lori L Taylor，William J Fowler，Jr.，2006；等等）。

在上述研究中构造出来的用以调整地区间教育经费的指数在已有研究
中多被称为"教育成本指数"（cost of education index），因此，本书在对国
外文献的综述中仍然保留这种叫法。但事实上，这个指数的实质是度量各
个地区为提供教育服务而消费的相同的产品与服务价格的高低，并用以调整
地区间价格差异对教育经费支出购买力的影响。学校为提供教育服务所购买
的一组相同产品与服务的价格越高，指数的取值越大，价格越低，指数取值
越小。因此，本书认为称其为"义务教育资源价格指数"更为合适。

2.1.1　地区间人员性投入价格指数的构造

正如 William 与 David（2001）指出的，在美国，人员薪水和员工福利
支出超过了一个学区支出的80% 以上。因此美国学术界对地区教育成本差
异调整的研究大多都将以地区差异为基础构造的人员性投入价格指数作为
研究的重点。为了避免弥补因学校或学区的特殊决定引起的额外支出，学
校人员性投入价格指数应只体现学校"成本因素"的作用，剔除学校可控
因素的影响作用。因此，在学校员工特征相同的条件下，由学校不可控因
素引起的人员成本越高的地区，人员性投入价格指数应该越高；而学校不
可控因素完全相同的地区，人员性投入价格指数应当相同。对不同地区间
义务教育学校人员性投入价格指数的构造方法，最主要的有以下几种：供
求模型法、McMahon – Melton 模型（市场篮子法）、Hedonic 工资模型、可
比工资指数模型以及其他构造方法。

2.1.1.1　供求模型法

1974 年 Harvey E Brazer 与 Ann P Anderson 发表了《教育成本投入在不
同学区间差异的调整：一个可行性报告》，这是探索教育成本在不同学区

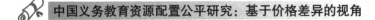

之间差异最早的计量经济学研究之一。在人员成本调整部分，该报告通过对义务教育的需求与供给两方面模型的研究，建立了平均教师薪酬模型，从而构造了"试用（pilot）"价格指数，用来进行生均支出调整。平均教师薪酬模型是因变量为学区平均教师薪酬的线性模型，自变量包含各个地区刻画教师供给方和需求方行为的多个变量。回归方程的估计是用学区层面数据，揭示了学区间平均教师薪酬差异的72%。研究利用模型的估计系数，按照是否控制学区需求因素，以及分别把残差与平均教师工作经验、学区拥有硕士学位的教师比例归为供给方或需求方因素，构造了五种不同的平均教师薪酬价格指数。

平均教师薪酬模型在估计人员成本指数时考虑了人员自身特征以及工作环境特征对薪酬的影响，但是使用学区层面的数据，供给和需求方的变量区分也有一定困难，因此精确度较低。

2.1.1.2 McMahon – Melton 模型

McMahon – Melton 模型（市场篮子法）的理论前提是：劳动力市场是统一的。如果一个学区的教职员工薪酬相对于生活成本来说较低，他们就可以转向另一个工资更高或生活成本更低的学区生活或工作。因此，生活成本高的地区，学校同等人员薪酬相对较高，构造的地区生活成本指数也越高，继而可以用地区生活成本指数代替学校人员成本指数。Walter W McMahon 与 Shao Chung Chang（1991）指出，虽然最理想的估计地区成本差异的方法是搜集各地的价格数据，用每个地区的人口数加权，并获得各地居民户支出的详细情况（以获得每种支出项目的权重），但是，这种方法需要大量的经费投入，使用 McMahon – Melton 模型（市场篮子法）则可以较为简捷地获得地区生活成本指数。首先，分别建立产品和服务的需求和供给模型，再通过联立与整理，得到生活成本的简约式模型。

$$COL = p\bar{q} = \beta_1 Y + \beta_2 V + \beta_3 \Delta P + \mu \qquad (2-1)$$

其中，COL 表示生活成本指数，q 是各地区产品和服务的需求量，p 是价格，Y 是人均收入，V 表示特定面积和质量的房屋价值，ΔP 表示从前五年或前十年开始到研究进行时的人口变化百分比，μ 为误差项。再使用宏观数据对生活成本的简约式模型进行估计，最后利用估计方程分别对各个地区的生活成本进行预测。

McMahon 和 Melton（1978）使用这一方法利用美国劳工统计局（BLS）的数据构造了地区间教育资源价格指数。Walter W McMahon（1988）针对可得性更差的数据应用了新方法，构造了各地区的生活成本指数。

Walter W McMahon 与 Shao Chung Chang（1991）为考察生活成本的其他影响因素，分别将表示气候的虚拟变量与地区人口水平加入 McMahon – Melton 模型中进行了回归分析。但经显著性检验，发现均不显著，因此生活成本指数的估计方程的形式没有变化。

F Howard Nelson（1991）介绍了利用在标准大都市统计区（SMSA）层级收集的市场篮子数据，构造州生活成本指数的方法。研究建立在 McMahon – Melton 模型之上，向模型中添加了两个新的变量：人口密度以及新增独立家庭房屋的价格平均数。回归结果显示，方程中的人口密度除了在南方地区以外均在统计上显著，而新增独立家庭住房价格平均数只在西部地区显著。

Walter W McMahon（1994）分别使用美国劳动统计局 1981 年与美国商业研究协会（ACCRA）1990 年的宏观数据对生活成本的简约式方程进行了估计。利用估计方程分别对州内学区间的生活成本、教育成本以及州间的生活和教育成本进行了预测。结果显示，在州内，生活成本最高的是坐落在大城市的那些学区，比平均生活成本高 78%；最低的是坐落在小城镇的学区，比平均生活成本低 11%。

McMahon – Melton 模型（市场篮子法）仅对地区间的学校和教育部门面临的不可控因素之一进行了度量，没有考虑一个地区除生活成本外的非货币因素（例如宜居特征等）对该地区相同特征劳动者薪酬的影响❶。考虑的因素较为单一，因此不论对美国还是其他国家来说，在生活成本高、宜居性较强的地区，利用这一方法估计的教育成本指数将会产生向上偏误。

---

❶　虽然 Walter W McMahon 与 Shao Chung Chang（1991）考虑了地区的气候和人口水平的影响，但是由于不显著予以剔除。

2.1.1.3　Hedonic 工资模型

有研究表明，地区宜居特征对人员工资的影响是重要的。Jennifer Roback（1982）对工资的经验研究表明，地区工资差异在很大程度上可以由地区宜居特征等因素来解释❶。Jennifer Roback（1988）的研究显示，地区间宜居特征的差异才是工资差异的重要原因，而生活成本差异不能单独解释工资的差异❷。基于对地区宜居特征重要性的认同，很多学者使用Hedonic 工资模型对学校员工的薪酬进行研究。

西方经济学中的 Hedonic 理论起源于 20 世纪 30 年代（Court 1939），该理论提出商品价格取决于商品各个方面的属性给予消费者的满足❸。Rosen（1974）为 Hedonic 理论建立了经济学理论基础❹。Hedonic 工资理论就是 Hedonic 理论在劳动经济学以及教育成本调整研究中的一个应用。这一理论认为，个人收入及其差异是由个人特征以及岗位特征共同决定的。其中个人特征包括劳动者的年龄、性别、种族等人口学特征，以及人力资本（受教育程度、工作经验等）；岗位特征包括工作环境（例如空气、噪声、污染等）、工作危险程度、岗位所在的社区特征（例如犯罪率、公共基础设施建设、便利程度以及气候等）。Hedonic 工资理论假设劳动者作为理性人，在工作岗位的选择过程中表现出享乐主义倾向，他们更偏好于选择工作氛围好以及交通便利、环境好、气候宜人、犯罪率低的社区的工作。劳动者会在充分考虑到自身个人特征的情况下，对岗位的工资报酬以及岗位的各种特征做出权衡取舍。

对于教职员工这一特定劳动者群体来说，他们的个人特征包括其受教

❶　Jennifer Roback. Wages，Rents and the Quality of Life［J］. The Journal of Political Economy，1982：1257 – 1278.

❷　Jennifer Roback. Wages，Rents and Amenities：Differences among Workers and Regions［J］. Economic Inquiry，1988：23 – 41.

❸　Court A T. Hedonic Price Indexes with Automotive Examples. The Dynamics of Automobile Demand［M］. New York：General Motors Corporation，1939：99 – 117.

❹　Rosen Sherwin. Hedonic Prices and Implicit Markets：Product Differentiation Pure Competition［J］. Journal of Political Economy，1974，82（1）：35 – 55.

育年限、工作经验、工作时间、性别和种族、教师执照等；而岗位特征则包括工作职责（例如所教年级）、学校生师比、学生特征（例如被开除或休学学生百分比、学生自身素质、学生的人口统计学特征、学生数、特殊教育学生比例）、学校的条件特征、学生家庭状况、学生出勤率、所在地区的劳动力市场结构、税率、地区人口家庭经济状况，以及犯罪率多种因素。因此，教师的收入模型为

$$\ln(W_i) = \beta_0 + \sum_k \beta_k C_{ki} + \sum_r \lambda_r D_{ri} + \varepsilon_i \qquad (2-2)$$

其中，W_i 表示教职员工 i 的薪酬，C_{ki} 表示教职员工 i 的成本因素，即学区不可控因素 k（生活成本、工作与生活所处地区带来的非货币效用等），D_{ri} 表示教职员工 i 的学区自由决定因素 r（教职员工的受教育程度、性别、工作经验等），ε_i 是误差项。β_k、λ_r 是待估计参数。方程假定，误差项 ε_i 正态分布，且数学期望为 0。当控制了变量 D_{ri} 为常量时，人员成本则是由变量 C_{ki} 所决定的。

利用教师或学校员工个人层面的微观数据，对模型进行估计，可得到模型的估计系数。Hedonic 价格指数（HTC）计算公式为

$$HTC = \frac{W_j}{\overline{W}} = e^{\sum_k \hat{\beta}_k (\overline{C}_{j,k} - \overline{C}_k)} \qquad (2-3)$$

其中，W_j 表示可控因素相同的条件下，地区 j 的中小学教职员工平均工资❶，$\overline{W}$ 表示全国中小学教师的平均工资水平。$\overline{C}_{j,k}$ 表示地区 j 学校和教育部门不可控因素 k 的均值，$\overline{C}_k$ 表示学校和教育部门不可控因素 k 的全国平均数，$\hat{\beta}_k$ 是 Hedonic 工资模型中 β_k 的估计值。

Jay G Chambers 早在 1978 年就使用类似于 Hedonic 工资模型的方法考察了人员成本的差异。1995 年 Jay G Chambers 基于 Hedonic 工资模型构造了教师成本指数（TCI）❷，针对美国 14494 个学区分别计算了教师成本指数，并分析了教师成本的差异。其中学区教师成本指数最低为 53，最高为

---

❶　在不产生混淆的情况下，本书所称中小学教师指初中与小学教师。

❷　模型用人口密度、犯罪率，以及气候状况等变量度量了地区宜居特征。

137；最后作者将基于 Hedonic 工资模型构造的教师成本指数（TCI）与其他研究获得的地区教育资源价格指数进行了比较❶。

Jay G Chambers（1995）在研究报告《美国公立学校教师成本差异》中分别讨论了美国各学区以及不同类型学区的教师成本差异。并将基于 Hedonic 工资模型构造的教师成本指数（TCI）与其他地区教育资源价格指数进行了比较❷，发现它们具有较强的相关性但是意义具有显著差别，其中教师成本指数（TCI）的构造考虑因素更为全面。

Jay G Chambers（1998）的研究在估计员工薪酬差异时使用了 Hedonic 工资模型，并进一步控制了教师和学校管理人员的水平。研究结果显示，为雇用相同水平的教职员工，美国不同学区的教育支出最多高 2.6 倍以上。

Alexander Celeste D 等（2000）使用美国得克萨斯州教育机构提供的涉及 1042 个传统学区、243000 多位教师以及接近 400 万学生的大容量数据，以及由教师退休系统、得克萨斯州学校董事会和得克萨斯州教师协会提供的数据，利用 Hedonic 工资模型对得克萨斯州所辖学区教师的薪酬与福利差异进行了分析，另外还分析了学校非教师员工的薪酬差异。发现教师与其他员工相比，由学生特征不同引起的薪酬差异更大，而由学区大小引起的薪酬差异更小。

E Anthon Eff（2008）使用 1999—2000 学年 6 万名在美国田纳西州公立学校任职的大容量教师数据，在 Hedonic 工资模型中控制了更多的变量。被解释变量是教师的薪酬，以对数形式出现。解释变量中学区自由决定的因素包括：教师的受教育年限、工作经验及其平方、非全职职工一年中工作时间的百分比及其平方、一年中的加班周数、性别和种族（但其中种族由于数据的可得性问题没有使用）、教师执照、工作职责（例如所教年级）、生师比、税率、被开除学生百分比、休学学生百分比。把学生种族作为学区可自由决定的解释变量处理。方程表示学区不可控因素的变量包

---

❶ 这些指数包括 McMahon、Chang（1991）构造的生活成本指数，以及 Barro（1992）构造的平均教师薪酬指数。

❷ 包括 McMahon、Chang（1991）构造的生活成本指数和平均教师薪酬，以及 Barro（1992）构造的平均教师薪酬指数。

括学校学生数、学校的条件特征、学校获得免费或减价午餐资助的学生百分比、特殊教育学生百分比、学生出勤率、前一年学生的标准化数学测验成绩、在不要求中学学历的岗位就业的劳动力所占百分比、净迁入家庭百分比、青少年严重犯罪率、学生的人口统计学特征、学区是否有从幼儿园开始的 12 个年级等多种变量建立了新的教育成本指数。

Hedonic 工资模型在测算人员性投入价格指数方面与 McMahon – Melton 模型（市场篮子法）相比，除生活成本外还度量了地区宜居特征对学校教职员工工资的影响，较 McMahon – Melton 模型方法更为全面和精确；而且这种方法针对教职员工工资以及教职员工的岗位选择行为进行分析，理解起来非常直接；通过 Hedonic 工资模型利用微观数据，可以进行学区间乃至学校间的人员性投入价格差异分析；最后，对于美国这种已经具备教师薪酬等个人层面微观数据的国家来说，数据收集的成本较低。

但是，从计量模型中可以看到，利用 Hedonic 工资模型方法，只有精确地度量每个地区学校和教育部门不可控因素 C_{ki} 以及可控因素 D_{ri}，才能得到 $\hat{\beta}_k$ 较为准确的数值。在公式（2 – 3）中，不仅要代入准确的 $\hat{\beta}_k$，还要代入准确的 $(\overline{C_{j,k}} - \overline{C_k})$ 数值，才能得到 Hedonic 价格指数（HTC）的准确数值，两个数值中的任何一个出现偏误，都会导致 HTC 的偏误。因此，使用这一方法不仅需要中小学教师多维度的微观数据，而且对数据质量的要求也较高，对于不具备教师薪酬等个人层面已有数据的国家来说数据条件较难达到。由于不可观测变量的存在以及数据可得性问题，容易造成遗漏变量的问题，可能导致 $\hat{\beta}_k$ 及 $(\overline{C_{j,k}} - \overline{C_k})$ 均不准确，估计存在偏误。

另外对于学区的可控因素与不可控因素的区分较为困难，因此用于政策制定方面，则隐含了基于成本的补偿（cost based on reimbursements）和成本内生（cost endogeneity）问题。基于成本的补偿指补偿学校和地方政府可以操控的因素引起的全部成本差异。例如，对学校规定的教职工过高的工资进行直接补贴等。这些做法会鼓励学区缺乏效率的行为，并带来价格上涨和过度使用资源的恶果。成本内生是指对基于学校规模不经济所带来的全部成本差异进行补贴。Walter W McMahon（1994）的研究指出，不应该对地方学校进行规模不经济所带来的成本补偿，否则将使地方失去对学校进行合并而达到规模经济的激励。当地区间教育成本指数被直接或间接用来作为拨款依据时，在构造指数过程中不应使用学校或地方政府操控范围内的因素所引起的成本差异信息。否则，学校或地方政府有可能通过对这些因素的操纵，控制教育成本指数的大小，从而产生基于成本的补偿和成本内生问题，影响政府拨款的公平性。

最后，我国目前比较缺乏针对义务教育学校教职员工个人信息的微观调查数据，数据收集的成本高，尤其不具备获得时效性较强数据的能力。因此，从数据角度来说，采用 Hedonic 工资模型方法构造适当的教师成本指数或学校员工的成本指数难度较大。

2.1.1.4　可比工资指数法

可比工资指数（CWI）法的假定是教育行业外部特定员工的年龄、教育背景，以及对地区宜居特征的偏好与教师相同。因此，可以用教育行业外部员工工资度量当地的生活成本及各种地区宜居特征，反映不同地区的工资差异，如此度量教师薪酬中学区不可控的因素。可比工资指数法的理论框架可以认为是建立在 Hedonic 工资理论之上的，但与 Hedonic 工资理论相比，更加便于分离学区不可控因素对教育成本差异的影响。

Christiana Stoddard（2005）使用州内其他行业员工的工资度量地区的宜居特征和机会，度量和比较了各个州之间教师工资的差异。经验研究使用美国 1980 年和 1990 年公开的 5% 抽样调查微观数据。首先从非教师工资回归模型中剥离出地区（州）固定效应（固定效应反映地区宜居特征对当地员工的价值），然后构造并估计教师工资模型，计算出地区（州）的教师平均预期薪酬，最后用地区（州）教师平均预期薪酬减去该州的非教师固定效应，得到经地区宜居特征调整后的调整工资。作者还将仅用生活成本调整的教师工资与经地区宜居特征调整后的教师工资进行了对比。发现，按照两种方法调整后的教师工资对各州排序，顺序有显著差异；并且观察到，经地区宜居特征调整的教师工资与教学产出有很强的相关性，而用生活成本调整的教师工资则不然。

Lori L Taylor 和 William J Fowler Jr（2006）利用估计的回归模型以及美国劳工统计局（BLS）1999 年的人口普查数据以及职业就业统计调查数据（OES）计算了 1997—2003 年美国各州以及州内各学区的可比工资指数（CWI），并有了重要发现：大学毕业的职工在不同地区的工资不同，这种差异既体现在州与州之间，也体现在州内部。

最后，值得一提的是 Lori L Taylor、Jay Chambers 和 Joseph P Robinson（2004）的研究仍然使用教职工个人层面的数据，控制了员工的年龄、性别、种族、工作类型等一系列影响工资的个人特征与岗位因素，估计了传统的 Hedonic 工资模型。但把可比工资指数（CWI）作为度量社区特征的变量纳入，并且在模型中考虑了就业变动（turnover）。其中可比工资指数是基于阿拉斯加州劳工及劳动力发展局研究分析处除中小学教育行业外的 701 个行业的工资数据计算得到。文献分别为全职教师、其他学校专业人员（校长、副校长、法律顾问、图书管理员等）以及非专业人员（维修工、教学辅助人员等）构造了薪酬模型，继而计算了人员成本指数。

可比工资指数（CWI）法较为简单，时效性强，并且可以度量州内的学区无法控制的员工成本。但是这种方法有一定的局限性，例如使用这种方法计算的价格指数对学区内的每个学校都相同，无法用来发现劳动力市场内部的成本差异，而且不能反映教育行业与其他行业的工资差异。另外，可比工资指数（CWI）不能作为通胀调整因子使用。最后，这种方法的前提条件是劳动力可以在行业和地区间自由流动，这与一些国家特别是我国劳动力市场分割较为严重的实际情况不符，因此不能用这些国家的地区教育成本调整方法进行直接套用。

2.1.1.5　其他方法

Barro（1993）使用教师特征方法估计各州教师平均工作经验与所受培训均相同时各州的平均薪酬，建立了模型并进行了回归分析。研究使用 1987—1988 年的学校和工作人员调查数据对模型进行了估计，并分别计算了美国州级以及学区水平上经调整的平均教师薪酬指数。

Alexander Celeste D（2000）对得克萨斯州从 1990 年开始使用的教育

成本指数（CEI）进行了改进。其组成部分包括两个方面：价格成分和比例成分。其中价格成分的目的是为了调整学区无法自主控制的教师工资的成本差异。学区教育成本指数价格成分的取值是根据每个学区的不可控因素取值所在区间，使用主观设计的表格计算得出的。

Jahyeong Koo、Keith R Phillips 和 Fiona D Sigalla（2000）使用 Kokoski、Cardiff 和 Moulton 的研究计算得到费雪指数 KCM 价格指数。Loren Brandt 和 Carsten A Holz（2004）研究了中国的空间价格差异，构造了中国 1984—2002 年的一系列用来调整收入的购买力的省际空间价格调整因子。这些地区间的价格指数可以作为生活成本指数，在 McMahon – Melton 模型的框架下，作为地区间教育成本指数使用。

Bradford Tuck、Matthew Berman 和 Alexandra Hill（2009）在文章中利用生存方程与离散选择模型分别讨论了学区留住在岗教师以及学区吸引和雇用新教师的能力，弥补了 Hedonic 工资模型方法中教师特征的遗漏变量问题。

但这些方法同样各有利弊，Barro（1993）使用的教师特征法的目的是控制学区可控因素对教师工资的影响，从另一侧面剥离出学区不可控因素对教育成本差异的影响。但方法只考虑了教师工作经验以及教师所受培训这两种可控因素的影响，没有考虑到学区其他可控因素，价格指数的变异程度也较小。Alexander Celeste D（2000）使用主观得分法构造的教育成本指数与其他指数相比具有较强的主观性。Jahyeong Koo，Keith R Phillips 和 Fiona D Sigalla（2000）以及 Loren Brandt 和 Carsten A Holz（2004）构造的各地区生活成本指数，可以考察不同地区义务教育阶段学校员工工资由于地区生活成本带来的差异。缺点在于没能反映地区宜居特征带来的员工工资差异，虽然较 McMahon – Melton 模型方法计算的指数精确，但是数据收集成本相对较高。Bradford Tuck、Matthew Berman、Alexandra Hill（2009）的研究虽弥补了 Hedonic 工资模型方法中教师特征的遗漏变量问题，但还是不能彻底解决 Hedonic 工资模型方法在区分可控与不可控因素上的困难。

2.1.2　地区间非人员性投入价格指数的构造

国际上一般将义务教育经常性支出分为人员及非人员支出两部分。义务教育经常性支出中的非人员支出大致相当于我国的公用部分经费，包括交通费、燃料费、电费、维修费、修缮费、书费等费用。一般来说，在义务教育学校教育成本的组成成分当中，非人员成本所占比例较小，在地区间的变异也较小，因此很多关于地区间义务教育成本调整的文献没有对非人员成本的差异进行深入探讨。例如，McMahon 和 Melton（1978）、Walter W McMahon（1988）、Walter W McMahon 和 Shao Chung Chang（1991）、F Howard Nelson（1991）以及 Walter W McMahon（1994）将地区生活成本指数直接作为地区教育成本调整指数。Bradford Tuck、Matthew Berman、Alexandra Hill 和 Local Amenities（2009）将教师成本指数作为地区教育成本指数。这两种方法相当于假设非人员成本在各地之间的差异与生活成本（人员成本）差异相同，即地区非人员性投入价格指数等于地区人员性投入价格指数。E Anthon Eff（2008）在计算教育成本指数时假设各地除教师薪酬外的成本均相等，即假定各个地区的非人员成本指数均等于 1。但是文献指出，这对于课本等学校投入来说也许是正确的，但是对于学生的交通等成本来说则不然。

由于没有证据表明上述两种假设成立，探讨地区间非人员成本差异，并对地区间人员成本和非人员成本分别进行调整，有助于更加精确地对地区义务教育成本进行调整。分析地区间非人员成本差异所使用的方法主要包括回归分析、从已有指数中获得，以及计算各组成部分指数等方法。

2.1.2.1　回归分析

Harvey E Brazer 与 Ann P Anderson（1974）使用了回归方程构造义务教育的地区非人员成本指数。回归方程的因变量为学校的非人员成本；自变量包括学区大小（用学区教师职位数的自然对数表示）、学区位置、低收入家庭适龄儿童比例、学生成绩、人口流动率、无子女家庭比例，以及学区的教育支付意愿与能力。然后把学区的教育支付意愿与能力变量的均值代入估计的回归方程，根据估计的回归方程构造地区非人员成本指数。

Jay G Chambers（1978）利用回归方程构造了交通价格指数作为学校非人员性投入价格指数。方程的因变量为总交通支出的自然对数，因变量包括每平方公里学生数、降雪厚度、学区大小等变量的自然对数，以及学区类型等。

但是，回归分析法可能产生遗漏变量问题。另外，需要区别学区对教育的需求和供给因素，对需求因素要予以控制，正确地进行这个处理较为困难。

2.1.2.2　利用已有指数获得

Jay G Chambers（1998）将学校投入主要分为三大类：学校经认证人员（certified school personnel）投入、学校未经认证人员（noncertified school personnel）投入，以及学校非人员性投入（nonpersonnel school input）。其中，学校非人员性投入包括购买的劳务费、书费、学校用品和材料、家具和设备费、交通费、水电气费等。研究计算的非人员性投入价格指数，是从消费者价格指数以及生产者价格指数的组成部分得到的学区购买的特定劳务成本，利用经认证与未经认证的人员成本指数估计获得。

使用这种方法的前提是要得到地区间的消费者价格指数等信息，但是对我国来说，这类数据不属于常规编制的指数，因此要获得这一信息需要较高的成本。

2.1.2.3　计算各组成部分指数

Lori L Taylor、Jay Chambers 和 Joseph P Robinson（2004）在对阿拉斯加州内各学区的教育成本调整研究中，发现在阿拉斯加州，学校非人员成本在学区间变异较大，而且在学校总教育成本中所占比重也较高，因此调整了非人员成本在地区间的差异。文献分别研究了能源成本、学校投入品价格与交通成本的地区差异。其中，能源成本运用工程分析法估计学校每年消耗的能源，使用经济分析的方法估计了学校每年的能源成本。构造的能源成本指数等于学区学校每平方米能源成本除以研究选取的基准地区安克雷奇的学校每平方米的能源成本。学校投入品价格指数是基于学区内的纸价和窗玻璃价格的差异以及运费差异构造的❶。分析的交通成本包括已购买服务（熟练技术员等）的交通成本、学区内的交通成本以及去往安克雷奇的交通成本，研究分别构造了三种交通成本指数。

这种方法的计算过程较为复杂，而且其计算涉及各个领域的专业知识，不适合政策制定者使用。

2.1.3　地区间义务教育资源价格总指数的构造

地区义务教育价格总指数是度量各地区为提供义务教育服务所消费资源的价格的指数，包括人员部分与非人员部分的价格，这一指数可以最终用来调整各地义务教育名义教育成本，从而获得真实教育成本差异。很多文献介绍了地区义务教育资源价格指数的构造方法。由于地区间学校人员成本差异的重要性，有些文献将地区人员性投入价格指数直接作为地区教育资源价格指数，如 McMahon 和 Melton（1978）、Walter W McMahon（1988）、Walter W McMahon 和 Shao Chung Chang（1991）、F Howard Nelson（1991）、Walter W McMahon（1994），以及 Bradford Tuck、Matthew Berman 和 Alexandra Hill（2009）的文献。但也有很多文献将地区义务教育资源价格指数设计为一种复合指数，可根据地区义务教育人员性投入价格指数与非人员性投入价格指数计算获得。这类方法主要包括两种，固定市场篮子法（the Fixed-Market-Basket，FMB）和高级指数法（Superlative Index）。另外还有文献探讨了可以直接度量人员与非人员成本在地区间差异的方法，即教育成本函数法。

2.1.3.1　固定市场篮子法

固定市场篮子法构造的地区义务教育资源价格指数是人员性投入（可能包括一种或两种）与非人员性投入的加权平均数。权数是学区分配给各种学校投入的支出占总的经常支出的平均比例。固定市场篮子法构造的地区义务教育资源价格指数的步骤与构造消费者价格指数 CPI 的步骤是相似的。

---

❶ 用纸价作为教学用品（课本、管理人员的办公用品等）价格的代理变量；用窗玻璃代表作为学校主要支出中购买的大件物品的价格。

Harvey E Brazer 和 Ann P Anderson（1974）、Jay G Chambers（1978）、Jay G Chambers（1998）、E Anthon Eff（2008）在文献中均使用了固定市场篮子法构造地区义务教育资源价格指数。

2.1.3.2 高级指数法

Lori L Taylor、Jay Chambers 和 Joseph P Robinson（2004）使用高级指数法借鉴 Tornqvist（1936）构造的 Tornqvist 指数，比较两个提供教育服务的技术不同、面对不同价格并且购买不同数量投入品的各学区的教育成本。地区间义务教育成本调整高级指数公式为

$$\ln TCEI(B,A) = \sum_r^t (1/2)[P_r(B) + P_r(A)][\ln(CI_r(B,A))]$$

$$(2-4)$$

其中，$TCEI$（B，A）表示 B、A 两个学区之间的教育成本指数；$\sum_r^t$ 表示按照学校第 r 种投入相加；CI_r（B，A）表示学区 B 与学区 A 之间的第 r 种学校投入的相对成本指数；P_r（B），P_r（A）分别表示学区 B 和学区 A 第 r 种学校投入占总支出的平均比例。

固定市场篮子法是较为普遍使用的方法。高级指数法适用于具有阿拉斯加州内学区特点的教育资源价格指数的构造，但是计算需要的信息量很大，不仅需要价格信息还需要各种投入占学校预算的比例信息。

2.1.3.3 教育成本函数法

William Duncombe，John Ruggiero 和 John Yinger（1995），Imazeki J 和 Reschovsky A（1999），以及 Timothy J Gronberg、Dennis W Jansen、Lori L Taylor 和 Kevin Booker（2004）通过建立教育成本函数，计算了学区间教育资源价格指数。这种方法的理论框架是，一个学区为创造一定的教育产出所需投入的教育支出取决于环境因素和投入品的价格。教育成本模型的被解释变量是教育支出，解释变量包括刻画教育产出（作为内生变量处理）、学区运作效率、投入产品价格，以及环境因素等的各种变量。利用估计的模型把教育质量和效率指数控制为各个学区的平均值，就可以计算各学区的教育成本指数。

教育成本指数法不仅考虑到一些学区为了雇用相同水平的教师需要付更高的薪水这一事实，同时也考虑到一些学区由于某种原因需要雇用更多的教师，还可以直接调整人员与非人员成本的地区差异。与教育产出模型相比，使用这个模型，能够考虑多种教育产出的衡量指标。但是，教育产出不仅与模型中涉及的被解释变量和解释变量相关，还与学生自身的努力密切相关。另外，这一方法作为政策制定者的分析工具来说显得过于复杂。而且，这种方法对数据和统计方法的要求较高。最后，对我国来说，义务教育阶段衡量教育产出的适当的工具难以获得。

2.2　国内相关研究

国内对于教育资源价格差异调整的研究较少，起步也较晚。一些学者认识到了对于教育成本进行调整的必要性，提出了影响成本的一些因素，但是却没有将其纳入研究视野。少数学者在使用教育成本和教育经费数据的研究中进行了调整，但也多局限于对不同国家之间教育成本进行的调整，所使用的方法不适于国内不同地区之间教育财政问题的研究。另外有些文献所构造和使用的指数在一定程度上缺乏精确性。

杜育红、梁文艳和杜屏（2008）以及杜育红、孙志军等（2009）在文献中对教师工资指数的计算做出了有益尝试，在讨论农村中小学公用经费的影响因素时，构造了教师工资指数作为教师工资的替代指标进行研究。教师工资指数的计算方法使用类似于 Hedonic 工资模型的方法，文献将学校正式在编教师的平均工资作为因变量，学校及区域特征变量作为自变量作回归。建立的方程为

$$salary = a_0 + a_1 \times X_1 + a_2 \times X_2 + a_3 \times X_3 + a_4 \times X_4 + \varepsilon \quad (2-5)$$

其中，$salary$ 是教师平均工资；X_1 是拥有专科及以上学历的教师比重；X_2 是高级教师比重；X_3 是学校中拥有 10 年以上教龄教师比重；X_4 是教师年度人均接受培训次数，研究利用学校层面数据对教师平均工资进行回归。计算教师工资指数公式为

$$salary - index = salary - \overline{salary} \qquad\qquad (2-6)$$

其中，$\overline{salary}$ 是教师工资的回归估计值。因此，该研究计算的教师工资指数为残差，反映了一个地区教师平均工资不能由教师学历、职称、教龄以及接受培训情况所解释的部分。

上述研究应用 Hedonic 工资模型思想，结合我国数据进行了尝试。如果在模型中可以控制包括教师学历、职称、教龄以及接受培训情况在内的所有学校及学区的可控因素，则残差项将与由学校与学区不可控因素造成的地区平均工资差异较为接近。

但是该研究对学校和教育部门可控变量的控制有所欠缺，存在遗漏变量的问题。计算的残差当中包含了诸多其他学校及学区可控因素可解释的教师平均工资差异。例如研究未控制教师性别等变量，该项信息对工资的影响被作为残差项包含在教师工资指数中，这等同于将教师性别等可控变量作为不可控变量处理。当教育部门或学校偏好招聘男性教师时，所引起的较高的教师工资将被误认为是由于教育部门或学校不可控因素造成的，按照测量目的、隐含的政策含义将建议对该部分教育经费支出给予补偿，但这对于其他地区的学校来说无疑是不公平的。因此，如果将此方法作为拨款依据，将造成"基于成本的补偿"问题，鼓励学校更偏好于招聘男性教师等无效率的政策和行为。

这也说明，由于我国目前对中小学教师的调查和中小学教师个人层面相关信息的缺乏，并不能满足使用 Hedonic 工资模型一类方法对数据的要求，如果勉强应用这一方法，其测量结果将存在较大的偏误。

袁连生、田志磊和崔世泉（2011）在测算生均事业性经费指数时，为消除通货膨胀和地区物价水平差异的影响，运用 Loren Brandt 和 Carsten A Holz（2006）构造的地区生活成本对不同时期和地区的生均事业性经费进行了价格调整。通过本书第 4 章对这一指数及其如何应用于教育资源价格调整的介绍，以及本章构造的教育资源价格指数和这一指数的比较，可以看到，除生活成本外，生均事业性经费的价格因素还有很多，而且其他因素在地区间的变异性也较大，因此虽然这一指数在一定程度上减弱了地区间价格水平对教育经费购买力的影响，但无法完全消除地区价格水平差异对教育事业性经费的影响。

上述文献仅利用了较为粗略的价格指数，经过这些价格指数的调整仍然可能使得研究最终的研究结果产生较大误差。付尧（2011）构造并应用了城镇义务教育人员部分价格指数。但是，该文献仅探讨了我国 2002 年 12 个省份城镇地区间的教育价格差异，无法呈现出我国义务资源配置的整体状况。付尧等（2014）利用微观数据构造的义务教育人员性投入价格指数，在估算方法上也有进一步改进的余地。

本章小结

与国外研究相比，我国在地区义务教育资源价格差异调整领域的研究较少。这给评价地区教育资源的投入差异，以及义务教育转移支付的公平分配等带来了一定困难。构造中国的地区教育资源价格指数，根据价格差异对名义教育成本进行调整，并提供获得真实教育成本差异的方法，有利于教育成本信息体系的建立和完善，有利于我们正确地进行教育财政公平、充足和效率等方面的分析，可以为政府的教育财政拨款及转移支付提供政策支持，有利于合理分配教育资源。因此，对义务教育名义教育成本进行调整具有重要的理论价值和现实意义，我国应尽快开展这一领域的研究工作，建立起一套定期测算地区间义务教育资源价格指数的方案。

从文献分析来看，已有的指数都具有一定的局限性，它们不能适用于一切研究目的，而且也不是所有国家和地区的状况都符合构建这些指数的前提条件。因此，要获得中国地区间义务教育资源投入的实际差异数据，不能照搬已有指数，应借鉴国外构造这一指数的先进经验，并考虑我国经济与义务教育财政现状，构造适合我国实际情况的地区义务教育资源价格指数。

为了能顺利地开展这一工作，我国应考虑出台统一的旨在保证基本教育服务的最低办学标准，明确对学校各类人员以及非人员性投入的最低要求，包括数量上乃至质量上的要求。

还应针对构造我国地区义务教育资源价格指数所需资料，开展调研工作，搜集相关数据。从已有文献来看，要构造较为精确的地区间义务教育资源价格指数，不仅需要与义务教育教职员工特征相近劳动者的个人收入、受教育程度等个人信息数据，还需要城乡义务教育学校的支出项目、结构等学校层面的数据。要构造适合中国的地区间义务教育资源价格指数，就需要展开获取相关信息的调研工作。

建议将构造的地区间义务教育资源价格指数应用于教育转移支付拨款的分配公式，以及义务教育拨款公式作为教育资源合理分配的依据。另外，针对教育财政公平、充足和效率等问题的学术研究应充分考虑到地区因素对教育名义成本的影响，使用真实教育成本数据进行研究。

第3章　理　论　基　础

3.1　公共产品理论

现代公共物品理论的诞生，以萨缪尔森在 1954 年发表《公共支出的纯理论》为标志。公共物品（public goods）也被翻译为公共产品、公共品、公用品、共用品。萨缪尔森在第 17 版《经济学》中将其定义为这样的商品："将该商品的效用扩展于他人的成本为零，无法排除他人参与共享。"狭义的公共物品是指纯公共物品，即那些在消费上既具有非排他性又具有非竞争性的物品。广义的公共物品是指那些具有非排他性或非竞争性的物品。非竞争性是指一个人消费某物品并不妨碍其他人同时消费该物品，或该物品一旦被提供，增加消费者的数量不需要增加额外成本。非排他性是指阻止任何不愿为之付钱的人消费该物品的代价非常高或不可能。但非竞争性并不是绝对的。例如城市的免费图书馆，在读者不多的时候是非竞争的，但读者人数多的时候就会造成拥挤，是竞争的。城市道路的非竞争性在非拥挤时段和早晚高峰期也不同。非排他性也不是绝对的。如果出现新的技术手段，本来具有非排他性的产品或服务也可能变得可以排他。但如果某种产品或服务的消费不能排他时，价格体系就无法发挥作用，人们没有支付的激励。理性人可能选择"搭便车"。这时，这种产品或服务由市场提供就会出现供给不足的情形或者根本无法提供，出现市场失灵，如图 3 - 1 所示。

图 3 - 1 中，横轴代表公共物品 X 的数量，纵轴代表 X 的价格，曲线 S 是 X 的供给曲线，曲线 D 代表所有人真实的支付意愿之和。如果要购买私人物品，消费者会主动表达真实偏好，如果不这样做就无法消费该商品。

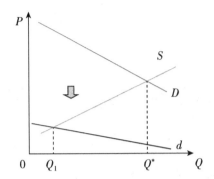

图 3-1 私人市场提供公共物品 X 的供求曲线

但对于公共物品来说，如果其消费具有非排他性，理性的消费者就不会表达真实偏好，而谎称该物品对自己没有吸引力，因为少付费或不付费也可以消费。因此，市场表现出来的总需求曲线就会是左下方更加扁平的曲线 d。在有效率的情况下，公共物品 X 的供给数量应该达到 Q^*，实际数量则由供给曲线 S 和实际的需求曲线 d 之间的交点决定，记为 Q_1。而 Q_1 远远小于 Q^*，造成市场无效率。一个极端情况是大家都想免费搭车，没人买单，此时公共物品 X 的数量 Q_1 为 0，即市场无法提供该公共物品 X。为解决这一问题，政府可以通过向所有人收税为公共物品筹资，为公共物品买单。

按照非竞争性、非排他性的程度划分，公共物品可以划分为纯公共物品和准公共物品。纯公共物品具有完全的非竞争性和非排他性，例如国防和外交。而准公共物品又称为"混合物品"，在消费上具有有限的非竞争性和非排他性，介于私人物品和纯公共物品之间。现实中的公共物品往往大多是这一类。例如警察、消防、公路，等等。通常认为，公共物品理论是确认政府与市场作用边界的重要理论分析工具。

义务教育是否属于公共物品呢？要回答这个问题应该从其消费的非竞争性和非排他性角度来判断。研究表明，义务教育这一实践活动一旦进行，将给受教育者个人以及其他社会成员，乃至整个社会所带来种种有益的效应。除了提高个人市场生产率从而提高个人工资水平以及促进社会生产率提高促进经济增长外（Schultz, 1961），乌尔夫（Wolfe, 1995）还通过对多项研究的总结归纳出教育带来的多种非市场化收益。其中包括：教育具有非工资性劳动市场收益，能提升受教育者从事工作的福利和工作条件；提高家庭内部生产力；提升子女的教育水平、认知发展和健康水平，规范生育行为；提升自己和配偶的健康水平；提升受教育者作为消费者的选择效率；提高受教育者的劳动力市场搜寻效率；提高婚姻选择效率；促使受教育者达到理想的家庭规模；提高储蓄率等受教育者个人及其家庭获得的收益。此外，还包括增加受教育者时间和金钱的慈善捐赠、促进技术变革、增强社会凝聚力、减少受教育者对收入（和实物）转移的依赖，以及减少犯罪等外部收益。

可见，不论对直接接受义务教育的个人及其家庭，还是对外部受益者群体来说，义务教育服务一旦提供，他们都会从中获得收益，义务教育不仅服务于接受教育的学生及其家长，同时也服务于附近居民。因此，义务教育可以看作是为这些群体提供的服务，义务教育的消费者也不仅仅局限于受教育的个人及其家庭。因此，义务教育的消费只具有有限的非竞争性和非排他性，是接近纯公共产品的准公共产品。

而从义务教育收益涉及的范围来看，义务教育主要使附近居民受益，因此属于地方性公共产品，从这个属性看来义务教育的成本应该主要由地方政府负担。

3.2　外部性理论

根据萨缪尔森的定义，"外部性是指那些生产或消费对其他团体强征了不可补偿的成本或给予了无须补偿的收益的情形。"根据影响好坏，外部性可以分为正的外部性和负的外部性。正的外部性（外部经济、正外部经济效应），是指某个经济行为个体的活动使他人或社会受益，而受益者无须付出代价。负的外部性（外部不经济、负外部经济效应），是指某个经济行为个体的活动使他人或社会受损，而造成外部不经济的人却没有为此承担成本。

对于义务教育而言，由于主要使附近居民受益，因此属于地方性公共产品。但这种地方性公共产品具有明显的外部性。例如，一旦一个地区的受到良好的义务教育的个人发生迁移，将使得迁入地居民获得一系列收益，也可以说会减少迁入地居民因为这个人未接受过义务教育而造成的损失。但迁入地的居民并不需要向迁出地学校或受教育者本人和家庭付费。如图 3 - 2 所示，其中 MC 表示当地提供义务教育的边际成本，MPB 表示提供义务教育对当地来说的边际收益，而一个地区义务教育的提供将对其他地区产生正的外部性，因此可以假设义务教育带给外部的边际收益是 MEB。对于这个地区来说，最优选择是提供 MC 和 MPB 交点对应的横坐标即 E_1 数量的义务教育。但这个地区提供义务教育的社会边际收益 MSB 要大于地区获得的边际收益，是这个地区边际收益和外部边际收益的垂直叠加。因此，对社会来说该地区最优的义务教育数量应该是 MC 与 MSB 交点对应的横坐标即 E^* 数量的义务教育，显然 E_1 小于 E^*。

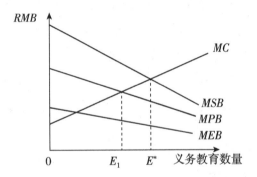

图 3 - 2　正的外部性导致资源配置无效率

可见，由于一个地区义务教育服务的提供具有正的外部性，因此如果仅由当地提供，供给数量必然小于对社会来说最有效率的数量。我国劳动力流动越来越频繁，劳动者流动范围越来越广，因此，义务教育的成本不应仅由地方政府负担，而应该由地方政府、省级政府乃至中央政府共同负担。

3.3　劳动力市场分割理论

自人力资本理论创立以后，西方发达国家纷纷加大人力资本投资的力度，但与教育的扩张相对应的却是贫困问题和收入不平等的持续以及教育与培训的失效。这些现象用人力资本理论无法解释。伴随着新制度经济学的兴起，一些劳动力经济学家将新制度经济学的视角引入劳动力市场的研究中，形成了劳动力市场分割理论。劳动力市场分割理论的发展经历了一个不断完善的过程。美国经济学家 Doeringer 和 Piore（1971）提出了二元制劳动力市场分割理论。该理论认为劳动力市场存在主要和次要劳动力市场之间的分割，劳动者在两种劳动力市场间很难流动。主要劳动力市场工资较高、就业稳定、工作条件好、培训机会多、提供了良好的晋升机制；而次要劳动力市场工资收入低、工作不稳定、工作环境差、培训机会少、晋升机会少。

　　有研究表明，我国的劳动力市场也存在分割，而且在地区、城乡和行业间的劳动力市场分割都较为严重❶。"劳动力市场等级"是一个从劳动力市场分割理论中引申出来的名词。李建民（2002）指出，中国的劳动力市场分割属于多重分割，表现在城乡分割、地区分割、部门分割、主要劳动力市场与次要劳动力市场的分割等方面。因此，即使对于城镇劳动者来说，在行业内部跨区域流动也将面临劳动力市场地区分割所带来的流动成本。一个地区的行政等级越高、经济发达程度越高，这一地区对应的劳动力市场等级也就越高。研究认为劳动力市场等级越高的劳动者进入其他各个地区的劳动力市场的平均成本更低。例如拥有北京市或上海市城镇户籍的劳动者，进入中国其他地区劳动力市场非常容易。而其他地区的劳动者要进入北京市、上海市的劳动力市场将面临跨地区劳动力市场分割所带来的高昂成本。即经济落后地区的劳动者进入其他地区的劳动力市场，需要面对地区歧视，并支付更高的流动成本，也面临更大的流动障碍。

　　可见，对于劳动力市场上义务教育阶段的教师来说，不管他们工作转向其他地区还是其他行业，都将面临一定的制度性障碍。本书假定，同一

---

❶　蔡昉（1998）、许经勇与曾芬钰（2000）、朱镜德（2001）、李建民（2002）、John Knight and Shi Li（2003）、张展新（2004），以及郭丛斌（2004）的研究分别从理论和经验研究的角度描述了我国劳动力市场的分割状况。

个地区的教师和其他劳动者流动至其他某一地区和行业都面临劳动力市场分割，由于所处行业和职业不同，跨地区劳动力市场分割的成本也具有一定差异。由于其他行业的劳动者未必具有工作所在地的户籍，但与拥有户籍类似，在北京市或上海市城镇地区工作的劳动者进入其他地区的劳动力市场将更容易，而在其他地区工作的劳动者要进入北京市、上海市的劳动力市场也更困难，因此，本书将应用"劳动力市场等级"一词，表明劳动者所处的地区，以体现他们进入其他地区劳动力市场的难易程度。

3.4　购买力平价理论

购买力平价理论是瑞典经济学家古斯塔夫·卡塞尔（Gustav Cassel）于 20 世纪初首次提出的。购买力平价是国家间综合价格之比，即在不同国家购买相同数量和相同质量的商品和服务时的价格比率，用来衡量和对比各国之间的综合价格水平。它可以用来比较同一时期内两个国家的综合价格水平。很多学者和国际研究机构都对购买力平价进行过研究，世界银行很早就开始了对购买力平价测算方法的研究，并且根据价格水平的差异设立了"国际比较项目（International Comparisons Program，ICP）"，专门测算各地区的购买力平价。

我国也已经出现了一些参照购买力平价的理论对我国地区间价格指数进行构造的研究，还有一些文献研究了我国地区间价格差异对各个地区间居民生活成本、居民收入差距、消费差距等问题所产生的影响。具体文献及其评述将会在第 7 章介绍。

对于同一时期不同地区的义务教育投入的相同数量和质量的物力资源即非人员性投入在地区之间的价格差异，与不同国家间价格水平的差异有相同之处，因此，本书将以购买力平价理论作为基础，寻求合适的方法，以对我国不同地区的义务教育非人员性投入的综合价格在地区之间的差异进行比较。

第4章 中国地区间义务教育资源价格差异探析

政府和个人以及企业通过学校向个人提供义务教育服务，而学校为提供义务教育服务需要消耗一定的人力和物力资源。其中消耗的人力资源方面包括提供教育服务需要有一定数量的教师进行教学活动，并需要非教学职工和学校管理人员进行辅助和管理。而购买这些资源需要支付的经费就体现在学校雇用这些教职工所需支付的工资福利。物力资源方面除了需要提供学生活动的操场和教学使用的教学楼，更重要的是要保证一些消耗品的供应，大到学校用车、电脑电教设备，小到水电、教具、教室的桌椅板凳，以及物理化学生物实验涉及的实验器具和药品等。北方学校冬季需要供暖，南方学校夏天要使用空调。这些资源的使用也都需要教育经费的支持，或者说，一部分教育经费的支出目的，主要是购买这些需要的资源。其中为提供教学楼和操场等基本建设所支付的经费成为基本建设支出，而"办公费""劳务费""水电费""邮寄费""取暖费""专用材料费""印刷费""办公设备购置费""专用设备购置费""交通工具购置费""图书资料购置费""维修费"等属于教育经费的公用部分支出。义务教育经费支出主要由以上几部分构成。由于我国幅员辽阔，以上提到的各种人力、物力资源中每一项的价格在不同的地区几乎都是不同的，对于一个地区来说，为提供教学服务所需要的这样一揽子人力资源以及物力资源的整体价格，与另一个地区是不同的，这也就是我国地区间的义务教育资源价格差异。为与管理学中的术语"人力资源"区分开来，本书将义务教育所需投入资源的人力部分称为人员性投入。

4.1 人员性投入的价格差异

我国不同地区劳动者的工资性收入是有差异的，当然作为劳动者中一个特定群体的中小学教师的平均工资性收入也是有差异的。也就是说，不同地区要吸引或留住相同特征的中小学教师，所需支付的工资有所不同。如果把教职员工的工资性收入看作是他们劳动力的价格，那么我国地区间义务教育人员性投入的价格是存在差异的。本书把义务教育人员性投入的价格差异定义为性别、学历、年龄、工作经验等个人特征完全相同的中小学教职工在不同地区学校工作所获得或可接受的工资性收入的差异。

4.1.1 各省份教育行业雇员月收入差异

我国各省份教育行业雇员的工资性收入有一定差异，根据 2005 年 1% 人口抽样调查的 20% 样本数据，对各省份教育行业雇员月收入进行加权平均，并按照从高到低的顺序进行排序。

表 4 - 1 2005 年中国各省份教育行业雇员平均工资差异

地区	收入（元）	地区	收入（元）
北京市	2192.11	黑龙江省	1081.41
上海市	2053.42	贵州省	1062.96
浙江省	1721.70	山东省	1056.14
广东省	1564.26	吉林省	1055.44
西藏自治区	1478.84	安徽省	1045.44
江苏省	1367.71	重庆市	1024.07
福建省	1318.44	湖北省	1023.14
青海省	1290.15	河北省	1003.78
天津市	1268.88	湖南省	1003.02
云南省	1250.55	山西省	960.05
新疆维吾尔自治区	1212.55	陕西省	947.20

续表

地区	收入（元）	地区	收入（元）
内蒙古自治区	1191.44	四川省	935.17
辽宁省	1154.80	江西省	925.17
海南省	1146.56	河南省	912.29
宁夏回族自治区	1140.16	广西壮族自治区	887.71
甘肃省	1095.74		

从表 4 - 1 中可以看到，在教育行业雇员当中，北京市平均收入最高，为 2192.11 元，广西壮族自治区最低，为 887.71 元。利用该数据，除了对教育行业雇员整体工资水平的考察外，还可以更加细致地单独考察各省份教育行业教学人员月收入的加权平均数。

表 4 - 2 2005 年中国各省份教育行业教学人员平均工资差异

地区	收入（元）	地区	收入（元）
北京市	2276.10	黑龙江省	1102.51
上海市	2193.76	贵州省	1067.77
浙江省	1832.42	山东省	1062.63
西藏自治区	1602.11	吉林省	1052.37
广东省	1588.38	安徽省	1049.82
江苏省	1383.79	重庆市	1037.47
福建省	1315.89	河北省	1022.86
青海省	1305.27	湖北省	1015.32
天津市	1289.60	湖南省	1008.61
云南省	1283.97	陕西省	944.58
内蒙古自治区	1215.43	山西省	941.74
新疆维吾尔自治区	1209.83	江西省	938.13
海南省	1171.86	四川省	934.82
辽宁省	1161.45	河南省	913.58
宁夏回族自治区	1153.02	广西壮族自治区	891.84
甘肃省	1104.24		

从表 4－2 中可以看到，各省份教学人员的工资差异排名与教育行业所有雇员的排名非常接近。最高的仍然是北京市，平均工资达到 2276.10 元，而最低的广西壮族自治区，平均工资只有 891.84 元。

将这两种加权平均月收入绘制成图 4－1，可以看到教育行业教学人员平均月收入要稍高于雇员平均月收入，但二者差别不大。各地区间的两种月收入差异情况类似，北京市的平均月收入最高，广西壮族自治区的月收入最低。将 31 个省份按照平均月收入从高到低排序之后，东部省份除河北省外都排在了前 15 位，中西部省份大多在后 16 位。这也就是说，一般来说，经济越发达的地区，教育行业雇员和教学人员的月收入相对越高。但同时，西部省份的西藏自治区、青海省、云南省、新疆维吾尔自治区、内蒙古自治区以及宁夏回族自治区和辽宁省，教育行业雇员和教学人员的工资福利也进入了前 15 位，其中西藏自治区排在第 5 位。可见，有时教育行业雇员和教学人员的工资福利不是完全由省份的经济发展水平决定的。

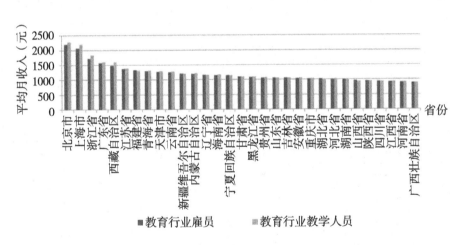

图 4－1　2005 年各省份教育行业雇员和教育行业教学人员的平均月收入

4.1.2　各省份中小学专任教师学历与教学人员月收入

根据人力资本理论可推断出，学历在很大程度上决定着教师的劳动生产率，是教师资质的重要方面。为比较我国地区间中小学专任教师的平均资质差异，根据《中国教育统计年鉴》（2005）相关数据分别计算整理得到各省份中小学专任教师的学历分布情况，从这个重要侧面对各省份中小学教师的资质进行反映。

4.1.2.1　各省份普通小学专任教师学历情况

表 4 - 3　2005 年全国及各省份普通小学专任教师学历情况（%）

地区 \ 学历	研究生毕业	本科毕业	专科毕业	高中阶段毕业	高中阶段毕业以下
全国	0.03	6.70	49.63	42.26	1.38
北京市	0.10	31.75	52.50	15.28	0.37
天津市	0.03	10.43	58.96	29.98	0.60
河北省	0.00	7.22	58.56	33.88	0.33
山西省	0.02	6.10	51.23	41.93	0.73
内蒙古自治区	0.01	9.44	49.77	39.53	1.26
辽宁省	0.04	6.30	47.96	44.80	0.89
吉林省	0.25	17.99	54.21	26.97	0.58
黑龙江省	0.04	9.81	54.84	34.37	0.94
上海市	0.03	18.45	64.34	16.77	0.41
江苏省	0.01	8.31	55.46	35.38	0.84
浙江省	0.01	12.21	57.61	29.21	0.97
安徽省	0.01	4.17	40.45	54.43	0.93
福建省	0.00	2.07	46.46	50.31	1.16
江西省	0.02	4.81	35.69	57.07	2.40
山东省	0.04	9.17	46.37	43.83	0.60
河南省	0.03	4.56	44.95	49.57	0.89
湖北省	0.03	8.80	46.95	42.26	1.96
湖南省	0.03	4.47	46.59	47.85	1.06
广东省	0.04	7.40	60.67	31.34	0.55
广西壮族自治区	0.01	2.02	47.96	47.98	2.03
海南省	0.02	3.21	47.55	48.06	1.16
重庆市	0.03	7.54	57.96	32.96	1.51

续表

学历\地区	研究生毕业	本科毕业	专科毕业	高中阶段毕业	高中阶段毕业以下
四川省	0.03	4.76	51.12	42.35	1.74
贵州省	0.01	1.49	38.71	54.42	5.37
云南省	0.01	3.22	43.11	50.04	3.62
西藏自治区	0.00	1.60	43.55	49.91	4.94
陕西省	0.02	4.47	52.45	41.14	1.91
甘肃省	0.02	3.83	41.31	51.55	3.29
青海省	0.15	7.97	61.94	28.25	1.69
宁夏回族自治区	0.01	10.63	49.15	38.65	1.57
新疆维吾尔自治区	0.05	8.40	52.80	37.56	1.20

资料来源：根据《中国教育统计年鉴》（2005）❶ 相关数据计算整理得到。

从表4-3对《中国教育统计年鉴》（2005）公布的数据进行计算整理可以看到，2005年我国各地区小学专任教师的学历情况有一定差异，学历大多在高中阶段毕业及以上，本科毕业和研究生毕业的专任小学教师比例不高。因此可以选择使用2005年各地区小学专任教师专科及以上学历教师占教师总数的百分比对中国各省份间的教师资质分布进行一个对比。

表4-4 全国及各省份普通小学专任教师专科及以上学历教师比例（%）

地区	比例	地区	比例
全国	56.35	陕西省	56.94
北京市	84.35	四川省	55.91
上海市	82.81	湖北省	55.78
吉林省	72.45	山东省	55.57
青海省	70.06	辽宁省	54.31
浙江省	69.82	湖南省	51.08

---

❶ 由于本书经验研究部分将2005年作为基年，因此对教育经费结构、教师学历和工资等数据均选取2005年的数据进行讨论。

续表

地区	比例	地区	比例
天津市	69.42	海南省	50.78
广东省	68.12	广西壮族自治区	49.99
河北省	65.79	河南省	49.54
重庆市	65.53	福建省	48.54
黑龙江省	64.69	云南省	46.34
江苏省	63.78	甘肃省	45.17
新疆维吾尔自治区	61.24	西藏自治区	45.15
宁夏回族自治区	59.79	安徽省	44.63
内蒙古自治区	59.22	江西省	40.52
山西省	57.34	贵州省	40.21

资料来源：根据《中国教育统计年鉴》（2005）相关数据计算整理得到。

由表 4-4 可知，2005 年全国小学专任教师专科及以上学历教师占教师总数的比例，地区之间差异相当大，全国合计为 56.35%。北京、上海均超过 80%，分别为 84.35% 和 82.81%。吉林省、青海省超过了 70%，分别为 72.45% 和 70.06%。而在广西壮族自治区、河南省、福建省、云南省、甘肃省、西藏自治区、安徽省、江西省和贵州省，小学专任教师专科及以上学历教师占教师总数的比例均低于 50%，其中贵州省仅为 40.21%。

4.1.2.2　各省份小学专任教师学历与教育行业教学人员月收入

从图 4-2 中可以看到，全国各省份小学专任教师学历与教育行业教学人员月收入有正向关系，也就是一般来说，专任教师专科及以上学历教师占总教师数百分比越高，当地教育行业教学人员月收入就越高，或者也可以说，工资福利越高的省份，就越能够吸引更多的高学历教师任教。

从图 4-3 中可以看到，有一些省份虽然教学人员月收入较高，但教师学历较低；一些省份虽然教学人员月收入较低，但教师学历较高。按照教育行业专任教师月收入平均值由高到低顺序对我国 31 个省份排序，并按照这个顺序观察各地小学专任教师中专科学历教师所占比例情况。

小学专任教师专科以上学历教师比例（%）

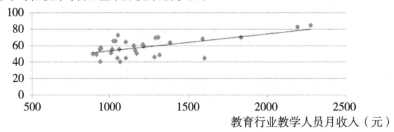

教育行业教学人员月收入（元）

图 4 - 2   2005 年全国普通小学专任教师学历与教育行业教学人员收入

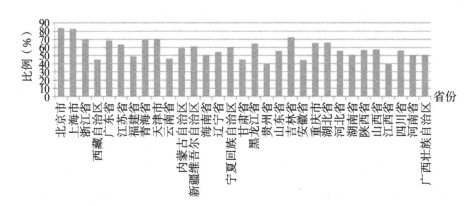

图 4 - 3   2005 年全国各省份普通小学专任教师中专科及以上学历教师所占比例

从图 4 - 1 及图 4 - 3 中可以看到，西藏自治区、福建省、云南省、甘肃省等省份虽然教学人员平均月收入高，但小学教师学历相对较低，而黑龙江省、吉林省、重庆市、河北省等省份虽然教学人员平均月收入较低，但小学教师学历却相对较高。

4.1.2.3   各省份普通初中专任教师学历情况

表 4 - 5   2005 年全国及各省份普通初中专任教师学历情况 （%）

地区 \ 学历	研究生毕业	本科毕业	专科毕业	高中阶段毕业	高中阶段毕业以下
全国	0.21	35.10	59.94	4.65	0.10
北京市	1.58	73.47	23.68	1.23	0.05
天津市	0.56	50.44	42.97	5.89	0.13

续表

学历 地区	研究生 毕业	本科 毕业	专科 毕业	高中阶段 毕业	高中阶段 毕业以下
河北省	0.06	38.70	57.79	3.41	0.05
山西省	0.14	29.83	63.25	6.70	0.08
内蒙古自治区	0.12	37.50	56.96	5.32	0.11
辽宁省	0.14	36.20	59.29	4.02	0.34
吉林省	1.00	57.27	39.92	1.77	0.04
黑龙江省	0.27	40.79	55.18	3.62	0.15
上海市	0.55	79.98	19.02	0.41	0.04
江苏省	0.15	41.28	54.05	4.44	0.08
浙江省	0.23	61.27	36.89	1.56	0.06
安徽省	0.21	32.90	62.17	4.64	0.09
福建省	0.13	35.39	61.98	2.44	0.06
江西省	0.22	28.25	64.51	6.83	0.19
山东省	0.25	38.00	57.85	3.83	0.08
河南省	0.22	25.28	69.18	5.27	0.06
湖北省	0.20	33.86	58.68	7.09	0.16
湖南省	0.10	28.28	66.55	4.94	0.13
广东省	0.29	36.03	59.13	4.51	0.04
广西壮族自治区	0.12	18.26	76.29	5.23	0.10
海南省	0.05	37.90	58.06	3.90	0.09
重庆市	0.19	47.46	49.05	3.19	0.11
四川省	0.09	30.05	63.83	5.89	0.15
贵州省	0.09	20.40	73.93	5.41	0.17
云南省	0.06	31.95	63.62	4.25	0.11
西藏自治区	0.18	51.05	44.67	3.65	0.45
陕西省	0.23	25.33	67.50	6.78	0.16
甘肃省	0.11	21.10	71.28	7.38	0.14
青海省	0.85	36.83	58.18	4.03	0.11
宁夏回族自治区	0.14	57.37	39.55	2.88	0.06
新疆维吾尔自治区	0.14	36.16	60.00	3.63	0.08

资料来源：根据《中国教育统计年鉴》相关数据计算整理得到。

从表 4 - 5 中可以看到，2005 年我国各地区普通初中专任教师的学历也有较大差异。各个地区的共同点是，专任教师学历在高中阶段毕业及以下的比例较低，学历层次大多集中在本、专科毕业，研究生毕业的专任教师比例不高。

为更加清晰地比较我国各地区初中专任教师学历情况差异，将普通初中专任教师本科及以上学历教师所占比例进行排序并比较。

表 4 - 6　全国及各省份普通初中专任教师本科及以上学历教师比例（%）

地区	比例	地区	比例
全国	35.31	辽宁省	36.34
上海市	80.53	广东省	36.32
北京市	75.04	新疆维吾尔自治区	36.30
浙江省	61.50	福建省	35.52
吉林省	58.27	湖北省	34.07
宁夏回族自治区	57.52	安徽省	33.10
西藏自治区	51.23	云南省	32.02
天津市	51.01	四川省	30.14
重庆市	47.65	山西省	29.97
江苏省	41.43	江西省	28.46
黑龙江省	41.06	湖南省	28.38
河北省	38.76	陕西省	25.56
山东省	38.25	河南省	25.50
海南省	37.95	甘肃省	21.20
青海省	37.68	贵州省	20.49
内蒙古自治区	37.62	广西壮族自治区	18.38

资料来源：根据《中国教育统计年鉴》（2005）相关数据计算整理得到。

由表 4 - 6 可知，2005 年全国普通初中专任教师本科及以上学历教师占教师总数的比例，地区之间差异悬殊，全国平均为 35.31% 。上海市超过 80% ，达到 80.53% ；而广西壮族自治区仅为 18.38% ，不足 20% 。

4.1.2.4　各省份普通初中专任教师学历与教育行业教学人员月收入

普通初中专任教师为本科及以上学历的占教师总数的比例（％）

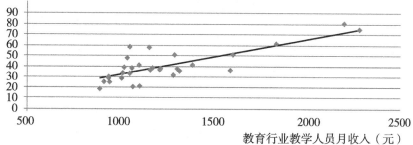

图4-4　2005年全国普通初中专任教师为本科及以上
学历的占教师总数的比例与教育行业教学人员月收入

由图4-4可知，2005年全国普通初中专任教师本科及以上学历教师占教师总数的比例与教育行业教学人员月收入有正向关系。但将31个省份按照教育行业教学人员月收入由高到低排序可以看到，一些省份虽然教学人员月收入较高，但教师学历较低；而一些省份虽然教学人员月收入较低，但教师学历较高。

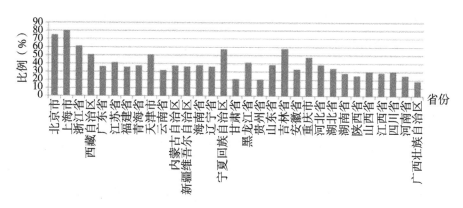

图4-5　2005年全国及各省份普通初中专任教师
本科及以上学历的占教师总数的比例（％）

由图4-5可知，天津市、宁夏回族自治区、吉林省、重庆市等省份，相对于排名来说，其普通初中专任教师本科及以上学历所占比例过高，而甘肃省、贵州省等省份过低。

4.1.3 中小学教职员工工资水平的决定

在中小学教职员工的特殊劳动力市场上，教师的工资水平同时受包括需求和供给方行为在内的多种因素影响。因此，要探讨中小学教职员工的工资水平，需要对供求双方的行为进行分析。

4.1.3.1 需求方行为

为提供义务教育服务，学校和教育机构成为中小学教职员工劳动力的需求方。目前，我国公办学校中的"普通中学、普通小学""2006 年 7 月 1 日在册的正式工作人员"的工资制度按照人事部、财政部、教育部制定的相关方案执行，即关于印发《高等学校、中小学、中等职业学校贯彻〈事业单位工作人员收入分配制度改革方案〉三个实施意见》。我国中小学教师岗位绩效工资由岗位工资、薪级工资、绩效工资和津贴补贴 4 部分组成，其中岗位工资和薪级工资为基本工资，各地区均按照国家统一标准执行。薪级工资主要体现教师的工作表现和资历，设置为 65 个薪级，每个薪级对应一个工资标准。中小学校教师根据工作表现、资历和所聘岗位等因素确定薪级，执行相应的薪级工资。被授予省部级以上劳动模范和先进工作者等荣誉称号，且 1993 年工资制度改革以来按国家规定高定了工资档次并仍保持荣誉的人员，以及由人事部选拔的有突出贡献的中青年科学、技术、管理专家，可在本人套改工资的基础上适当提高薪级工资❶，见表 4-7。以上工资制度体现了我国公立中小学对义务教育人员性投入的需求，也即需求方对不同质量的劳动力愿意且能够支付的工资。

此外，中小学教职工工资还有其他组成部分，包括补助工资、其他工资、职工福利费以及社会保障费。

---

❶ 李红超，于启新. 我国现行中小学教师工资制度探析 [J]. 教育财会研究，2009（2）：53-57.

表 4-7　事业单位专业技术人员基本工资标准（元）

岗位工资			薪级工资										
原岗位等级	岗位	工资标准	薪级	工资标准	薪级	工资标准	薪级	工资标准	薪级	工资标准	薪级	工资标准	
正高级	一级	2800	1	80	14	273	27	613	40	1064	53	1720
	二级	1900	2	91	15	295	28	643	41	1109	54	1785
	三级	1630	3	102	16	317	29	673	42	1154	55	1850
	四级	1420	4	113	17	341	30	703	43	1199	56	1920
中学高级	五级	1180	5	125	18	365	31	735	44	1244	57	1920
	六级	1040	6	137	19	391	32	767	45	1289	58	2060
	七级	930	7	151	20	417	33	799	46	1334	59	2130
中学一级 小学高级	八级	780	8	165	21	443	34	834	47	1384	60	2200
	九级	730	9	181	22	471	35	869	48	1434	61	2280
	十级	680	10	197	23	499	36	904	49	1484	62	2360
中学二级 小学一级	十一级	620	11	215	24	527	37	944	50	1534	63	2440
	十二级	590	12	233	25	555	38	984	51	1590	64	2520
技术员 小学二级	十三级	550	13	253	26	583	39	1024	52	1655	65	2600

说明：各专业技术岗位的起点薪级分别为：一级岗位 39 级，二至四级岗位 25 级，五至七级岗位 16 级，八至十级岗位 9 级，十一至十二级岗位 5 级，十三级岗位 1 级。

4.1.3.2　供给方行为

与劳动力市场上其他劳动者一样，义务教育领域的教职工是提供劳动力的主体，是义务教育教职工这一特殊劳动力市场上劳动力的供给方。他们的行为也是影响工资水平的重要因素。假设教师是理性人，与其他劳动者一样，对工作岗位的选择是基于自身利益最大化做出的。即在选择工作岗位以及工作地区时，他将同时考虑工资性收入以及非工资性因素。非工资性因素可能包含工作环境、工作强度、组织氛围，以及工作地点的交通、气候等一系列因素。以下将以一名教师行为为例，说明教师的选择行为。假设这名教师是一名女性，本科毕业，24 岁，工龄为两年的教师，在

A 地小学或 B 地小学任教均是可选的。如果 B 地生活成本更低、气候更好、犯罪率更低，那么该教师很有可能认为，当在 A、B 两地工作，工资性收入分别为每月 2000 元以及每月 1500 元时，对自己来说是无差异的。而对于义务教育学校工作的各种个人特征和偏好等与上述这名小学教师条件相同的教职工来说，也都会认为当在 A、B 两地工作，工资性收入分别为每月 2000 元以及每月 1500 元时，是无差异的。而 2000 元和 1500 元之间的 500 元差异就是一种不同地区间的补偿性工资差别。

4.1.3.3 供求双方的作用

仍以上述 A、B 两地为例，对于个人特征相同的劳动者来说，当这两个地区的中小学与教育部门这些需求方提出的招聘要求相同时，可以认为 A、B 两地义务教育的人员性投入价格是存在差异的，具体来说，A 地的义务教育人员性投入价格高于 B 地。在竞争的劳动力市场上，劳动力双方的竞争与选择使得供求双方达到均衡，所形成的工资水平以及相应的教师自身素质就是我们能够观察到的特定素质教师的工资水平。然而，作为一个劳动力流动受到制度性约束的部门来说，义务教育教职工的劳动力市场虽然在不同地区之间呈现出明显的工资性收入差别，但这种差别的来源较为复杂。不仅包含工作地区造成的补偿性工资差别，还包含了竞争性工资差别，即经济发展较为迅速的地区在招聘时会相应提高对教师素质的要求所导致的地区整体平均工资的上升。而这种竞争性工资差别是人为造成的，不属于地区必须面对的价格因素。因此需要从地区间工资差异中甄别出由地区因素造成的补偿性工资差别，才能确定不同地区间的义务教育人员性投入价格差异。

4.2 非人员性投入价格的差异

教育事业性经费的公用部分是用来购买教育的非人员性投入所支出的教育经费。在我国义务教育阶段，生均教育经费支出公用部分在地区间的差异也非常明显。以下将讨论我国分地区城乡地方普通小学、普通初中的生均教育事业性经费公用部分支出及其差异，并对差异的来源进行分析。

4.2.1　生均教育经费公用部分支出及差异

我国幅员辽阔，各地区经济发展不均衡，因此，义务教育阶段的生均教育事业性经费公用部分支出也呈现出地区间的显著差异。Mun C Tsang、Yanqing Ding（2005），薛海平、王蓉（2010），以及王凯、王振龙（2010）等学者均对我国生均公用经费支出或生均预算内公用经费支出在地区间的配置状况进行了实证研究，并对差异进行了描述。本节将分别对我国 30 个省份的农村和城镇地区小学与初中的生均教育事业性经费公用部分支出进行讨论与对比，由于西藏自治区缺乏农村初中的数据，因而在讨论中予以略过。为与生均教育事业性经费公用部分支出和人员性投入相对应，本部分用以展示的数据也将选取 2005 年的数据。

表 4-8　2005 年我国各地区城镇和农村的生均教育事业性经费公用部分支出（元）

地区	城镇小学	农村小学	城镇初中	农村初中
北京市	2205.698	1858.71	3520.181	2597.67
天津市	1023.729	668.66	1528.551	714.25
河北省	463.6079	352.81	608.5929	414.40
山西省	469.5409	316.32	763.5316	444.85
内蒙古自治区	460.6176	364.75	896.8332	594.44
辽宁省	710.431	529.06	1119.677	697.46
吉林省	663.6025	480.40	987.9185	635.93
黑龙江省	672.8162	381.74	829.0585	412.43
上海市	3870.732	1753.22	4986.842	2848.42
江苏省	845.3406	362.96	1108.667	527.99
浙江省	1111.267	759.34	1790.092	1173.37
安徽省	350.1251	192.57	612.314	289.74
福建省	795.8078	420.79	1286.366	570.97
江西省	324.5679	248.44	474.3513	353.86
山东省	714.3674	323.52	993.1095	500.17
河南省	342.4189	189.07	546.9416	282.68
湖北省	528.1378	260.42	721.4427	419.48

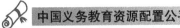

续表

地区	城镇小学	农村小学	城镇初中	农村初中
湖南省	532.142	312.24	904.0264	455.70
广东省	1079.95	573.41	1505.789	949.38
广西壮族自治区	380.6283	181.76	608.3662	397.47
海南省	392.8948	288.02	734.4876	611.04
重庆市	955.6828	439.83	1196.119	773.15
四川省	651.4387	294.06	772.7364	453.32
贵州省	306.6752	148.93	586.1817	311.01
云南省	339.5472	269.52	637.9474	382.05
陕西省	366.2299	240.32	640.5604	339.74
甘肃省	457.2043	242.70	542.7152	403.14
青海省	414.8645	509.55	706.9648	679.97
宁夏回族自治区	549.8341	263.93	782.3237	559.29
新疆维吾尔自治区	567.6425	400.91	1135.706	608.66

从表4-8中可以看到，2005年，我国义务教育生均事业性经费的公用部分在地区间呈现出非常大的差异。城镇小学生均公用经费最高的地区是上海市，达到3870.73元，最低的是贵州省，只有306.68元，最高地区是最低地区的12.62倍。农村小学生均公用经费最高的是北京，达到1858.71元，最低的地区是贵州省，只有148.93元，最高地区是最低地区的12.48倍。对城镇初中来说，生均公用经费最高的是上海市，达到4986.84元，最低的是江西省，只有474.35元，最高地区是最低地区的10.51倍。对农村初中来说，生均公用经费最高的地区仍然是上海市，达到2848.42元，最低的地区是河南省，只有282.68元，最高地区是最低地区的10.08倍。另外，初中和小学比较，同一个地区，初中生均事业性经费的公用部分高于小学。除青海省外，在同一个地区，城镇小学和初中的生均公用经费均高于农村。

用柱形图可以更加直观地看到各地区城镇和农村的生均教育事业性经费公用部分支出的差异情况。从图4-6中还可以看到，我国生均公用经费支出以及生均预算内公用经费支出在地区间的差异非常显著。

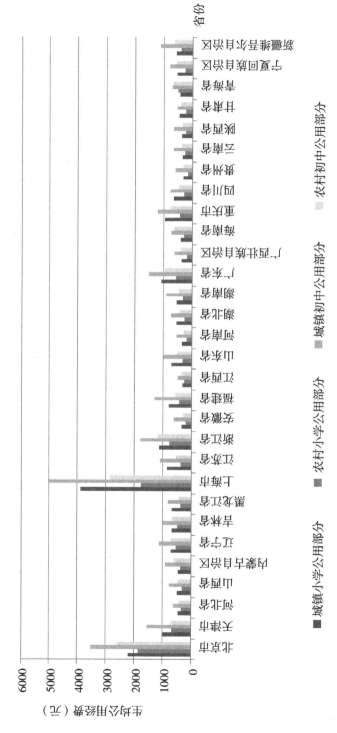

图4-6　2005年我国各省份城镇和农村的生均教育事业性经费公用部分支出

4.2.2　差异的来源

首先，在不同省份，学校为向每名学生提供义务教育而消费的产品，包括图书、粉笔、教学设备、水、电等，在数量和质量上可能有所差异。这可以看作是在教育资源投入上的差异。这种差异是我们能够观察到并进行定量度量的。

其次，当不同省份的学校分配在每名学生身上的所投入教学物品在数量和质量上无差异的时候，由于不同省份间产品价格向量的差别，也会造成教育经费支出的差异。

最后，地区性花费也是引起教育经费支出差异的一个重要方面。例如，北方省份冬季气温较低，学校为了保证正常教学活动，冬季需要采暖，这就产生了采暖方面的花费。而南方省份在冬季则可以继续进行正常的教学活动，而不需要进行这方面的过多支出，在夏天则需要支出一定的降温费用。是否需要采暖和降温不属于教育资源投入的差异，也不是由学校或地方政府的政策控制的。因此，可以认为，这项成本上的差异应归为一种地区价格差异，通过影响义务教育经费的购买力进而影响教育经费支出的额度。

综上所述，在事业性经费公用部分支出中，后两种因素在地区间的差异不影响教育资源投入的多少，但是引起价格差异，影响各个地区学校教育经费的购买力，从而引起省份间义务教育公用经费支出的差异。因此，在使用公用教育经费数据度量资源投入在省份间的差异时，应该对这两种价格因素进行剥离。

因此，要通过公用经费的数据获得我国各个省份义务教育的非人员性投入在质量和数量上的差异，就需要编制反映我国各省份义务教育非人员性投入价格差异的指数。

本章小结

可见，在我国不同省份，由于经济社会和地理条件不同，造成了人力和物力资源价格的地区间差异。因此，即便各省份的生均义务教育资源投入相同，生均教育事业性经费支出也将产生明显差异。而反过来说，生均教育事业性经费支出在省份间的差异并不能真实反映出各省份生均义务教育资源的配置情况，因此人们也无法根据生均教育事业性经费支出在省份间的差异对我国省份间的义务教育资源配置公平等问题做出判断。那么应该如何利用生均教育事业性经费支出探讨我国省份间的义务教育资源配置公平问题呢？根据前文的分析，可以探索用适当方法对我国不同省份间的义务教育资源投入价格差异进行度量，进而从生均教育事业性经费支出当中剥离不同省份间义务教育资源价格差异的影响，从而反映我国省份间的义务教育资源配置公平的现状。而我国现有的各种指数，均为时间指数，并没有已编制的空间指数。因此，如何对空间价格指数进行编制，是本书的重要内容。

第5章 中国地区间义务教育人员性投入价格指数模型的构建

中国地区间义务教育人员性投入价格指数是度量各地区义务教育人员部分资源价格的指数，其单位为1。人员部分资源价格越高的地区，人员性投入价格指数数值应越大，反之亦然。因此，人员性投入价格指数可以用来剥离各个地区义务教育事业性经费个人部分支出的价格因素的影响。本章通过在不同劳动力市场理论的分析框架下，对一般劳动者，进而对中小学教师工作地区选择行为的分析，提出了构建模型过程中应注意的问题。研究通过对多种构建模型的可选方法进行比较，考虑我国实际情况，最终选择对可比工资指数法进行修正，作为构建人员性投入价格指数模型的理论框架，选取扩展的明瑟收入方程作为实证部分的模型。

5.1 地区间义务教育人员性投入价格指数的内涵

要构造正确的地区间义务教育人员性投入价格指数模型，首先要明确地区间义务教育人员性投入价格指数的正确含义。地区间义务教育人员性投入价格指数是测度各地区义务教育人员部分资源价格的指数。如果一个地区的学校由于所处地区的原因，不得不支付更高的工资以吸引相同资质的教职员工在校工作，那么该地区的义务教育人员性投入价格指数应具有更大的数值。因此，地区间义务教育人员性投入价格指数可以用来对各地区教育事业性经费支出中的义务教育事业性经费个人部分支出进行调整，从而剥离价格因素的影响，揭示人员部分资源投入的真实配置状况。

教育事业性经费支出中的义务教育事业性经费个人部分支出，不仅包

括教职员工的基本工资、补助工资、其他工资、职工福利费以及社会保障费，还包括学生的奖、贷、助学金。❶

　　义务教育经费当中的个人部分支出与其他部分相比占教育经费的比例最大，2005 年我国义务教育阶段教育经费支出中个人部分支出所占比例，见表 5 - 1。

表 5 - 1　2005 年我国义务教育阶段教育经费支出个人部分支出所占比例（％）

分类 区域	小学	初中
全国	73.61	65.31
农村	76.16	68.65
城镇	69.08	61.74

资料来源：《中国教育经费统计年鉴》（2006）。

　　其中城镇义务教育事业性经费个人部分支出以及城镇教育经费支出的计算公式如下：

　　城镇教育经费支出 = 全国教育经费支出 - 农村教育经费支出　　（5 - 1）

　　城镇义务教育事业性经费个人部分支出 = 全国义务教育事业性经费个人部分支出 - 农村义务教育事业性经费个人部分支出　　（5 - 2）

　　我国生均教育经费支出的个人部分支出在地区间的差异也很大。以 2005 年我国普通小学与初中为例，生均教育经费支出的个人部分支出最高

---

　　❶　事业性教育经费支出的义务教育事业性经费个人部分支出，包括：

　　第一，基本工资：指国家一般预算支出目级科目的"基本工资"。

　　第二，补助工资：指国家一般预算支出目级科目的"津贴"。其中，民师补助指国家预算支出科目中用于民办教师的补助费。

　　第三，其他工资：指国家一般预算支出目级科目的"奖金"和人员支出中的"其他"。

　　第四，职工福利费：指国家一般预算支出目级科目的"福利费""退职（役）费""就业补助费""抚恤金""医疗费""生活补助"及对个人和家庭的补助支出中的"其他"。

　　第五，社会保障费：指国家一般预算支出目级科目的"社会保险缴费""离休费""退休费""购房补贴"。

　　第六，奖、贷、助学金：指国家一般预算支出目级科目的"助学金"。本书也称之为人员支出、义务教育事业性经费个人部分支出。

的是上海市，分别为 6709.71 元和 7289.28 元；最低的是河南省，分别为 733.65 元和 855.78 元，相差倍数达 9 倍左右。

在义务教育经费支出个人部分支出当中，有很多不同组成部分，其中为学校的教职员工获得工资性收入所发生的支出是义务教育经费支出个人部分支出的主要支出❶，其占个人部分支出的比例，见表 5 - 2。

表 5 - 2　2005 年教职员工的工资报酬支出占个人部分支出经费的比例（%）

区域＼分类	小学	初中
全国	98.78	98.20
农村	98.43	97.68
城镇	99.47	98.82

资料来源：《中国教育经费统计年鉴》（2006）。

其中城镇学校教职员工工资性收入以及城镇义务教育事业性经费个人部分支出的计算公式如下：

城镇学校教职员工工资性收入 = 全国学校教职员工工资性收入 - 农村学校教职员工工资性收入　　　　　　　　　　　　　　　　　（5 - 3）

城镇义务教育事业性经费个人部分支出 = 全国义务教育事业性经费个人部分支出 - 农村义务教育事业性经费个人部分支出　　　　　　（5 - 4）

鉴于义务教育事业性经费个人部分支出的组成结构，对它的讨论可以忽略奖、贷、助学金部分，这对结论不会造成影响。因此，可以认为，在各地区学校之间的义务教育生均事业性经费个人部分支出的差异有两个来源，一是学校员工的数量与个人特征；二是由于地区吸引学校教职员工工作不得不支付更高的工资。前者是学校或学区可以控制的因素也称为"自由决定的因素""可控因素"，体现了学校所投入资源的差异，而后者则不在学区的控制范围之内，这种因素称为"成本因素"，体现了学校面对的价格差异。

---

❶　本书所指教职员工工资性收入为基本工资、补助工资、其他工资、职工福利费以及社会保障费之和。

对于可控因素来说，各地学校可以根据内部决策选择雇用具有不同个人产出特征的教师，为此向教师提供不同的工作条件和工资。

以 2005 年和 2006 年我国各省份的普通初中专任教师为例，他们的学历在省份间就呈现出较大的差异。2005 年全国普通初中专任教师本科及以上学历教师占教师总数的比例，全国平均为 35.31%，地区之间差异悬殊。上海市超过 80%，达到 80.53%，而最低的广西壮族自治区仅为 18.38%，不足 20%。2006 年，全国本科及以上毕业的普通初中专任教师占专任教师总数的比例为 41.10%。同年，普通初中专任教师平均受教育程度最高的是上海市，本科及以上毕业的教师占总数的 83.57%，最低的为贵州省，这一比例仅为 25.17% ●。因此，在其他条件相同的情况下，上海市自然要向初中教职工支付高于全国水平的工资及福利，才能保证能够招聘并保留符合其条件的教师。在其他条件不变的情况下，其教育经费支出也必然高于其他地区。这种情况引起的差异就属于由可控因素引致的教育经费支出差异。

根据人力资本理论，受教育程度越高，产出越高，获得的劳动报酬也将越高。学校管理人员、职工的工资也因他们的受教育水平的差异而有所不同。而教职员工的受教育程度在不同地区间的差异，直接影响教学产出，属于学校资源投入差异之一。学校以及当地政府的政策可以控制这种教育资源投入。除此之外，教职员工的其他方面禀赋和特征的差异也使得他们获得不同的工资性收入。

另一方面，从同质的小学和初中教职员工的个人工作选择行为来看，他们在进行工作选择时除了工资之外，还关注工作地点的生活成本、工作地区带来的非货币效用等外部条件。工作地点的生活成本、工作地区带来的非货币效用等外部条件不是学校和地方政府的教育部门所能够决定的，这些就属于学校面对的"成本因素"。较高的地区生活成本以及较为不适的气候，都会使得学校为了提供相同的教育服务、招聘并挽留相同特征的教职员工而支付较高的教育经费。

● 数据来源：《中国教育统计年鉴》（2005）、《中国教育统计年鉴》（2006）。

可见，教师的质量和数量均是在学校决策的控制之下的。而教师的质量和数量差异属于人员部分资源投入的差异，不属于价格差异。由教师的质量和数量差异引起的个人部分支出差异不是由价格差异引致的。因此义务教育资源价格指数应该仅度量成本因素，而不应把学校或学区可以控制的因素包含在度量范围之内。

综上所述，地区间义务教育人员性投入价格指数，度量的是相同特征的中小学教职员工在不同地区的中小学工作要求的工资性收入水平差异。换句话说，度量的也就是教育经费对中小学教职员工劳动力的购买力在地区之间的差异。相同特征的中小学教职员工在一个地区所要求的工资越高，表明当地劳动力价格水平越高，货币对劳动力的购买力越弱，计算得到的价格指数的数值应该越大；要求的工资越低，价格指数的数值应该越小。

其中，购买力是指用于购买产品或服务的货币的支付能力。货币的劳动力购买力与劳动力价格水平呈反向关系，劳动力价格水平越高，货币对劳动力的购买力越弱，反之亦然。货币对劳动力的购买力和劳动力价格水平是同一问题的不同表达形式。因此地区间义务教育人员性投入价格指数，实质上也是用来调整各个地区义务教育事业性经费个人部分支出购买力的指数，与购买力呈反向关系。购买力越强，指数越小，购买力越弱，指数越大。因此，将各个地区的义务教育事业性经费个人部分支出除以当地价格指数，就相当于对不同地区的义务教育事业性经费个人部分支出购买力进行了调整，得到各地在相同购买力水平下的义务教育事业性经费个人部分支出，所得到的数值可以用来在地区之间进行比较。利用经过调整后得到的人员支出水平，才能够反映地区之间义务教育人员性投入的差异。

本书第2章对已有地区间义务教育资源价格指数调整方法的综述显示，对地区间义务教育人员性投入价格调整模型的构造是一个十分重要的问题。已有的指数均在不同方面具有一定的局限性，而且由于我国与西方国家在教育财政制度以及劳动力市场方面有所差异，因此需要依托已有方法，结合我国实际情况，构造适应适用目的并适合我国实际情况的地区间义务教育人员性投入价格指数模型。通过下文的分析，研究展现了构建价格指数模型的核心问题，即构造的价格指数应只度量由地区生活成本、地区宜居性，以及地区劳动力市场等级对相同特征中小学教职员工带来的工资差异。

5.2　理论框架：一般劳动者工资差异的影响机制

李实、王亚柯（2005）和陶涛、翟振武、夏亮（2010）等学者分别从经验研究的角度证实，职工的工资收入在不同地区之间具有一定差距。陈振明、丁煌、吴永健、盛馨莲（2008）在研究中对不同地区以及同一地区内部不同行业劳动者的工资差异进行了定量分析。对于工资差别的理论解释，杨河清（2002）指出，工资差别的成因包括产业（企业）间工资差别、职业间工资差别、劳动者个人间工资差别、地区工资差别、年龄间工资差别以及性别间工资差别。因此，从劳动经济学理论来说，在行业、职业、劳动者个人特征等其他影响工资收入的条件相同的情况下，劳动者在不同地区就业所获得的工资收入也有所区别。

在劳动者的行业、职业、劳动者个人特征等其他影响工资收入的条件相同的情况下，劳动者工资收入的地区间差异可能有多种来源。包括地区经济发展水平、劳动力市场竞争程度、地方的工资政策，等等。但是归根结底，本章以劳动力市场分割理论为前提，认为在满足下列假设的前提下，当其他条件相同时，地区间相同素质的劳动者工资差异的成因不外乎由工作地区特征带来的补偿性工资差别和区域间劳动力市场分割。

假设 1：劳动者在选择工作地区时追求效用最大化。关于劳动者对工作地区的选择行为，国内外很多学者都进行了相关研究。Mark C Berger，Glenn C Blomquist 和 Klara Sabirianova Peter（2008）对俄罗斯城市生活质量的研究发现：对于生活质量指数较高的城市，政府通常需要规定较低的地区工资系数。John V Winter（2009）针对美国不同地区工资水平的研究结果显示：城市配套设施和生活便利程度越高，劳动者的工资越低，劳动者为居住在生活质量较高的城市可以放弃较高的工资水平。Michael J Greenwood（1973）与 Edward A Baryla 和 Douglas Dotterweich（2001）的研究表明，高校的外地学生数量与当地的经济环境密切相关。这些研究分别表明了劳动者对较高工资、较低的生活成本，以及较高的地区非货币效用的偏好会影响他们的工作决策。即劳动者在做出工作地区选择的决策时同时追求高工资和工作地区的低生活成本以及较高的非货币效用❶。

假设单个劳动者的效用函数为 U（Y，COL，R），其中 Y 为劳动者的工资收入，COL 为劳动者工作地区的生活成本，R 表示该工作地区给劳动者带来的非货币效用（宜人的气候、整洁的市容、较低的犯罪率等）。本书的研究假设在其他条件相同的情况下，所有劳动者在生活成本高的地区工作就要求获得更高的工资性收入，在非货币效用较高的地区可以容忍获得较低的工资性收入。即 $\frac{\partial U}{\partial Y}>0$，$\frac{\partial U}{\partial COL}<0$，$\frac{\partial U}{\partial R}>0$。劳动者对工作的选择行为追求效用函数的最大化，即

$$\max \mathrm{U}(Y, COL, R)$$

假设 2：信息对称。劳动者能够获得有关自身特征、重要的工作特征以及工作地区特征方面的信息。即在上式中，劳动者的特征以及每份可能工作及地区的 Y、COL、R 均为已知。

为了阐释在满足上面两个假设的前提下，地区间工资差异的成因可分为地区特征带来的补偿性工资差别和区域间劳动力市场分割这一命题，以下将分别在新古典劳动力市场理论和劳动力市场分割理论框架下讨论劳动者的工作选择行为，从而确定在行业、职业、劳动者个人特征等其他影响工资收入的条件相同的情况下，劳动者地区间工资差异的来源。

5.2.1 新古典劳动力市场理论框架下的情形

新古典劳动力市场理论认为劳动力市场是统一的。此时，劳动者工资收入在地区之间的差异由劳动力供求双方的行为共同决定。对于劳动力需求方来说可以根据通过制定相应的工资政策确定一定特征教职员工的工资。通常来说，在其他条件不变的情况下，根据劳动者的性别、工作经

---

❶ 例如，宜人的气候、整洁的市容、子女更多的就学机会、优质的医疗服务等。

验、受教育程度等与生产力相联系的特征，需求方会提供不同的工资标准。一旦需求方确定了工资水平，劳动力供给方将会通过工作搜寻行为搜寻与自己的偏好和特征相匹配的工作岗位。根据假设 2，搜寻成本为 0。

由于地区间的劳动力市场统一时，劳动力可以自由流动，流动成本为 0。因此，根据假设 1，如果一个地区劳动者的工资收入相对于生活成本和地区带来的非货币效用来说较低，他们就可以转向另一个工资更高或生活成本更低、地区非货币效用更强的地区生活或工作。即当

$$\sum_{t=1}^{T} \frac{U_{it}}{(1+r)^t} - \sum_{t=1}^{T} \frac{U_0}{(1+r)^t} > 0 \qquad (5-5)$$

成立时，劳动力流动就会发生。其中，$U_{it} = \mathrm{U}(Y_{it}, COL_{it}, R_{it})$ 为劳动者在 t 年时在下一个流入地 i 从事岗位更加匹配的工作所获得的效用；U_0 为在 t 年时从事原来的工作所获得的效用；T 为在地区 i 的工作上预期的工作年限；r 为贴现率。

因此，当劳动者与工作岗位的匹配程度不够时，劳动力流动就会发生，劳动者在下一个工作岗位获得的效用现值大于当前工作岗位的效用现值

$$\sum_{t=1}^{T} \frac{U_{it}}{(1+r)^t} = \sum_{t=1}^{T} \frac{U_{it}(Y_{it}, COL_{it}, R_{it})}{(1+r)^t} > \sum_{t=1}^{T} \frac{U_0}{(1+r)^t} \qquad (5-6)$$

对于与现有岗位相匹配的特定劳动者来说，其模型方程为

$$\sum_{t=1}^{T} \frac{U_{it}}{(1+r)^t} = \sum_{t=1}^{T} \frac{U_{it}(Y_{it}, COL_{it}, R_{it})}{(1+r)^t} = \sum_{t=1}^{T} \frac{U_0}{(1+r)^t} \qquad (5-7)$$

因此劳动者在选择工作地区时达到效用最大化时可以取得

$$\max \mathrm{U}(Y, COL, R)$$

此时，Y 由 COL 和 R 决定。即地区间劳动者的工资差异由地区生活成本和地区的非货币效用（地区的补偿性工资差别）决定。

5.2.2　在劳动力市场分割理论框架下的讨论

劳动力市场分割理论是在新古典劳动力市场理论的争论中产生和发展起来的。由于新古典劳动力市场理论不能很好地解释现实社会中劳动

力市场的诸多问题，20 世纪 70 年代以来，很多经济学家，转向研究分割的劳动力市场。我国学者从 20 世纪 90 年代开始涉足劳动力市场分割领域，赖德胜是最早对西方劳动力市场分割理论进行系统评述的学者之一。

蔡昉（1998）、许经勇与曾芬钰（2000）、朱镜德（2001）、李建民（2002）、John Knight 和 Shi Li（2003）、张展新（2004）和郭丛斌（2004）等学者分别从不同角度指出，中国的劳动力市场存在着地区分割。地区分割主要表现在两个方面：一是农村地区之间的分隔；二是城市地区之间的分隔。边显人（2008）通过对 2005 年我国各地区平均工资水平的分析发现，我国地区之间的工资差异很大，各省份之间的劳动力价格参差不齐。研究认为我国这种劳动力价格的地区之间不均衡状况的影响因素包括地方保护主义以及户籍壁垒政策对区域工资差异的影响、地区人均 GDP 水平、地区受教育水平以及劳动力素质、外向型经济以及 FDI（外国直接投资）和所有制改革。因此，放松劳动力市场统一的假定，更符合我国劳动力市场目前的现实。

舒尔茨（1961）认为就业流动是人力资本投资的一种重要手段，能够实现人力资本价值的增值。将劳动力跨区域的资源流动性行为当成一种投资行为看待，即劳动者为了在今后一个相当长的时间内获得收益而在之前承担这种投资的成本。如果与流动相联系的收益限制超过了与之相联系的成本，那么可以认为，劳动者将会进行跨区域流动。其中收益是由于找到了与自身特征更加匹配的工作所获得的。相反，如果流动之后的收益贴现值并不比成本高，那么劳动者就不会决定进行这种流动。即在满足下面数学公式的情况下，劳动者才可能选择跨区域流动。

$$\sum_{t=1}^{T} \frac{U_{it}}{(1+r)^t} - \sum_{t=1}^{T} \frac{U_0}{(1+r)^t} > C \qquad (5-8)$$

其中，U_{it} 为在 t 年时在下一个流入地 i 从事岗位更加匹配的工作所获得的效用；U_0 为在 t 年时从事原来的工作所获得的效用；T 为在地区 i 的工作上预期的工作年限；r 为贴现率；C 为在流动过程中所产生的成本（包括货币成本和心理成本）。

当 $C>0$ 时，劳动者在下一个流入地 i 从事岗位更加匹配的工作所获得的效用要高于从事目前地区的工作所获得的效用，即在劳动力流动发生之前，劳动者在目前地区所获得的效用要低于岗位更加匹配后的效用（也就是在一定的自身特征下所应获得的效用）。因此，劳动者的工资受流动成本的影响，所面对的流动成本越高，在其他条件均相同的情况下，目前的工资水平越低。随着劳动力流动成本的逐渐升高，劳动者的流动能力逐渐减弱。

本书的研究认为我国的劳动力市场存在区域分割，其模型为

$$\begin{cases} \sum_{t=1}^{T} \frac{U_{it}}{(1+r)^t} - \sum_{t=1}^{T} \frac{U_0}{(1+r)^t} > C \\ C > 0 \end{cases} \qquad (5-9)$$

在劳动力市场区域存在分割的情况下，不能认为每个行业所面临的区域劳动力市场分割完全相同，也不能认为不同受教育程度的劳动者面临的劳动力市场分割程度相同。当 $C \to +\infty$ 时，劳动力流动行为不会发生。这时，劳动者的工资水平完全取决于其所在劳动力市场的政策和工资安排。

5.3　中小学教职员工工资应有差异的来源分析

我国地区间经济发展不均衡，自改革开放以来，东部沿海地区经济发展较为迅速。相对来说，中部和西部发展相对缓慢。劳动者基于效用最大化的考虑，更偏好在东部就业。从毕业生初次就业地区的选择来看，赖德胜与吉利（2003）的研究发现，很多大学毕业生即使没有工作也不愿意去西部工作。李锋亮（2009）通过对科技部中国科技促进发展研究中心一项硕士就业数据进行实证分析的实证结果发现选择迁移就业的毕业生在全国各省份分布极不均衡，其中北京市、上海市、广东省与浙江省吸引了大部分各种形式的迁移就业的毕业生，而中西部省份对毕业生迁移就业的吸引力非常不足。

从人口流动的方向来说，大多流向东部沿海地区。汪令江

（2003）、余世仁与简玉兰（2004）等学者的研究体现了我国西部人才流失的问题。而教育行业的人才流失现象尤其严重。在西部的教育行业，一些岗位的工资较低，留不住教师；能力较强的教师更容易离岗；教师队伍相对东部来说资质更差；就投入教育的人力资源部分来说，低于东部地区。

由于义务教育教师的劳动是最重要的资源之一，吸引素质较高的毕业生，以及稳定教师队伍对教学产出非常重要。但是在教育经费有限的情况下，学校和地区教育部门希望在不增加工资投入的条件下用行政手段制约教师的流动。很多地区提出硬性规定，提高教师流动成本。但这更使新毕业大学生对该工作岗位望而生畏，而在岗教师即使不流动，也会降低工作积极性。如此一来，向学生所提供的教育服务就更差。

要教师提供相同的教育服务，就需要让各地教师达到相同的满意度。究竟何种工资差异对相同特征的教师来说是公平的、能够使各地教师达到相同的满意度是本书研究的重点。

5.3.1 地区间劳动力市场统一的情形

中小学教职员工属于劳动者中的一员，具体来说属于教育行业的劳动者。其中，中小学教师的职业为教学人员。以下分析中小学教职员工的行为时，以中小学教师为例。

为简化问题，先假设劳动力市场是完全竞争的，不存在区域间的劳动力市场分割，此时地区间工资差异的唯一来源就是地区补偿性工资差别。假设两个处于不同地区的小学为教师提供相同的工作条件，而且对相同特征教师提供相同水平的工资。那么劳动者在这两所小学进行工作选择时，由于一个小学所处的地区生活成本较高，或者当地气候条件较不适合居住，而选择了另一个小学任职，此刻一个小学相对于另一个小学所处地区的不利条件就显示出来了。同样，如果处于不利地区的小学，得知另一地区小学向他提供相同的工资待遇时，这名教师将流动到另一个小学的工作岗位上。如果向教职员工支付相同水平的工资，位于不利地区的小学将失去该名教师，而且也无法吸引新进教师。因此，为了吸引并挽留劳动者，处于劣势地区的中小学必须向相同特征的教职员工支付更高的工资，也即在该地区义务教育事业性经费个人部分支出的购买力低于其他地区。这种学校区位的劣势是学校和当地教育部门都无法控制的，属于不可控因素。

但是应注意的是，相对的，还存在由于学校与地区教育部门的政策引起的工资差异因素，与不可控因素相对，可称之为可控因素。例如，位于地区 A 的小学规定只招收硕士及以上学历的教师，这种对学历的要求显然高于其他小学。根据人力资本理论，该小学须向新进教师支付更高的工资。而其他地区的小学则不需要支付这种较高的工资。此时，在其他条件相同的情况下，地区 A 的小学生均教育经费支出的个人部分支出较高，从而生均教育经费支出将高于其他地区的小学。另外，在招聘时对女性教职员工的歧视，也会减小学校面临的劳动力市场的半径，学校需要为这种歧视支付更高的成本，即向符合较苛刻条件的新进劳动者支付更高的工资，从而引起较高的义务教育事业性经费个人部分支出和教育经费支出。这种由于政策引致的地区间工资差异属于学校和当地教育部门控制下的工资水平差异，属于可控因素引起的工资差异。此时，该地区学校使用较高的义务教育事业性经费个人部分支出购买了相对来说较多或较为优质的教育资源，因此不能说该地区的义务教育事业性经费个人部分支出购买力低于其他地区。

因此，在劳动力市场不存在区域分割的条件下，中小学学校之间的教育经费支出人员部分差异有两方面可能的来源，一方面是由学校和当地教育部门面临的不可控因素引致的；另一方面是由学校和地区教育部门的可控因素引致的。在其他条件相同的情况下，地区的高物价使教师面临更高的生活成本，使得相同资质教职员工要求更高的工资水平作为补偿，不适宜、不安全的生活环境等生活和工作地区带来的较低非货币效用也使得相同资质教职员工主张更高的工资水平作为补偿。此时，在该地区义务教育事业性经费个人部分支出的购买力降低，从而使学校在政策相同处的情况下为提供相同教学服务需要支付比其他地区学校更高的教育经费。进行地区间教育资源价格调整的目的正是要度量由这种学校和教育部门的不可控因素所造成的各个地区之间义务教育经费的购买力差异❶，并根据购买力差异对各地不同的教育经费支出进行调整。因此，在这里计算教育资源价格指数所使用的模型与方法需要设法避免对可控与不可控因素的混淆，是至关重要的问题。如果把某些可控因素错误地当作不可控因素进行调整，不论对教育部门的政策制定者还是相关领域的学者来说，都会带来严重的后果。对教育部门的政策制定者来说，将会把高支出的学校或地区错当作面对高价格的学校或地区，因而其所进行的资源配置也会缺乏效率；对于学者来说，会对教育资源配置状况得出错误的结论，从而还会对教育资源与当地经济情况或教育产出之间的关系做出错误的判断。

5.3.2 存在地区间劳动力市场分割的情形

在现实中，我国劳动力市场存在着区域分割的状况。考察中小学教职员工工资差异的来源可以从现实数据入手。2005 年全国 1% 人口抽样调查10% 抽样数据包括教育行业雇员 33199 人的信息，通过数据处理可以发现，其中 5 年内曾经跨省流动的教育行业雇员仅占该行业雇员总数的 1.77%。教育行业雇员中教学人员信息包括 26775 个样本，5 年内曾经跨省流动的教学人员仅占 1.49%。但该比例在所有雇员当中为 13.24%，可见，教学人员的流动性较弱。而这种较弱的流动性，源于其过高的流动成本，而这正这是由于其职业和行业特点以及政府部门对教育行业的行政制度造成的。例如，位于我国西部的陕西省某市教育局 2005 年 6 月针对各乡镇中心校、中学、市直中小学出台的《关于教师工作调动的有关规定》明确指出，"严格控制教师的调出调入，稳定教师队伍。""申请调动的教师，毕业分配后，平川工作满四年以上、山区工作满二年以上（定向毕业生山区工作满五年以上），才允许申请调动"。

可见，教师工资的决定并非市场因素，而很大程度上取决于行政命令，只要地区的教育部门提高教师流动与当地教育部门的交易成本，就可

---

❶ 这些不可控因素也被一些国外文献称为成本因素。

以将教师工资压得更低，同时学校也能够运作，因此地区间教师的工资收入差距处于一种扭曲的状态。教师流动的成本不仅包括由地区间劳动力市场分割带来的流动成本，而且包括当地教育部门的行政命令带来的流动成本。因此，从教师工资差异中，无法度量地区补偿性工资差别和劳动力市场等级带来的流动成本对工资收入产生的影响。

对义务教育行业来说，教师的劳动投入是教育服务的重要资源，教师工资又与教师的劳动投入密切相关。如果采取行政手段一方面为教师的流动设置障碍；另一方面提供较低的工资报酬，将不利于对教师的工作激励，从而影响产出。尽管教师特征相同，但教师的工作积极性不同，也不能提供相同质量的教育服务。另外，对于将要加入教育行业从教的大学毕业生来说，也会尽量避免选择到用行政手段限制流动的地区工作，这种地区要吸引较为优秀的教师也将存在困难。因此，不能由于教师跨地区迁移所面对的劳动成本高而打压地区内教师的工资，不应使用行政手段限制教师流动，而应遵循正常的市场规律，通过双向选择，提供令教师满意的工资来增强教师的工作积极性，从而稳定教师队伍。除补偿性地区工资差异和与其他劳动者相同的仅由地区劳动力市场分割造成的流动成本（系统性流动成本）引致的工资差异外，由当地教育部门和学校的规定带来的流动成本从而带来的工资差异将使得对教师的激励下降，从而导致相同特征教师劳动力的实际投入质量下降，因此这种因素造成的工资差异属于教师工资水平在地区间的应有差异。

综上所述，遵循劳动力市场的规律，教师工资水平在地区间的应有差异应该与其他劳动者一样，可以包含地区的补偿性工资差别，可以包含仅由地区劳动力市场分割造成的工资差异，但是不应包含教育行业内部规定所造成的额外的劳动力流动成本带来的工资水平差异。

可见，由于剥离当地教育行业内部以及学校政策对教师工资水平差异造成的影响存在困难，对教师地区补偿性工资差别以及劳动力系统性流动成本引致的工资水平差异的度量，不宜直接从教师的信息入手。

5.4 度量中小学教职员工工资应有差异的方法选择

5.4.1 从购买力差异表现入手的方法

一个可能的思路是从购买力差异的表现入手。最基本的方法就是，直接把教职工平均工资在地区间的差异作为义务教育人员性投入价格指数，度量地区特征引起的购买力差异。

$$\text{Index}_j = \frac{\overline{W_j}}{\overline{W_0}} \qquad (5-10)$$

其中，Index_j 表示地区 j 的义务教育人员性投入价格指数，$\overline{W_j}$ 表示地区 j 中小学教职工的平均工资，$\overline{W_0}$ 表示基准地区的教职工平均工资。

虽然义务教育事业性经费个人部分支出购买力差异来源于工资差异，但是工资差异当中包括各种因素引致的部分，包括可控与不可控因素。直接使用工资差异数字将会包含所有影响工资的因素对义务教育事业性经费个人部分支出造成的影响，包括员工受教育程度、性别、民族、工作经验，等等。因此，这种方法无法度量相同特征教职员工仅由不可控因素引致的地区间工资差异。而且即便在地区特征引起的购买力差异相同的情况下，各个地区按照这种方法计算出来的指数也并不相同。因此使用这种方法无法计算出可用的指数。

要对这种方法予以改进，就需要区分这几种因素对教职员工工资分别产生何种影响，可以在控制学校可控因素的条件下，对教职员工的工资收入进行回归分析，检验地区不可控因素对工资收入的影响。这就是已有文献中使用的 Hedonic 工资模型方法。其回归模型为

$$\ln(W_i) = \beta_0 + \sum_k \beta_k C_{ki} + \sum_r \lambda_r D_{ri} + \varepsilon_i \qquad (5-11)$$

其中，W_i 表示教职员工 i 的薪酬，C_{ki} 表示教职员工 i 所在学区的不可控因素 k（生活成本、工作与生活所处地区带来的非货币效用等），D_{ri} 表示教职员工 i 所在学区的可控因素 r（教职员工的受教育程度、性别、工作经验等），ε_i 是误差项。β_k、λ_r 是待估计参数。方程假定，误差项 ε_i 正态

分布，且数学期望为 0。当控制了变量 D_{ri} 为常量时，人员成本即是由变量 C_{ki} 所决定的。

使用教师或学校员工个人层面的微观数据，对模型进行估计，可得到模型的估计系数。Hedonic 价格指数（HTC）计算公式为

$$\text{HTC} = \frac{W_j}{\overline{W}} = e^{\sum_k \hat{\beta}_k (\overline{C}_{j,k} - \overline{C_k})} \qquad (5-12)$$

其中，W_j 表示可控因素相同的条件下地区 j 的中小学教职员工平均工资，$\overline{W}$ 表示全国中小学教师的平均工资水平，$\overline{C}_{j,k}$ 表示地区 j 学校和教育部门不可控因素 k 的均值，$\overline{C_k}$ 表示学校和教育部门不可控因素 k 的全国平均数，$\hat{\beta}_k$ 是 Hedonic 工资模型中 β_k 的估计值。

但是，在实际操作中，无法将可控与不可控因素完全区分开来。例如，学生的人口统计学特征、学区的学生家庭背景等。如果在拨款公式中作为不可控因素计算 Hedonic 指数，那么在可以获取利益的情况下，学校和教育部门也将有能力对这些因素进行控制。

还有，由于数据的可得性，还会不可避免地出现遗漏变量问题。例如，可控因素中地方政策的度量，不可控因素中地区宜居性的度量，都比较困难。

另外，Hedonic 工资模型是建立在教职员工所在劳动力市场无流动障碍的前提下的。如 5.3.1 节内容所述，在我国，教师的地区间流动不仅面临地区间劳动力市场分割障碍，而且还面临教育部门内部设置的流动障碍。因此，其工资水平在很大程度上是由教育部门的工资政策所决定的。

5.4.2 从购买力差异来源入手的方法

另一个度量义务教育事业性经费个人部分支出购买力的方法就是从购买力差异来源入手。在劳动力市场不存在地区间分割的情况下，劳动力购买力差异及相同特征劳动者工资差异的来源包括地区生活成本以及地区特征给人的非货币效用的高低。值得注意的是，不论在我国还是在西方国家，公共产品的提供在地区之间是有差异的，但是地区公共产品可以分为

影响生活成本和影响地区的非货币效用的公共产品两种，因此可以不再单独讨论公共产品差异的问题。

最基本的方法是度量地区的生活成本差异以及地区特征给人的非货币效用，用它作为人员教育资源价格指数，度量义务教育事业性经费个人部分支出的购买力。这就是已有教育资源价格差异调整研究所使用的生活成本法。

但这种方法无法完备地直接度量所有地区特征给人的非货币效用。对这种方法进行改进，既要度量各个地区的生活成本，又要较好地度量地区特征给人的非货币效用，只能采用间接方法，这就是美国国家教育统计中心（NCES）近年来采用的可比工资指数（CWI）法所遵循的研究路径。

在劳动力市场存在地区间分割的情况下，即使不受教育部门和学校的制度约束，教师的流动也将面临一定的成本，这就是地区间劳动力市场分割带来的成本，包括与流入地交易的成本、心理成本、子女在流入地接受教育的成本等。因此，在我国目前的劳动力市场条件下，在其他条件相同的情况下，在劳动力市场等级较低的地区，相同特征的教职员工仍然可以接受相对来说较低的工资收入，即使教育部门和学校不对教师流动加以限制，也仍然可以支付相对较低的工资挽留教职员工，并不使他们的工作积极性受到损害。因此，在其他条件相同的情况下，劳动力市场等级较低的地区的义务教育事业性经费个人部分支出有着较强的购买力。

在考虑到我国劳动力市场存在地区间分割的情况下，可以利用可比工资指数（CWI）法度量仅由地区间劳动力市场分割和生活成本以及地区带来的非货币效用引起的中小学教职员工的工资差异。

5.4.3　修正的可比工资指数法理论框架

通过对可行思路与方法的分析可以发现，在对地区间义务教育人员性投入价格指数主要的构造方法当中，Lori L Taylor，William J Fowler，Jr.（2006）在研究中所运用的可比工资指数（CWI）法较为简单，时效性强，既考虑了麦克马洪—米尔顿（McMahon - Melton）模型无法测量的地区非货币因素对教职员工工资的作用，又克服了享乐（Hedonic）工资模型无法清楚地将学区可控与不可控因素区分开来，从而可能带来的成本内生问题，是用来构造地区间义务教育人员性投入价格指数较为理想的方法。可以根据我国实际情况对其进行适当修正，作为实证分析部分的理论框架。

5.4.3.1　可比工资指数法理论框架

可比工资指数法关注相同特征劳动者的工作选择行为。这一方法基于以下四个理论假设：

假设 1：劳动者在选择工作时追求效用最大化。因此，在其他条件相同的情况下，包括中小学教师在内的所有劳动者在生活成本高的地区工作就要求获得更高的工资性收入，在非货币效用较高的地区可以容忍获得较低的工资性收入。

假设 2：信息对称。劳动者能够获得有关自身特征、重要的工作特征，以及工作地区特征方面的信息。

假设 3：劳动力市场统一。劳动力可以自由流动，流动成本为 0。因此，如果一个地区的教职员工薪酬相对于生活成本和地区带来的非货币效用来说较低，他们就可以转向另一个工资更高或生活成本更低、宜居性更强的地区生活或工作。

假设 4：大学毕业非教育行业员工的偏好与中小学教师或非教师员工相同。

用公式可表达为

$$CWI_{Ti} = CWI_{NTCi} \qquad (5-13)$$

其中，CWI 表示可比工资指数，T 表示中小学教师或非教师员工，NTC 表示大学毕业的非教育行业的从业人员，i 表示第 i 个地区。

可比工资指数方法认为劳动者在以上四个假设条件下进行职业选择，目的是在自身特征的约束条件下，追求效用最大化。于是便可以用非教育行业员工的工作选择行为度量各个地区的生活成本以及地区非货币效用对中小学教师或其他员工工资产生的影响。举例来说，既然假设大学毕业的非教育行业员工的特征和偏好与教育行业的员工相同，由于地区生活成本以及地区非货币效用的影响，如果在一个地区 A，特征相同的工程师、会计师、办事人员的平均的工资比另一个地区 B 高 5%，那么在地区 A，相同特征的教师工资也应该比地区 B 高出 5%。如若不然，处于地区 A 的学校相对于处于地区 B 的学校来说，对教师或其他员工的吸引力就会降低，在其他条件相同的情况下，无法招聘和续聘相同特征和数量的教师或其他员工。因此，通过非教育行业相同特征员工在不同地区的系统性工资差异可以度量各地区生活成本与地区的非货币效用对中小学教师或其他员工工资的影响。这是国外应用可比工资指数法的已有研究进行实证分析的基本逻辑与方法。

Lori L Taylor 和 William J Fowler Jr（2006）在研究的实证部分，使用公开的美国 2000 年 5% 抽样调查微观数据（IPUMS 5 - Percent），通过回归分析的方法构造了可比工资指数（CWI）。研究利用多元线形回归模型，以大学毕业的非教育行业劳动者年工资收入的对数形式作为因变量，自变量包括劳动者个人的年龄、性别、种族、受教育程度、工作时间、职业和行业，以及房价、犯罪率和气候等，但是不包含学区的特征。

这一理论框架对于中国的情况有一定的适用性。利用 2005 年全国 1% 人口抽样调查数据的 20% 样本，可以通过计算分别获得中国各地区教育行业雇员月收入与劳动者平均月收入。对其进行比较发现，我国教育行业雇员的平均月收入稍高于整个劳动者群体的平均月收入，二者在各地区的差异情况较为接近，见图 5 - 1。

5.4.3.2 修正的可比工资指数法理论框架

但是，在我国，由于劳动力市场及教育行业与国外情况均有一定差异，因此，不能与国外已有研究一样，直接利用可比工资指数法进行研究，应首先根据我国国情对该方法进行修正，获得适合我国实际情况的方法，继而进行深入的讨论。

由于我国不同地区之间的劳动力市场分割较为严重，因此需要放松可比工资模型的第 3 条假设，即假设劳动力流动面临一定的成本。这一修改后的模型将更加接近我国的现实状况。

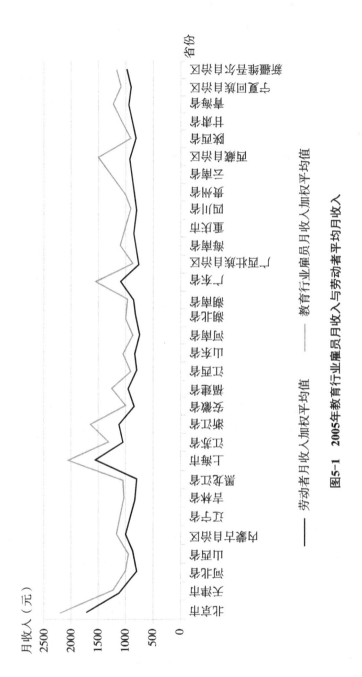

图5-1 2005年教育行业雇员月收入与劳动者平均月收入

—— 劳动者月收入加权平均值 —— 教育行业雇员月收入加权平均值

用人力资本投资模型解释劳动力流动成本对劳动者行为的影响。将劳动力跨区域的资源流动行为当成一种投资行为看待，即劳动者为了在今后一个相当长的时间内获得收益而在之前承担这种投资的成本。如果与流动相联系的收益限制超过了与之相联系的成本，那么可以认为，劳动者将会进行跨区域流动。其中收益是由于找到了与自身特征更加匹配的工作而获得的。相反，如果流动之后收益的贴现值并不比成本高，那么劳动者就不会决定进行这种流动。即在满足下面数学公式的情况下，劳动者才可能选择跨区域流动。

$$\sum_{t=1}^{T} \frac{B_{it}}{(1+r)^t} - \sum_{t=1}^{T} \frac{B_0}{(1+r)^t} > C \qquad (5-14)$$

其中，B_{it}为在 t 年时在下一个流入地 i 从事岗位更加匹配的工作所获得的效用；B_0为在 t 年时从事原来的工作所获得的效用；T 为在地区 i 的工作上预期的工作年限；r 为贴现率；C 为在流动过程中所产生的成本（包括货币成本和心理成本）。

当 $C >> 0$ 时，劳动者在下一个流入地 i 从事岗位更加匹配的工作所获得的效用要远远高于从事目前地区的工作所获得的效用。即在劳动力流动发生之前，劳动者在目前地区所获得的效用要远远低于与岗位匹配后的效用（也就是在一定的自身特征下所应获得的效用）。因此，劳动者的工资受流动成本的影响，所面对的流动成本越高，在其他条件均相同的情况下，目前的工资水平越低。当 $C \to +\infty$ 时，劳动力流动行为不会发生。这时，劳动者的工资水平完全取决于其所在劳动力市场的政策和工资安排。在我国，劳动者所工作地区的劳动力市场等级决定了劳动者所面对的劳动力跨区域流动成本，因此劳动者工作地区的劳动力市场等级对劳动者的工资水平也将产生一定程度的影响。

因此，在修正的可比工资模型几种因素的共同作用下，不同地区的单位为雇用相同特征的劳动者需要支付不同水平的工资。

对于假设4，就我国的现实条件来说，也需要做一定的修改。我国中小学目前阶段聘用的教师受教育水平与西方发达国家的水平还有一定差距。从学历来看，2005 年我国小学专任教师学历为本科、专科、高中阶段毕业的人数占总数的 98.59%，普通初中专任教师以上三种学历的人数占总数的 99.69% ❶。

另外，从户籍类型上来看，在农村任教的公立中小学教师户口类型基本上都已转化成为非农业户口，更不用说城镇教师的户口了。从 2005 年全国 1% 人口抽样调查 10% 抽样数据来看，样本有观测值 2585481 个。仅保留上周工作了且主要生活来源是劳动收入的年龄在 16（含）至 59（含）周岁之间的雇员（中小学教师属于雇员）样本，删除在校学生的样本，删除职业代码有误的样本，剩余观测值 450261 个。其中教育行业员工共有 31990 个，非农业户口员工 28423 个，持有非农户口的教育行业员工占教育行业员工数量的 88.85%。所有教育行业人员中有教学人员信息 28020 条，其中拥有非农业户口的教育行业教学人员有 23446 人为教师，占持有非农业户口的教育行业员工的 83.68%。可见，教育行业员工，尤其是教师，大多持有非农业户口，因此多持有非农业户口是教师的又一个显著特征。其中教育行业的教学人员可以认定为是教师，涵盖了本章所要研究的中小学教师这一群体。而由于户籍歧视的影响，持有农业和非农业户口的劳动者在劳动力市场上的地位、保留工资，以及行为均有所区别。而且持有农业户口的跨流动雇员多数为进城务工人员，从农村到城市的流动大多数均伴随着工作行业的转换，即由农业转换为非农行业的工作，因此可比性稍差。所以，还应该对相比较劳动者的户口类型加以限定。

由上面的分析可以看到，非农业户口、受教育程度为本科、专科、高中阶段毕业的劳动者受教育程度与中小学教师最为相近，其偏好也最为相近。

对于中小学教师人数在中小学校中所占比例，可以做出如下估计：由于在清理后的样本中，持有非农业户口的教育行业员工中，教学人员（教师）有 23446 人，教育行业雇员有 28423 个，因此，教育行业中教学人员（教师）所占比例为 82.49%。但是数据中还包含了其他阶段教育学校的信息，例如幼教、高中、职业高中和高校等。国务院办公厅转发中央编办、

---

❶　数据来源：《中国教育统计年鉴》（2005）。

教育部、财政部的《关于制定中小学教职工编制标准意见的通知》提出，"中小学校的管理工作尽可能由教师兼职，后勤服务工作应逐步实行社会化。确实需要配备职员、教学辅助人员和工勤人员的，其占教职工的比例，高中一般不超过16%、初中一般不超过15%、小学一般不超过9%。"因此可以认为，在各级教育中，对于我们要研究的主体中小学来说，非教学人员所占比例相对来说更小。

由于已经基本掌握了中小学教师的特征，而其他中小学雇员的类别繁多、受教育程度不一，而且所占比例较低，因此在研究中用中小学教师工资在地区间的差异代表其他中小学雇员的工资在地区间的差异，不会造成很大的偏误。

综上所述，结合我国的实际情况，应将假设4改进为受教育程度为本科、专科、高中阶段毕业、持有非农业户口的非教育行业的雇员偏好与中小学教师相同。

其数学表达式为：

$$CWI_{Ti} = CWI_{NTi} \qquad (5-15)$$

其中，CWI 表示可比工资指数，T 表示中小学教师，NT 表示本科、专科、高中阶段毕业非教育行业持有非农业户口的劳动者，i 表示第 i 个地区。

由于持有非农业户口的劳动者主要在城镇地区工作，而且目前我国城镇和农村之间在生活成本、非货币效用以及流动成本方面都有较大差距，因此将实证研究的范围限定在对各省、自治区、直辖市所辖城镇地区生活成本、地区的非货币效用，以及劳动力市场等级对特定劳动者工资收入的影响。另外，由教育行业员工所面临的较高劳动力流动成本，不难想象，各个行业可能面临的区域劳动力市场分割程度不同。受劳动力市场的区域分割影响最小，即跨区域流动成本最低行业的劳动者面临的跨区域流动成本更接近系统性的地区劳动力跨区域流动成本，应选择这一劳动者群体的工作选择行为反映各省份所辖城镇地区生活成本、地区的非货币效用以及劳动力市场等级对劳动者工资收入的影响，继而确定对中小学教师及其所代表的其他职工工资收入的影响，并应用这一信息计算我国各省份城镇之间义务教育人员性投入价格指数，用以度量义务教育经费的人员部分在研究的各个城镇地区的购买力差异。在本章的实证部分将选取不同的样本用于计算各省份所辖城镇地区生活成本、地区的非货币效用以及劳动力市场等级对劳动者工资收入的影响，从而计算我国各省份城镇之间义务教育人员性投入价格指数。

以上构建修正的可比工资指数法的过程显示，修正的可比工资指数法更加切合我国的实际情况，因此，本章的实证部分将基于这一理论框架，使用本科、专科、高中阶段毕业，非教育行业持有非农业户口的特定行业劳动者的工资收入和个人特征信息，度量个人特征、工作单位和职业完全相同的劳动者在不同省份所辖城镇地区工作所要求的工资收入差异，从而确定各省份所辖城镇地区生活成本、地区的非货币效用以及劳动力市场等级对这些地区因素对各地中小学教师和其所代表的其他职工工资收入的影响，并应用这一信息计算我国各省份城镇之间义务教育人员性投入价格指数，用以度量义务教育经费的人员部分在研究的各个城镇地区的购买力差异。

5.5　实证模型的构建

在上述研究框架下，对个人特征信息、度量个人特征、工作单位和职业完全相同的劳动者在不同省份所辖城镇地区工作所要求的工资收入差异的确定，需要借助于明瑟收入方程的研究框架进行经验分析。

明瑟收入方程是由经济学家明瑟（Mincer, 1974）根据人力资本理论推导出的研究收入决定的方程。模型采用半对数形式，对影响个人收入的人力资本要素进行了回归，基本模型为

$$\ln Y = b_0 + b_1 E + b_2 EX + b_3 EX^2 + \varepsilon \qquad (5-16)$$

其中，因变量 $\ln Y$ 是劳动者收入 Y 的自然对数；自变量 E 表示劳动者的受教育年限；EX 表示劳动者在劳动力市场中的工作经验；b_1 为教育的边

际收益率，也称为明瑟收益率，其值 $b_1 = \dfrac{\partial \ln Y}{\partial E} = \dfrac{1}{Y}\dfrac{\partial Y}{\partial E}$ 反映了在其他条件相同的情况下，劳动者多接受一年教育而增加的收入；ε 是随机误差。

事实上，劳动者薪酬的影响因素除受教育程度、工作经验以及工作经验的平方项之外，还受其性别、年龄、民族等个人特征的影响。蔡昉、都阳与王美艳（2005）指出，员工所在单位、所属的行业也对员工工资水平产生影响。另外，员工工资收入还受单位所有制性质、员工工作职位的影响。根据修正的可比工资指数法的理论框架，劳动者的工资还受工作所在地区的生活成本、地区非货币效用、地区劳动力市场等级等因素的影响。

扩展的明瑟收入方程为

$$\ln Y = a_0 + \sum_k \alpha_k X_k + \sum_n \beta_n Z_n + a_1 C + a_2 R + \alpha_3 H + \mu \quad (5-17)$$

其中，因变量 $\ln Y$ 是收入的自然对数；自变量 X_k 表示劳动者的第 k 项个人特征；Z_n 表示劳动者工作的行业、职位等工作特征的第 n 项；C 表示员工工作所在地的生活成本；R 表示工作所在地的非货币效用，例如宜人的气候条件、充裕的公共产品以及优质的医疗条件等；H 表示劳动者工作地点劳动力市场等级决定的跨区域流动成本大小；μ 代表随机误差❶。

依照可比工资理论框架，在众多自变量中，只有生活成本和工作所在地带来的非货币效用以及劳动者工作地点劳动力市场等级决定的跨区域流动成本大小影响着地区间相同特征劳动者的工资性收入差异。从劳动者对职业的选择行为来说，工作所在地区生活成本越高，就会要求越高的工资作为补偿，因此预计 $\dfrac{\partial \ln Y}{\partial C} > 0$；所在地区非货币效用越高，所要求的工资补偿将越少，因此可以预计 $\dfrac{\partial \ln Y}{\partial R} < 0$。另外，劳动者的工作所在地使得其面临的跨区域流动成本越高，其在目前的工作岗位上获得的工

---

❶ 考虑到我国地区劳动力市场分割程度较为严重，各地区劳动力市场等级不同的事实，学校教职员工工资不仅仅受本书研究的已控制的自变量影响，还受所处地区的劳动力市场等级带来的跨区域流动成本的影响。但是这种影响较难度量，只能假设这种影响对同一地区工作的教职员工与其他行业员工相同。

资越低，因此预计 $\frac{\partial \ln Y}{\partial H} < 0$。

对于中小学教师来说，只有工作的学校所在地生活成本和地区带来的非货币效用以及学校地点劳动力市场等级决定的跨区域流动成本大小这三个变量，是学校和当地教育部门的不可控因素，影响着学校吸引教职员工的能力。根据第 5.2 节的分析，与其他劳动者一样，相同特征中小学教师的地区间工资差异，也应该仅仅由这三个变量决定。

由于在改进的可比工资指数法理论框架中，已经选定了与中小学教师特征和偏好最为相近的劳动者群体，因此，他们对工作地区的选择就可以反映出生活成本和工作所在地带来的非货币效用以及劳动者工作地点劳动力市场等级决定的跨区域流动成本大小这三个地区因素对综合工资性收入的综合影响，同时可以认为，这三个因素对中小学教师的工资性收入影响程度和方向均与对选定群体的影响相同。从而可以得到这三种因素影响下的相同特征中小学教师工资在地区间的差异。

本章小结

本章明确了构造地区间义务教育人员性投入价格指数的一些相关的基本问题，包括义务教育事业性经费个人部分支出购买力、相同特征教职工工资差异、地区补偿性工资差别以及地区间义务教育事业性经费个人部分支出等概念，并阐述了这些概念之间的关系。

在此前提下，提出了构造地区间义务教育事业性经费个人部分支出价格指数可能的思路与方法，如图 5 - 2 所示。

综上所述，可以认为，可比工资指数方法相对来说最为切合我国实际情况和目前的数据条件，而且符合本书的研究目的。但我国实际情况和美国具有一定的差异，主要体现在两个方面：第一，教师的受教育程度主要集中在高中及以上，低于美国教师的学历水平；第二，我国存在较为严重的地区间劳动力市场分割，义务教育阶段学校教师、职工，以及其他行业和职业劳动者的跨区域流动存在障碍。

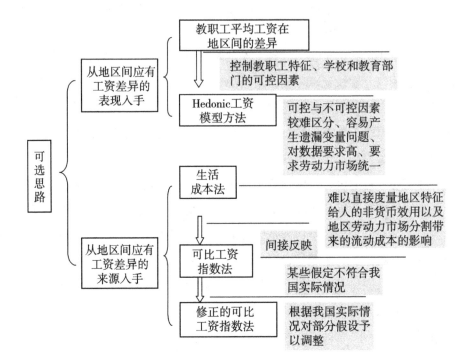

图5-2　度量地区间中小学教职员工工资应有差异的可选思路与方法

因此，根据我国实际状况进行修正，用修正的可比工资指数法作为本书的研究框架，并结合扩展的明瑟收入方程进行实证研究，可以获得较为准确的地区间义务教育人员性投入价格指数。

第6章　中国各省份城镇地区间
义务教育人员性投入价格指数的构造

本书第5章构建的中国城镇地区间义务教育人员性投入价格指数模型，是在国外义务教育人员性投入价格指数——可比工资指数模型基础上，结合我国实际情况进行修正得到的。在模型假定成立的前提下，利用个人层面的数据，可以用来对我国城镇地区间义务教育人员性投入价格指数进行精确的定量计量。本章将在上述分析框架下，构造我国各省份城镇地区间义务教育人员性投入价格指数。

6.1　数据及变量说明

6.1.1　数据

6.1.1.1　数据来源

本章所使用的数据来源于 2005 年全国 1% 人口抽样调查数据的 20% 样本，该数据涵盖了我国 31 个省份，345 个地（市）级单位的个人信息，共包含 2585481 个个人样本。调查的个人信息包括年龄、性别、受教育程度、学业完成情况、户口性质等个人特征，上个月（或按年收入折算）的月收入、主要生活来源等收入信息，上周是否工作、工作行业、职业、工作单位的类型、就业身份、签订劳动合同情况等工作特征，以及被调查者的所在地点。数据调查时间为 2005 年 11 月 1 日 0 时，收录被调查者当年月收入等个人信息，因此该信息代表被调查人及其所反映的劳动力市场信息 2005 年的状态。

6.1.1.2 数据审核和筛选

（1）选择非教育行业劳动者进行考察

根据修正后的可比工资的理论框架，应筛选出与中小学教师偏好相近的特定劳动者，利用他们对工作地区的选择行为，估计中小学教师的地区补偿性工资差别，以及工作地区劳动力市场等级所带来的系统性流动成本（即对所有劳动者来说都必须面临的仅由工作地区劳动力市场等级带来的跨区域流动成本）对工资产生的影响。因此样本中应仅保留劳动者的信息。首先，确保受调查对象处于劳动年龄，其年龄在16（含）至59（含）周岁之间。其次，删除上周未工作或者上月收入为0的样本；仅保留主要生活来源是劳动收入，就业身份为"雇员"的个体信息；并删除学业完成情况为在校学生的样本。可以认为，对于这些劳动者来说，他们填报的月收入数据更接近工资性收入。

假设受教育程度在高中以下，以及高中及以上的劳动者，对工作地区的偏好有差异，为尽量使所考察的样本与中小学教师偏好相近，保留受教育程度为高中及以上的样本。剩余样本容量为212787人。

为排除各地区中小学以及教育部门对教师流动的不同控制政策的影响，样本中选择教育行业以外的劳动者作为研究样本。由于本部分把对义务教育人员性投入价格指数的研究限定在城镇，假设拥有非农户口的劳动者一般处于城镇劳动力市场，因此，仅保留户口为非农户口的劳动者进行考察。至此，样本容量缩减为152359人。

然后，应重点考察那些当希望进行跨地区流动时，所面临的流动成本最接近系统性流动成本的劳动者群体，也即跨地区流动成本最低的劳动者。

从筛选后的数据中可以看到，不同劳动者跨省流动的比例不同。假设若某一劳动者群体中的跨地区流动劳动者比例高，则表明该劳动者群体所面临的地区间劳动力市场分割程度较弱，其面临的跨地区流动成本也越低。

（2）选择面临劳动力市场区域分割最弱的劳动者

为反映各地区特征对可自由流动的相同特征劳动者工资性收入的影响，

需要选择面临的劳动力市场区域分割最弱的劳动者，对其行为进行分析。

按照人力资本的应用范围，人力资本通常被区分为通用性人力资本和专用性人力资本。20 世纪 60 年代初，贝克尔在对企业所进行的通用培训和专用培训所进行的经典分析的背景下提出了企业专用性人力资本的概念，企业专用性人力资本是指对特定企业和岗位有价值，而一旦离开特定企业和岗位就没有价值或者价值大幅下降的人力资本（Becker，1962）。❶这一研究也为学术界对专用性人力资本研究奠定了基础。孟大虎在研究中指出，专业选择表明了教育的职能由通用性人力资本培训第一次进入到专用性人力资本培训，路径依赖导致初始专业选择形成的专业专用性投资积聚了基本的职业专用性人力资本，限定了未来可能的职业选择和流动方向。❷而对于进入某一行业的劳动者来说，由于在人力资本投资的主要途径接受教育的过程中进行了专业选择，以及在干中学中积累了适用于该行业的专用性人力资本，因而在搜寻新的工作岗位时，仍然搜寻原来所处的行业中的岗位，就成为最优选择。因此，在考察劳动者跨地区流动行为时，可假设劳动者更倾向于在原来的行业和职业中进行流动。于是，在选取劳动者样本时，将分别选取若干个符合要求的行业中的劳动者，以及若干个符合要求的职业中的劳动者，对他们的行为分别进行研究，并进行比较，以进行稳健性检验。因此，以下将从容量为 152359 的样本中选取两个子样本，使得两个子样本中劳动者所面临的劳动力市场区域分割程度最弱，即跨省份流动最容易。

假设一个行业中跨省份流动劳动者所占比例越高，表明该行业劳动者的跨省份流动行为越容易实现，即面临的省份间劳动力市场分割程度较弱。通过对样本数据中劳动者所在的各个行业的考察，选择子样本 1 和子样本 2。

样本 1：从样本数据来看，五年内跨省份流动的比例超过 10% 的 13 个

---

❶　Becker，Gar Y S. Investment in Human Capital：A Theoretical Analysis ［J］. Journal of Political Economy，1962，70（5）：9 - 49.

❷　孟大虎. 大学生就业行为探究：专用性人力资本的视角 ［J］. 教育发展研究，2005（8）：58 - 61.

行业分别是软件业；通信设备、计算机及其他电子设备制造业；家具制造业；皮革、毛皮、羽毛（绒）及其制品业；文教体育用品制造业；证券业；娱乐业；计算机服务业；塑料制品业；建筑装饰业；纺织服装、鞋、帽制造业；电气机械及器材制造业；以及工艺品及其他制造业。这13个行业中的劳动者五年内跨省份流动比例均达到10%以上，合计五年内跨省份流动比例为16.90%。其中软件业流动率最高，达到23.29%，最低的是工艺品及其他制造业，流动率也有10.62%。这13个行业的劳动者有11436人。可以看到，这13个行业均属于劳动密集型产业，人员流动比较自由，各省份之间劳动力市场一体化程度相对较高。因此，这部分劳动者的流动行为最能体现出对就业地区效用的选择。五年内跨省份流动比例超过10%的13个行业及其流动比例详见表6-1。

表6-1 五年内跨省流动比例超过10%的13个行业列表

行业	观测数（人）	五年内跨省流动的比例（%）
软件业	893	23.29
通信设备、计算机及其他电子设备制造业	3030	20.00
家具制造业	260	17.69
皮革、毛皮、羽毛（绒）及其制品业	286	16.78
文教体育用品制造业	384	16.15
计算机服务业	479	16.08
证券业	282	15.60
娱乐业	480	15.42
塑料制品业	658	12.92
建筑装饰业	700	11.86
纺织服装、鞋、帽制造业	1382	11.36
电气机械及器材制造业	2216	11.28
工艺品及其他制造业	386	10.62
合计	1782	16.90

数据经过清理后余下的这13个行业中11436个劳动者在我国各省份城镇地区间的分布情况详见表6-2。

表 6－2　13 个行业劳动者样本在各省份的分布情况

省份	样本量（人）	比例（%）
北京市	874	7.64
天津市	1322	11.56
河北省	107	0.94
山西省	122	1.07
内蒙古自治区	64	0.56
辽宁省	273	2.39
吉林省	134	1.17
黑龙江省	115	1.01
上海市	1863	16.29
江苏省	730	6.38
浙江省	273	2.39
安徽省	120	1.05
福建省	233	2.04
江西省	122	1.07
山东省	341	2.98
河南省	108	0.94
湖北省	195	1.71
湖南省	119	1.04
广东省	3346	29.26
广西壮族自治区	88	0.77
海南省	44	0.38
重庆市	87	0.76
四川省	128	1.12
贵州省	38	0.33
云南省	54	0.47
西藏自治区	3	0.03
陕西省	283	2.47
甘肃省	116	1.01
青海省	45	0.39
宁夏回族自治区	21	0.18
新疆维吾尔自治区	68	0.59
合计	11436	100.00

从表6-2中可以看出，样本中西藏自治区的劳动者数量过少，仅有3人，因此不对该地区的劳动者行为进行研究，删除该地区的劳动者信息，剩余样本包含我国30个省份城镇地区劳动者的信息。样本1剩余样本容量为11433人。

样本2：在容量为152359人的样本中考察不同职业劳动者的流动性，发现5年内跨省份流动比例超过10%的职业有8类，而其中有一类职业标注代码不明确，且总数仅有8人，因此予以删除。剩余7类职业，合计五年内跨省份流动比例为14.57%，其中五年内跨省份流动比例最高的是机电产品装配人员，跨省流动劳动者占总数的比例为19.12%，最低的为文学艺术工作人员，跨省份流动劳动者比例也达到11.33%。具体职业及其劳动者五年内跨省份流动比例见表6-3。

表6-3　五年内跨省流动比例超过10%的7类职业

职业	观测数	五年内跨省份流动比例（%）
机电产品装配人员	319	19.12
电子元器件与设备制造、装配、调试及维修人员	1359	16.11
工程技术人员	3495	14.71
工艺、美术品制作人员	218	14.68
文化教育、体育用品制作人员	81	13.58
裁剪、缝纫和皮革、毛皮制品加工制作人员	726	12.81
文学艺术工作人员	856	11.33
合计	7062	14.57

这7类职业中的7062个劳动者在我国各省份城镇地区间的分布情况详见表6-4。

表6-4　7类职业劳动者样本在地区间的分布情况

地区	样本量（人）	比例（%）
北京市	736	10.43
天津市	680	9.64
河北省	108	1.53

地区	样本量（人）	比例（%）
山西省	136	1.93
内蒙古自治区	80	1.13
辽宁省	208	2.95
吉林省	94	1.33
黑龙江省	87	1.23
上海市	975	13.82
江苏省	369	5.23
浙江省	143	2.03
安徽省	91	1.29
福建省	130	1.84
江西省	76	1.08
山东省	207	2.93
河南省	123	1.74
湖北省	118	1.67
湖南省	95	1.35
广东省	1755	24.88
广西壮族自治区	88	1.25
海南省	40	0.57
重庆市	63	0.89
四川省	92	1.30
贵州省	41	0.58
云南省	94	1.33
西藏自治区	6	0.09
陕西省	211	2.99
甘肃省	76	1.08
青海省	39	0.55
宁夏回族自治区	29	0.41
新疆维吾尔自治区	64	0.91
合计	7054	100.00

从表 6-4 中可以看到，样本中西藏自治区的劳动者数量过少，仅有 6 人，样本代表性不足。因此不对该地区的劳动者行为进行研究，删除该地

区的劳动者信息，剩余样本包含我国 30 个省份城镇地区劳动者的信息。样本 2 剩余样本容量为 7048 人。

6.1.2　变量说明

6.1.2.1　因变量

本部分定量分析将借助扩展的明瑟收入方程考察选定的劳动者群体工资性收入的影响因素。因此，因变量为劳动者月收入的对数值，问卷调查中的收入情况为"上个月（或按年收入折算）的月收入"。因此调查得到的月收入不仅包括工资性收入，可能还包括财产性收入、转移性收入等其他收入。但对其他形式的收入难以剥离，也无法确定工资性收入占月收入总额的比重。由于研究已将样本限定为拥有非农业户口的"雇员"，因此，有理由相信这一劳动者群体的月收入与工资性收入已经较为接近，研究中将使用这一指标近似代表劳动者工资性收入。

6.1.2.2　自变量

自变量采用扩展的明瑟收入方程当中的自变量，包括影响工资性收入的员工个人特征、工作特征以及员工所在地区。其中，员工个人特征、工作特征为控制变量。对自变量中具有多种分类（分为 m 类）的定性变量，引入包含 $m-1$ 个虚拟变量的虚拟变量组。

（1）员工个人特征

自变量中员工的个人特征包括其性别、受教育程度、年龄、工作经验、民族以及身体健康状况等。

其中员工性别设为虚拟变量，男性为 0，女性为 1；受教育年限设为数值型变量。

由于在其他条件相同的情况下，年龄可能对工资收入产生影响，同时与工作经验呈正相关关系，而且工作经验不能与受教育年限和年龄同时作为自变量，因此在模型中用年龄作为工作经验的代理变量。

民族为虚拟变量，汉族取值为 0，少数民族取值为 1。

调查问卷当中身体健康状况分为 4 类，包括"身体健康""基本能保证正常的生活工作""不能正常工作或生活不能自理""说不准",其中"不能正常工作或生活不能自理"的个体经过上述数据清理过程已经被清理掉。在对虚拟变量的赋值中,将"基本能保证正常的生活工作""说不准"两种答案归为一类,认为这些劳动者对自身的健康状况不能持非常自信的态度,即不是非常健康,将这一答案作为基准类,选择这类答案的信息赋值为0;而选"身体健康"的劳动者信息赋值为1。

(2)员工工作特征

样本1:13个特定行业劳动者的信息。

员工所在行业:包括软件业;通信设备、计算机及其他电子设备制造业;家具制造业;皮革、毛皮、羽毛(绒)及其制品业;文教体育用品制造业;证券业;娱乐业;计算机服务业;塑料制品业;建筑装饰业;纺织服装、鞋、帽制造业;电气机械及器材制造业;以及工艺品及其他制造业这13个行业,将"软件业"视为基准类。

员工的职业:包括74类职业,将调查涉及的职业种类按照《职业分类与代码》(GB/T 6565—1999)排序的第一位"中国共产党中央委员会和地方各级党组织负责人"作为基准类。

员工上周工作的单位或工作类型:问卷中包括"土地承包者""机关团体事业单位""国有及国有控股企业""集体企业""个体工商户""私营企业""其他类型单位""其他"。其中"土地承包者"根据数据清理程序已经被排除在外,因此,余下7类单位或工作类型,将"机关团体事业单位"视为基准类。

签订劳动合同情况:包括"已签订有固定期限合同""已签订无固定期(长期)合同"和"未签订劳动合同",将"已签订有固定期限合同"作为基准类。

样本2:7类特定职业劳动者的信息。

员工所在行业:包括94个行业,将"农业"视为基准类。

员工的职业:包括74类职业,将调查涉及的职业种类按照《职业分类与代码》(GB/T 6565—1999)排序的第一位"中国共产党中央委员会和地方各级党组织负责人"作为基准类。

上周工作的单位或工作类型：问卷中包括"私营企业"和"其他类型单位"，将"私营企业"视为基准类。

签订劳动合同情况：包括"已签订有固定期限合同""已签订无固定期（长期）合同"和"未签订劳动合同"，将"已签订有固定期限合同"作为基准类。

（3）员工所在地区

员工的所在地区包括我国30个省份（西藏自治区除外，下同）所辖的城镇地区，因此引入包含29个虚拟变量的变量组，将北京市城镇地区作为基准类。由于假定同一地区工作的选定员工面临相同的生活成本、地区宜居性以及劳动力市场等级，因此，工作地区对工资性收入的影响反映了一个地区的生活成本、地区宜居性以及劳动力市场等级对选定劳动者工资性收入的影响。

6.1.2.3　主要变量的统计描述

表6-5列举了不同地区城镇的样本量及就业者特征，数值型变量的取值为地区样本加权平均数，非数字型变量的取值为具有该特征的员工占当地员工的比例。全体非教育行业员工特征是各地区非教育行业员工特征的加权平均值。

表6-5　2005年不同样本非教育行业员工主要特征的统计描述

变量		变量说明	样本1		样本2	
			均值	标准差	均值	标准差
月收入		单位：元	1629.60	14.6884	1734.72	19.4400
性别		虚拟变量 女性为1，男性为0	0.4355	0.0055	0.3500	0.0067
年龄		单位：岁	32.74	0.0989	32.42	0.1249
受教育程度	高中	虚拟变量，作为参照组 最高受教育程度是高中为1，否则为0	0.5569	0.0055	0.4750	0.0070

变量		变量说明	样本 1		样本 2	
			均值	标准差	均值	标准差
受教育程度	大学专科	虚拟变量 最高受教育程度是大学专科为 1，否则为 0 参照组：最高受教育程度为高中	0.2555	0.0049	0.2555	0.0061
	大学本科	虚拟变量 最高受教育程度是大学本科为 1，否则为 0 参照组：最高受教育程度为高中	0.1677	0.0040	0.2395	0.0058
	研究生及以上	虚拟变量 最高受教育程度是研究生以上为 1，否则为 0 参照组：最高受教育程度为高中	0.0199	0.0014	0.0300	0.0021
身体健康状况		虚拟变量 身体健康为 1，否则为 0	0.9999	0.0001	0.9999	0.0001
民族		虚拟变量 少数民族为 1，否则为 0	0.0317	0.0019	0.0411	0.0027

注：两个样本变量的描述统计已根据国家统计局人口司所提供的地区权重进行了加权调整。

从描述统计表格中可以看到，两个样本相比较，样本 1 中的劳动者的工资收入的加权平均数稍低于子样本 2；同时，样本 1 中男性劳动者所占比例稍低，年龄相近但稍大，总体受教育程度稍低，身体健康状况相似，绝大多数身体健康，少数民族比例稍低于样本 2。

对两个样本在研究所涉及的 30 个省份的分布情况分别进行观察，并利用国家统计局人口司所提供的地区权重进行加权调整，可以获得一些主要变量的描述统计情况。

表 6 - 6　2005 年主要变量在各地区的加权平均数及比例（样本 1）

地区	月收入（元）	女性比例（%）	年龄（岁）	少数民族比例（%）
北京市	2759.27	36.59	32.85	4.78
天津市	1247.43	51.25	32.79	4.03
河北省	1065.61	49.53	34.65	7.48
山西省	911.19	46.72	36.33	0.82
内蒙古自治区	993.16	52.20	32.85	11.69
辽宁省	1204.41	46.15	33.15	8.06
吉林省	913.18	44.78	35.35	10.45
黑龙江省	988.40	33.04	36.58	6.09
上海市	2523.48	43.40	32.83	0.95
江苏省	1458.88	46.16	32.23	0.96
浙江省	1751.34	44.32	31.73	1.47
安徽省	951.17	40.83	34.03	2.50
福建省	1373.10	50.21	30.12	3.43
江西省	955.00	35.25	33.08	0.82
山东省	1036.20	47.16	34.26	2.11
河南省	808.33	48.15	35.28	1.85
湖北省	988.56	44.62	34.90	1.54
湖南省	1164.77	43.70	33.26	3.36
广东省	2082.45	41.75	30.70	2.19
广西壮族自治区	968.64	37.50	33.88	20.45
海南省	1152.27	43.18	32.91	2.27
重庆市	1276.44	37.93	36.51	0.00
四川省	1193.32	39.84	32.59	3.13
贵州省	1038.42	36.84	33.66	18.42
云南省	1113.80	38.59	37.78	9.72
陕西省	1063.05	38.51	36.76	0.88
甘肃省	824.48	45.69	33.23	2.59

地区	月收入（元）	女性比例（%）	年龄（岁）	少数民族比例（%）
青海省	775.56	48.89	34.04	6.67
宁夏回族自治区	1173.81	42.86	35.29	14.29
新疆维吾尔自治区	1046.71	48.53	35.24	23.53

　　从主要变量在样本 1 中的加权平均数及比例列表（表 6-6）中可以看到，在所考察的 30 个省份中，样本 1 所覆盖的劳动者，收入有较大差异，平均收入最高的是北京市的劳动者，月收入为 2759.27 元，平均收入最低的为青海省劳动者，平均月收入为 775.56 元；从样本中覆盖劳动者的性别比例来看，女性比例多低于男性，但天津市、内蒙古自治区和福建省，男性比例稍高于女性。从平均年龄来看，劳动者平均年龄最大的地区是云南省，平均年龄为 37.78 岁，平均年龄最小的地区是福建省，平均年龄为 30.12 岁。所调查的少数民族劳动者比例，最高的地区为新疆维吾尔自治区，达到 0.2353，最低的是重庆市，没有少数民族劳动者进入样本。

表 6-7　主要变量在各地区的加权平均数及比例（样本 2）

地区	月收入（元）	女性比例（%）	年龄（岁）	少数民族比例（%）
北京市	2947.39	30.17	31.68	4.74
天津市	1208.09	46.77	31.81	5.06
河北省	1157.28	43.52	37.54	5.56
山西省	1008.68	43.38	35.58	0.74
内蒙古自治区	1240.54	23.53	35.81	19.13
辽宁省	1274.07	45.19	32.21	7.69
吉林省	952.02	37.23	36.33	10.64
黑龙江省	1147.01	34.48	36.20	0.00
上海市	2950.44	30.86	30.82	0.69
江苏省	1610.65	40.38	31.45	0.54
浙江省	2221.45	32.87	30.62	1.40
安徽省	1136.26	28.57	32.55	2.20

地区	月收入（元）	女性比例（%）	年龄（岁）	少数民族比例（%）
福建省	1483.85	34.62	30.48	3.08
江西省	1024.25	44.74	30.71	1.32
山东省	1132.36	39.24	32.96	0.88
河南省	1057.40	36.59	36.67	4.07
湖北省	1190.00	39.83	33.43	1.69
湖南省	1076.48	32.63	33.53	7.37
广东省	2180.02	31.20	30.25	1.82
广西壮族自治区	1053.18	38.64	33.23	23.86
海南省	1122.80	22.50	35.20	7.50
重庆市	1615.21	31.75	33.03	1.59
四川省	1235.52	31.52	32.76	3.26
贵州省	970.00	26.83	33.24	29.27
云南省	1705.80	23.38	35.87	15.03
陕西省	1266.86	29.93	35.54	0.55
甘肃省	1063.25	28.95	35.25	5.26
青海省	916.54	38.46	34.18	15.38
宁夏回族自治区	1280.93	44.83	33.45	6.90
新疆维吾尔自治区	1179.83	28.13	31.84	35.94

从主要变量在样本 2 中的加权平均数及比例列表（表 6 – 7）中可以看到，在所考察的 30 个省份中，样本 1 所覆盖的劳动者，平均收入最高的是上海市的劳动者，月收入为 2950.44 元，平均收入最低的为青海省劳动者，平均月收入为 916.54 元；从样本中覆盖劳动者的性别比例来看，女性比例均低于男性。从平均年龄来看，劳动者平均年龄最大的地区是河北省，平均年龄为 37.54 岁，平均年龄最小的地区是福建省，为 30.48 岁。所调查的少数民族劳动者比例，最高的地区为新疆维吾尔自治区，达到 35.94，最低的是黑龙江省，没有少数民族劳动者进入样本。

6.2　各省份城镇地区间可比工资指数的构造

6.2.1　估计的工资收入方程

为得到员工工资性收入的影响因素，利用扩展的明瑟收入方程，对给出的劳动者个人特征、工作特征、地区特征等自变量进行回归，并给出 Robust 回归方法的 t 统计量和 p 值，主要变量的回归结果见表 6 - 8。为了保证回归结果具有代表性，在本部分的描述统计和回归分析中，均按照国家统计局人口司所提供的地区权重进行了加权调整。

表 6 - 8　非教育行业员工工资性收入影响因素的回归结果

虚拟变量等	回归结果	方程（1）	方程（2）
性别	女性	-0.162^{***} （0.0114）	-0.153^{***} （0.0145）
受教育程度	大学专科	0.241^{***} （0.0140）	0.283^{***} （0.0180）
	大学本科	0.557^{***} （0.0187）	0.569^{***} （0.0211）
	研究生及以上	0.940^{***} （0.0395）	0.969^{***} （0.0390）
年龄		0.0465^{***} （0.0046）	0.0475^{***} （0.0058）
年龄平方		-0.000591^{***} （0.0001）	-0.000580^{***} （0.0001）
民族	少数民族	0.0429 （0.0326）	0.0084 （0.0336）

续表

虚拟变量等	回归结果	方程（1）	方程（2）
健康程度	身体健康	0.118 *** (0.0275)	0.144 *** (0.0317)
工作特征	国有及国有控股企业	-0.0542 * (0.0326)	0.0454 (0.0281)
	集体企业	-0.134 *** (0.0378)	-0.0640 (0.0397)
	个体工商户	-0.127 *** (0.0402)	-0.0708 (0.0457)
	私营企业	0.0154 (0.0329)	0.0922 *** (0.0312)
	其他类型单位	0.0983 *** (0.0343)	0.243 *** (0.0340)
其他		0.0541 (0.0436)	0.146 *** (0.0501)
劳动合同	已签订无固定期（长期）合同	-0.0316 *** (0.0159)	-0.0205 (0.0194)
	未签订劳动合同	-0.196 *** (0.0134)	-0.209 *** (0.0178)
省份	天津市	-0.355 *** (0.0221)	-0.444 *** (0.0260)
	河北省	-0.496 *** (0.0537)	-0.610 *** (0.0477)
	山西省	-0.640 *** (0.0464)	-0.669 *** (0.0445)

续表

虚拟变量等＼回归结果		方程（1）	方程（2）
省份	内蒙古自治区	−0.403*** (0.0763)	−0.463*** (0.0550)
	辽宁省	−0.505*** (0.0349)	−0.546*** (0.0390)
	吉林省	−0.508*** (0.0399)	−0.678*** (0.0497)
	黑龙江省	−0.543*** (0.0465)	−0.577*** (0.0575)
	上海市	0.0602*** (0.0208)	0.0329 (0.0245)
	江苏省	−0.218*** (0.0252)	−0.250*** (0.0322)
	浙江省	−0.0477 (0.0346)	−0.0365 (0.0505)
	安徽省	−0.563*** (0.0539)	−0.541*** (0.0474)
	福建省	−0.210*** (0.0364)	−0.195*** (0.0476)
	江西省	−0.459*** (0.0507)	−0.489*** (0.0653)
	山东省	−0.416*** (0.0308)	−0.465*** (0.0399)
	河南省	−0.692*** (0.0497)	−0.628*** (0.0459)
	湖北省	−0.507*** (0.0386)	−0.512*** (0.0527)
	湖南省	−0.423*** (0.0499)	−0.578*** (0.0488)

续表

回归结果 虚拟变量等		方程（1）	方程（2）
省份	广东省	0.0404 * (0.0208)	0.0089 (0.0246)
	广西壮族自治区	-0.530 *** (0.0500)	-0.545 *** (0.0487)
	海南省	-0.423 *** (0.0837)	-0.526 *** (0.0800)
	重庆市	-0.463 *** (0.0542)	-0.428 *** (0.0640)
	四川省	-0.485 *** (0.0457)	-0.585 *** (0.0560)
	贵州省	-0.480 *** (0.0846)	-0.621 *** (0.0614)
	云南省	-0.447 *** (0.0552)	-0.324 *** (0.0550)
	陕西省	-0.530 *** (0.0350)	-0.576 *** (0.0389)
	甘肃省	-0.711 *** (0.0562)	-0.635 *** (0.0620)
	青海省	-0.752 *** (0.0723)	-0.681 *** (0.0895)
	宁夏回族自治区	-0.523 *** (0.0891)	-0.507 *** (0.0674)
	新疆维吾尔自治区	-0.469 *** (0.0632)	-0.558 *** (0.0596)
常数项		6.169 *** (0.1380)	6.247 *** (0.2850)
样本量		11433	7048
R^2		0.5630	0.5840

注：1. 表中回归系数下的小括号内为稳健标准误

2. *** 表示 $p < 0.01$，** 表示 $p < 0.05$，* 表示 $p < 0.1$

回归分析还控制了劳动者的工作行业、职业等信息。样本 1 和样本 2 回归方程的拟合优度 R^2 分别达到 0.5840 和 0.5630。两个回归方程的估计均得到了与劳动力市场的一般认识较为一致的估计结果：

在其他条件相同的情况下，男性比女性获得更高的工资收入，并且显著，这种收入差异可能部分是由性别决定的不同生产特征所导致的，部分是由当前劳动力市场歧视造成的。

在其他条件相同的情况下，劳动者受教育程度越高，工资越高，这种影响是非常显著的。这一结果与人力资本理论的假设相一致。

用年龄作为工作经验的代理变量，在其他条件相同的情况下，工资收入水平随着员工年龄的增长而升高，升高的幅度递减。

在其他条件相同的情况下，少数民族员工的工资收入高于汉族员工的工资收入，但不显著❶。这一结果，一方面体现了我国对少数民族劳动者工资提高所作努力的成果；另一方面表明了我国少数民族的自选择现象和代表性不足也是得到这一回归结果的原因之一，但是这并不会影响结果的可靠性。

在其他条件相同的情况下，身体健康状况好的劳动者工资收入较高，且在统计上显著。

在其他条件相同的情况下，员工所在单位的行业、员工的职业、单位或工作的类型，以及劳动者签订劳动合同的情况对员工工资收入均有不同程度的影响。

从回归结果中还可以发现，在其他条件相同时，员工所在地区对员工的工资收入也有较为显著的影响。

6.2.2　可比工资指数的构造

通过回归模型，可以预测代表性员工的工资收入。选择北京市城镇地区作为基准地区，代表性员工在北京市城镇工作时预测工资自然对数的测

---

❶　这与北京大学国家发展研究院政策性研究简报（2010 年第 19 期）中的《中国城镇地区民族间收入不平等的跨期变化》的研究结果相同。

算方法就是向方程中代入各个变量的全国加权平均数。这个"代表性员工"表示一个虚拟的员工，假设他具有全国平均的性别、受教育年限、年龄，以及虚拟变量身体健康程度等特征，其预测工资表示的是其在北京市城镇地区工作所获得的工资性收入。这一工资水平也代表所考察的北京市城镇员工群体在特征为全国平均值的情况下，所获得的平均工资。

平均工资的自然对数计算公式如下：

$$\overline{\ln(wage)} = \hat{a}_0 + \hat{\beta}_1 \overline{gender} + \hat{\beta}_2 \overline{edu} + \hat{\beta}_3 \overline{age} + \cdots + \hat{\beta}_n \overline{Health}$$

$$(6-1)$$

其中，$\overline{\ln(wage)}$ 为代表性员工的平均工资对数；$\overline{gender}$，$\overline{edu}$，$\overline{age}$，$\overline{Health}$ 等分别表示性别、受教育年限、年龄，以及虚拟变量身体健康程度等变量的全国加权平均数；$\hat{\beta}_1$，$\hat{\beta}_2$，$\cdots$，$\hat{\beta}_n$ 表示对应扩展的明瑟收入方程变量估计的回归系数。

按照可比工资指数的定义，在其他条件相同的情况下，代表员工在其他各个地区工作时与北京工资水平的差异也就是本书的研究所要计算的可比工资指数 CWI。其计算公式为

$$CWI_i = \frac{\exp[\overline{\ln(wage)} + lc_i]}{\exp[\overline{\ln(wage)}]} \qquad (6-2)$$

其中，i 表示 i 省份的城镇地区，lc_i 表示员工所在的 i 省份所辖城镇地区对工资对数的影响。$\exp[\overline{\ln(wage)} + lc_i]$ 为在 i 省份城镇地区工作的代表性员工的工资性收入，也即所考察的第 i 省份城镇地区员工群体，在特征为全国平均值的情况下，所获得的平均工资。因此，CWI_i 表示一个具有全国平均特征的代表性员工，在 i 省份所辖城镇地区工作，与其在北京市城镇地区工作所获得的工资性收入之比。该比值等于在特定劳动者群体当中，相同特征员工在不同地区工作所获得的工资性收入的比值，即可比工资指数。

6.2.3　稳健性检验

按照上述方法计算得到，各省份城镇地区的可比工资指数（CWI）如

表6-9所示。

表6-9　利用两个样本估算的我国30个省份的城镇地区的可比工资指数

地区	CWI（样本1）	CWI（样本2）
上海市	1.0621	1.0334
广东省	1.0413	1.0090
北京市	1.0000	1.0000
浙江省	0.9534	0.9642
福建省	0.8103	0.8228
江苏省	0.8040	0.7791
天津市	0.7014	0.6414
内蒙古自治区	0.6682	0.6294
山东省	0.6599	0.6283
海南省	0.6549	0.5908
湖南省	0.6548	0.5609
云南省	0.6396	0.7235
江西省	0.6319	0.6135
重庆市	0.6293	0.6520
新疆维吾尔自治区	0.6256	0.5724
贵州省	0.6189	0.5374
四川省	0.6155	0.5570
河北省	0.6091	0.5433
辽宁省	0.6033	0.5795
湖北省	0.6023	0.5991
吉林省	0.6019	0.5077
宁夏回族自治区	0.5930	0.6023
陕西省	0.5888	0.5619
广西壮族自治区	0.5885	0.5796
黑龙江省	0.5811	0.5614
安徽省	0.5696	0.5821

续表

地区	CWI（样本1）	CWI（样本2）
山西省	0.5270	0.5124
河南省	0.5005	0.5335
甘肃省	0.4913	0.5300
青海省	0.4716	0.5059

注：已按照样本1计算的 CWI 从大到小进行排序。

利用图6-1比较通过样本1和样本2计算得到的我国各省份所辖城镇地区的可比工资指数，并按照样本1计算的指数从大到小对地区排序。

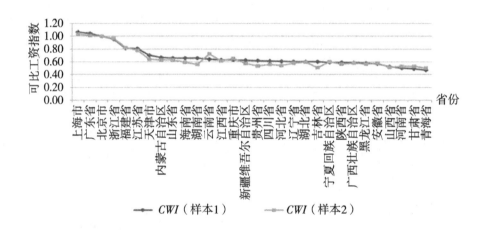

图6-1　通过样本1和样本2计算得到的我国各省份城镇地区的可比工资指数

从图6-1中可以看到，利用两种样本计算出的可比工资指数没有明显的区别。因此，可以认为研究所使用的模型是较为稳健的。

6.3　各省份城镇地区间可比工资指数探讨

计算得到的可比工资指数单位为1，是不同地区雇用个人特征相同的劳动力所对应的价格，体现了相同特征、相同职位、在相同性质且所在行业也相同的单位工作的劳动者由于在不同地区工作所要求的不同工资性收入水平。

由于根据两个样本计算的可比工资指数较为相近，而且样本1的样本容量为11433，明显大于样本2，因此本章后面的讨论将以利用样本1估计的回归系数计算得到的可比工资指数为准。

从表6-9中可以看到，我国东部沿海地区城镇的可比工资指数都比较高。这可能是由于从劳动力流动的方向来看，我国东部地区属于劳动力净流入地区，劳动力的流入导致了东部较高的生活成本，从而相同特征的劳动者由于较高的生活成本要求更高的工资收入。Jennifer Roback（1982）的研究发现劳动力的流动会推动流入地房价的上涨。[1] Albert Saiz（2007）通过对美国移民情况和住房市场进行分析，发现净移民流入对房租和住房价格均有正向影响。[2] 而住房价格显然属于生活成本的一个重要的部分。除住房以外，由于供求关系的变化，其他资源的价格也必然会随着劳动力的流入发生上涨。

从计算得到的可比工资指数的数值可以看到，在地区生活成本、非货币因素以及劳动力市场区域分割的作用下，要雇用相同特征的员工，30个省份中在上海市所辖城镇地区面临的价格最高，而在青海省所辖城镇地区的价格最低，二者差距明显，相差达到一倍以上，为1.0621：0.4716。可见，在我国，相同特征员工在不同省份城镇地区间要求的工资水平差异非常大。

根据可比工资指数方法的理论假设，各地的可比工资指数代表了各地区城镇初中和小学雇用完全相同资质的教职员工面对的劳动力价格差异，可以作为我国地区间义务教育人员性投入价格指数。义务教育人员性投入价格指数显示，在地区生活成本及非货币有利因素的作用下，雇用相同资质教职员工，在不同城镇地区的中小学需要支付不同水平的工资：在上海市所辖城镇地区需要支付最高的价格，而在青海省所辖城镇地区的价格最低。这一事实的另一种表述方式是，同样的义务教育事业性经费个人部分

---

[1]　Jennifer Roback. Wages, Rents and the Quality of Life [J]. The Journal of Political Economy, 1982, 90 (6): 1257 – 1278.

[2]　Albert Saiz. Immigration and Housing Rents in American Cities [J]. Journal of Urban Economics, 2007, (61): 345 – 371.

支出，在上海市所辖城镇地区的购买力最弱，在青海省所辖城镇地区的购买力则最强。可见，对义务教育事业性经费个人部分支出的调整是很有必要的。

6.3.1 修正的可比工资指数与改进的生活成本指数比较

从第 2 章文献综述部分可以发现，计量地区间劳动力价格指数的另外一种可选方法是基于 McMahon－Melton 模型（市场篮子法）构造成本指数。依照度量相同特征的中小学教职员工的工资收入在地区间应有差异的另一思路，还可以基于这个理论框架构造改进的地区生活成本（COL，Cost of Living）指数，度量各个地区生活成本的差异，从而粗略地估计各个地区同质劳动力价格的差异。

6.3.2 改进的生活成本指数

对于不同地区间义务教育人员性价格差异进行计算依据的方法之一是 McMahon－Melton 模型（市场篮子模型）。它的理论前提是，劳动力市场是统一的，即如果一个学区的教职员工薪酬相对于生活成本来说较低，他们就可以转向另一个工资更高或生活成本更低的学区生活或工作。因此，生活成本高的地区，学校同等人员薪酬相对较高，构造的地区生活成本指数也越高，继而可以用地区生活成本指数代替学校人员成本指数。因此，获得每个所要研究地区的生活成本，以及生活成本之间的差异就成了解决问题的关键所在。虽然 Walter W McMahon 与 Shao Chung Chang（1991）指出，最理想的估计地区成本差异的方法是搜集各地的价格数据，再用每个地区的人口数加权，并获得各地居民户支出的详细情况（以获得每种支出项目的权重）。但是，由于这种方法需要大量的经费投入，已有研究还是使用 McMahon－Melton 模型（市场篮子模型）较为简捷，通过获得地区生活成本指数，从而度量地区间义务教育人员性价格差异。本章试图获得中国地区间较为精确的生活成本指数，利用另一种方式——McMahon－Melton 模型，获得中国城镇地区间义务教育人员性价格差异，以度量中国地区间义务教育人员性价格差异。把用这种方法获得的中国地区间义务教育人员性价格指数，与根据可比工资指数法获得的人员性价格指数进行比较，并对它们进行评价。

地区间生活成本指数将基于已有文献进行构造。Loren Brandt 与 Carsten A Holz（2006）研究了中国的空间价格差异。研究构造了中国 1984—2002 年的一系列用来调整货币购买力的空间价格调整因子。中国空间价格调整因子的构造主要分为三个步骤：首先，选取基年，由于数据可得性的问题，绝对价格数据的获得尤为困难。由于《中国物价统计年鉴》等中国官方出版物在 1993 年以后就不再出版覆盖面积较大的商品与服务的绝对价格数据，另外 1993 年覆盖的产品和服务的种类较少，而 1990 年是年鉴中 20 世纪 90 年代数据普遍使用的基年，因此选择 1990 年作为研究的基年。然后定义基年居民的一个生活支出篮子，列出居民购买的一系列产品和服务以及它们的购买数量。其次，将居民的生活支出篮子乘以基年各地区每种产品和服务的价格，得到当年各地区的生活成本水平。最后，进行时间序列的比较，计算其他年份各地的价格水平。限于其他年份价格数据可得性，研究用基年在各地区购买生活篮子的成本与所计算年份该地区相对的（CPI）相乘，得到其他年份的生活支出篮子的成本。由于数据的可得性问题，这是迄今为止唯一一项全面构造了中国所有省份及其城镇、农村的空间价格调整因子的研究。

本章基于这个研究结果，利用《中国物价统计年鉴》中历年居民消费价格指数城市数据对其进行调整，并将基准地区确定为北京市所辖城镇地区，用其他城镇地区与北京所辖城镇地区生活成本的比代表 2005 年各省份所辖城镇地区之间可比生活成本指数（COL）。

6.3.3　可比工资指数与改进的生活成本指数的比较

按照以上方式进行调整所得到的生活成本指数单位为 1，可作为各地义务教育学校雇佣教职员工所面对的另一种人员性投入价格指数。可见，各地区可比工资指数 CWI 度量了地区生活成本、地区的非货币效用以及劳动力市场分割带来的流动成本三者的综合作用对同质劳动者的工资性收入造成的影响。生活成本指数则度量了地区生活成本对同质劳动者的工资性收入造成的影响。可见，可比工资指数法更加全面地考虑了影响同质劳动者工资收入的地区因素。

将 2005 年各省份城镇地区的可比工资指数与生活成本指数相比较，并用变异系数度量它们的离散程度，详见表 6－10。

表 6－10　2005 年各省份城镇地区间可比工资指数与生活成本指数及其离散程度

省份	CWI	COL	省份	CWI	COL
上海市	1.0621	1.0157	辽宁省	0.6033	0.8172
广东省	1.0413	1.0102	宁夏回族自治区	0.5930	0.8159
北京市	1.0000	1.0000	内蒙古自治区	0.6682	0.8148
海南省	0.6549	0.9667	云南省	0.6396	0.8109
湖北省	0.6023	0.8860	黑龙江省	0.5811	0.8027
山西省	0.5270	0.8743	山东省	0.6599	0.7963
浙江省	0.9534	0.8652	贵州省	0.6189	0.7910
江苏省	0.8040	0.8602	甘肃省	0.4913	0.7906
青海省	0.4716	0.8598	天津市	0.7014	0.7895
湖南省	0.6548	0.8574	安徽省	0.5696	0.7820
福建省	0.8103	0.8567	广西壮族自治区	0.5885	0.7799
四川省	0.6155	0.8499	重庆市	0.6293	0.7670
新疆维吾尔自治区	0.6256	0.8361	河北省	0.6091	0.7659
			吉林省	0.6019	0.7494
江西省	0.6319	0.8256	河南省	0.5005	0.7348
陕西省	0.5888	0.8202	变异系数	0.2330	0.0879

从表 6－10 可见，CWI 的离散程度 0.2330 远远大于 COL 的离散程度 0.0879，这也说明了 CWI 相对来说更加全面地度量了地区间人员性投入价格的差异。

为了更加直观地观察 CWI 与 COL 的关系，将 2005 年各省份城镇地区按照其生活成本的高低进行排序，同时绘制出可比工资指数和生活成本指数进行比较，见图 6－2。

从图 6－2 中可以看到，一般来说，在生活成本指数较高的地区，可比

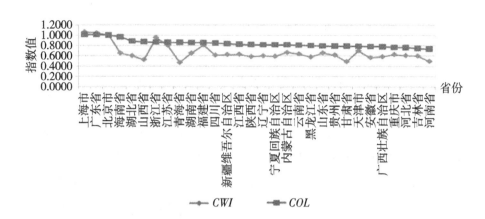

图 6 – 2　2005 年我国各省份城镇地区可比工资指数与生活成本指数

工资指数也较高，在生活成本指数较低的地区，可比工资指数也相对较低。由于两种指数均以北京城镇地区作为基准地区，表示 *CWI* 数值的曲线多在 *COL* 曲线下方，这说明 *CWI* 在地区间的离散程度相对较高。另外，从左向右看，随着 *COL* 从高到低排列，*CWI* 总体上也呈现出从高到低的趋势，这说明，二者之间有较强的正相关性。但可以看到，某些省份城镇地区的可比工资指数相对于生活成本指数而言过低，例如山西省、青海省、甘肃省和河南省，这也许是因为这几个省份较低的劳动力市场等级带来的向其他地区流动所造成的歧视，以及面对较高的跨地区系统性流动成本所造成的。

如果用生活成本指数进行调整，我们会认为 2005 年河南省城镇地区的人员性投入价格最低，即教育事业性经费个人部分支出的购买力最强。但事实上，如果考虑更加全面，该地区的人员性投入价格排在倒数第三位，高于倒数第二位的甘肃城镇地区和倒数第一位的青海城镇地区。

为了定量研究 *CWI* 和 *COL* 两种人员性投入价格指数之间的关系强度，可以计算它们之间的 Pearson 相关系数。Pearson 相关系数的计算公式如下：

$$\rho = \frac{n\sum xy - \sum x \sum y}{\sqrt{n\sum x^2 - \left(\sum x\right)^2} \cdot \sqrt{n\sum y^2 - \left(\sum y\right)^2}} \qquad (6-3)$$

由研究所涉及的 30 个省份城镇地区的数据计算得到，*CWI* 和 *COL* 之间的 Pearson 相关系数为 0.7329。进行 t 检验，证实可在 5% 的显著性水平下拒绝两指数之间不相关的假设，证明两指数之间存在显著的正相关关系。这表明，在其他条件相同的情况下，一般来说在生活成本较高的城镇地区，劳动者会要求较高的工资收入作为补偿。

从表 6 - 10 中还可以看到，可比工资指数的离散程度明显大于生活成本指数。各省份城镇地区可比工资指数的变异系数为 0.2330，生活成本指数的变异系数仅为 0.0879。可见，相同特征的劳动者在地区之间要求的工资水平差异并不是简单用生活成本的差异就可以完全解释的，除了生活成本的影响外，地区的非货币效用和地区劳动力市场等级对劳动者的工资差异起着相当大的作用。

6.4 省份内城镇地区间义务教育人员性投入价格指数研究

第 5 章所确立的构造该指数的方法，既可用于省份间义务教育人员性投入价格指数的构造，也可应用于省内的研究，构造省内义务教育事业性经费个人部分支出价格指数，可用于剥离省内地区间人员性投入价格的影响，获得省内义务教育人员部分资源在地区间投入差异的真实状况。为考察省内城镇地区间义务教育人员性投入价格指数，本节构造了广东省内各地区间的城镇义务教育人员性投入价格指数，并应用价格指数描述了省内城镇地区间义务教育人员性投入的真实配置状况。

6.4.1 数据说明

本章所使用的数据来源于 2005 年全国 1% 人口抽样调查抽样样本。由于广东省在本次调查中属于涉及的地级市调查地点最多省份之一，因此选取广东省劳动者的信息作为本章研究的样本。该子样本包含观测值 3278个，分布在 21 个地级市。

6.4.2　变量说明

6.4.2.1　因变量

因变量为劳动者月收入的对数值，问卷调查中的收入情况为"上个月（或按年收入折算）的月收入"。

6.4.2.2　自变量

对自变量中具有多种分类（分为 m 类）的定性变量，引入包含 $m-1$ 个虚拟变量的虚拟变量组。

（1）员工个人特征

员工个人特征包括员工的性别、受教育程度、年龄、工作经验、民族以及身体健康状况等。

其中员工性别为虚拟变量，男性为 0，女性为 1；受教育年限为数值型变量；由于在其他条件相同的情况下，年龄可能对工资收入产生影响，同时与工作经验呈正相关关系，而且工作经验不能与受教育年限和年龄同时作为自变量，因此在模型中用年龄作为工作经验的代理变量。

民族为虚拟变量，汉族取值为 0，少数民族取值为 1；调查问卷当中身体健康状况分为 4 类，包括"身体健康""基本能保证正常的生活工作""不能正常工作或生活不能自理""说不准"，其中"不能正常工作或生活不能自理"的个体经过上述数据清理过程已经被清理掉。在对虚拟变量的赋值中，将"基本能保证正常的生活工作""说不准"两种答案归为一类，认为这些劳动者对自身的健康状况不能持非常自信的态度，即不是非常健康，将这一答案作为基准类，选择这类答案的信息赋值为 0；而选"身体健康"的劳动者信息赋值为 1。

（2）员工工作特征

员工所在行业：包括 94 个行业，将"农业"视为基准类。

员工的职业：包括 74 种职业，将调查涉及的职业种类按照《职业分类与代码》（GB/T6565—1999）排序的第一位"中国共产党中央委员会和地方各级党组织负责人"作为基准类。

上周工作的单位或工作类型：问卷中包括"私营企业"和"其他类型单位"，将"私营企业"视为基准类。

签订劳动合同情况：包括"已签订有固定期限合同""已签订无固定期（长期）合同"和"未签订劳动合同"，将"已签订有固定期限合同"作为基准类。

（3）员工所在地区

员工的所在地区包括我国广东省所辖的 21 个地级市的城镇地区，引入包含 20 个虚拟变量的变量组，将广州市城镇地区作为基准类。

（4）统计描述

表 6 - 11 列举了不同地区城镇的样本量及就业者特征，数值型变量的取值为地区样本加权平均数，非数值型变量的取值为具有该特征的员工占当地员工的比例。

表 6 - 11　广东省内考察劳动者主要特征的统计描述

变量	加权平均数
WAGE	2010. 54
FEMALE	0. 420
COLLEGE	0. 248
UNDERGRADUTATE	0. 157
AGE	30. 655
MINORITY	0. 022
HEALTH	0. 998

其中，WAGE 表示劳动者的工资性收入；FEMALE 表示劳动者的性别为女性；COLLEGE 和 UNDERGRADUTATE 表示劳动者的受教育程度，分别为大学专科和大学本科；AGE 表示劳动者的年龄；MINORITY 表示劳动者的民族为少数民族；HEALTH 表示劳动者身体健康。与全国样本比较，广东样本总体来看，平均收入更高，男性劳动者比例较大，平均年龄较年轻，少数民族所占比例小，平均健康程度更高。

6.4.3 回归结果

为得到员工工资性收入的影响因素，利用扩展的明瑟收入方程，对给出的劳动者个人特征、工作特征、地区特征等自变量进行回归，并给出 Robust 回归方法的 t 统计量和 p 值，主要变量的回归结果见表 6-12。

表 6-12　广东省非教育行业员工工资性收入影响因素的加权回归结果

加权回归结果 变量及虚拟变量	系数	t 值	p 值
FEMALE	-0.1635	-8.3900	0.0000
COLLEGE	0.2589	10.4700	0.0000
UNDERGRADUTATE	0.5722	18.5000	0.0000
AGE	0.0704	8.5800	0.0000
AGESQU	-0.0009	-7.0700	0.0000
MINORITY	0.0843	1.1900	0.2330
HEALTH	0.3097	3.0000	0.0030
揭阳市	-0.4738	-5.8400	0.0000
深圳市	0.2300	8.1300	0.0000
珠海市	-0.0391	-1.0200	0.3100
汕头市	-0.2739	-5.4000	0.0000
佛山市	-0.1055	-3.1300	0.0020
江门市	-0.3692	-9.5500	0.0000
湛江市	-0.5811	-7.3900	0.0000
茂名市	-0.8119	-9.1000	0.0000
肇庆市	-0.3669	-5.9900	0.0000
惠州市	-0.1526	-3.4100	0.0010
梅州市	-0.7196	-9.7500	0.0000
汕尾市	-0.1998	-1.8000	0.0720
河源市	-0.2170	-2.7300	0.0060

续表

加权回归结果 变量及虚拟变量	系数	t 值	p 值
阳江市	− 0.3802	− 5.2200	0.0000
清远市	− 0.3587	− 3.9100	0.0000
东莞市	− 0.0096	− 0.2400	0.8100
中山市	− 0.1250	− 2.8500	0.0040
潮州市	− 0.5439	− 8.7200	0.0000
韶关市	− 0.4747	− 6.7800	0.0000
云浮市	− 0.5919	− 6.7800	0.0000

表 6 – 12 仅列出了主要自变量的估计的回归系数、t 统计量及 p 值。

回归方程的拟合优度 R^2 达到 0.6101，回归得到了与劳动力市场的一般认识相一致的估计结果：

模型表明，在其他条件相同的情况下，广东省城镇地区男性比女性获得更高的工资收入；劳动者受教育程度越高，工资越高，这一结果与人力资本理论的假设相一致；用年龄作为工作经验的代理变量，工资收入水平随着员工年龄的增长而升高，升高的幅度递减。

在广东省城镇地区，在其他条件相同的情况下，少数民族员工的工资收入高于汉族员工的工资收入，但不显著；身体健康状况好的劳动者工资收入较高。

另外，回归结果显示，员工所在单位的行业、员工的职业、单位或工作的类型，以及劳动者签订劳动合同的情况对员工工资收入均有不同程度的影响。

从回归结果中还可以发现，其他条件相同时，员工所在地区对员工的工资收入也有较为显著的影响。

广东省内城镇地区间可比工资指数情况如下所述：

利用估计的回归方程，运用与构造全国城镇地区间可比工资指数相同的方法，获得广东省内城镇地区间的可比工资指数，见表 6 – 13。

表6-13　广东省内地区间的可比工资指数（*CWI*）

地级市	*CWI*	排序	地级市	*CWI*	排序
深圳市	1.26	1	肇庆市	0.69	12
广州市	1.00	2	江门市	0.69	13
东莞市	0.99	3	阳江市	0.68	14
珠海市	0.96	4	揭阳市	0.62	15
佛山市	0.90	5	韶关市	0.62	16
中山市	0.88	6	潮州市	0.58	17
惠州市	0.86	7	湛江市	0.56	18
汕尾市	0.82	8	云浮市	0.55	19
河源市	0.81	9	梅州市	0.49	20
汕头市	0.76	10	茂名市	0.44	21
清远市	0.70	11			

　　该指数单位为1，表示广东省内各地级市城镇地区相同特征特定劳动者所要求的工资性收入差异，根据修正的可比工资指数理论框架，可作为广东省内城镇地区间义务教育人员性投入价格指数，该指数代表各地区城镇义务教育人员性投入价格的高低，以及教育经费人员部分购买力的强弱。

　　将指数绘制成图6-3，可以更清晰地显示人员性投入价格指数的相对大小及结构。

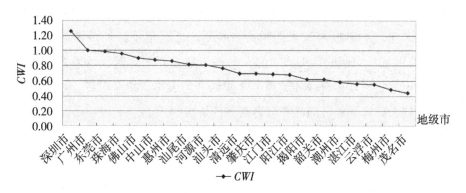

图6-3　广东省内各市城镇地区间义务教育人员性投入价格指数

　　可以发现，相同特征的中小学教职员工在广东省内城镇地区间的工资差异存在，而且这一差异大于我国2005年各省份城镇地区间的差异。

本章小结

通过利用改进的可比工资指数理论框架，使用不同样本进行计量回归发现，所建立的各省份城镇地区间义务教育人员性投入价格指数模型稳健性较好，获得的结果与劳动力市场的一般认识相符。因此该方法是一种较为适合我国实际情况的构建省份城镇地区间义务教育人员性投入价格指数的方法。

从计量结果中发现，不同省份城镇地区间教育经费人员性投入价格指数变异性很大，反映了相同特征的中小学教职工在不同地区工作要求获得不同的工资，而且这种差距较大。其中，除西藏自治区外，对相同特征中小学教师员工来说，在上海市所辖城镇地区工作要求的工资性收入水平最高，而在甘肃省所辖城镇地区工作所要求的工资性收入水平最低，二者相差两倍以上。因此，需要对义务教育事业性经费个人部分支出进行价格调整才能得到真实的义务教育资源人员部分投入的各省份城镇地区间差异。

通过比较研究可以发现，应用不同地区间义务教育资源价格指数会得到不同的结果，而且结果的差异较大。因此，对地区间义务教育人员性投入价格指数的选择是至关重要的。相同特征劳动者在地区之间要求的工资水平差异不能由生活成本差异完全解释。可比工资指数应用了较为全面的信息，与生活成本指数相比，不仅度量了地区间生活成本义务教育事业性经费个人部分支出投入带来的购买力差距，也度量了另外两种地区因素（不可控因素）引起的购买力差异。两种指数之间的比较，也得到了与对劳动力市场的预期相符合的结果。这些结论均表明，相对而言，可比工资指数是较为满意的地区间义务教育资源价格指数。

省内扩展研究结论显示，构造的广东省内城镇地区间义务教育人员性投入价格指数的变异性大于其在省份间的变异性。这说明，义务教育事业性经费个人部分支出的购买力在广东省内的城镇地区间的差异，大于义务教育事业性经费个人部分支出在我国省间城镇地区的购买力差异。因此，在省内的义务教育财政转移支付工作中，以及教育财政公平的讨论中，更有必要应用地区间人员性投入价格指数剥离地区间资源价格差异的影响。

第7章　中国地区间义务教育
非人员性投入价格指数

　　根据我国义务教育经费统计的方法，按照支出口径，教育经费支出由教育事业性经费支出和基本建设支出构成，教育事业性经费支出又分为"个人部分支出"和"公用部分支出"两部分。与我国相对应，国际上的统计口径将教育经费支出的两个组成部分称为"经常性支出"（recurrent expenditure）和"资本性支出"（capital expenditure），将教育经常性支出分为"人员支出"（personnel spending）及"非人员支出"（non‐personnel spending）两部分。因此，这两种统计方法及其统计口径较为相似，我国教育经费的事业性经费支出对应着国际口径"经常性支出"，基本建设支出对应着国际口径"资本性支出"。义务教育事业性经费支出的"个人部分支出"对应着国际口径"人员支出"，而义务教育事业性经费支出的"公用部分支出"则对应着国际口径"非人员支出"。主要区别在于国际上的统计口径严格界定了"非人员支出"，将使用周期在一年以上物品（例如设备购置费等）的购置支出归入资本性支出当中，但这部分支出所占比例较小，因此可认为国际上的非人员支出大致相当于我国的公用部分支出。义务教育事业性经费的"公用部分支出"又称公用经费，是学校维持正常运转以及满足基本办学需求所形成的支出，是维持学校正常运作不可或缺的部分。为行文上的方便，并与义务教育事业性经费的个人部分支出相对应，文章将公用部分支出所用来购买的资源称为"非人员性投入"。

　　在我国，由于目前实行"以县为主"的义务教育财政体制，各地中小学实际的公用经费支出多以各地财力为依据，因此生均公用经费在地区之间差距较大。而对于地区间生均公用经费差异所造成的非人员性投入差距和公平的问题也是值得关注的。对于义务教育来说，除生均公用经费在地区间的差异外，非人员性投入的价格差异也会引起公用经费支出的差异。因此，只要获得了地区间非人员性投入的价格差异，再通过对非人员性投入的价格差异进行剥离，地区间生均公用经费差异就可以用来揭示非人员性投入在地区间的配置状况。本章将探讨可以用来度量我国地区间义务教育非人员性投入价格差异的非人员性投入价格指数的构造方法。

在美国，义务教育经费的构成部分"非人员支出"与人员经费相比其所占比例较小，在地区间的变异也较小，因此很多关于地区间义务教育成本调整的文献没有对非人员性投入的价格差异进行深入探讨。多数研究假设非人员成本在各地之间的差异与生活成本（人员成本）差异相同，也有研究假定各个地区的非人员成本指数均等于1。但也有一些研究在分析地区间非人员成本差异的过程中使用了更加精确的方法，它们主要包括回归分析、从已有指数中获得以及计算各组成部分指数等方法。Brazer 与 Anderson（1974）、Chambers（1978）利用回归方程预测并构造义务教育的地区非人员价格指数。Chambers（1998）测算的非人员价格指数，是从消费者价格指数以及生产者价格指数的组成部分得到的。Taylor、Chambers 和 Robinson（2004）分别研究了能源成本、学校投入品价格与交通成本的地区差异。其中，能源价格运用工程分析与经济分析的方法进行估计。学校投入品价格指数是基于学区内的纸价和窗玻璃价格的差异以及运费差异构造的。交通成本测量了已购买服务（熟练技术员等）的交通成本、学区内交通成本，以及去往基准地区的交通成本。

但以上各种方法均有一定缺陷。回归分析法可能产生遗漏变量问题，还需要区别学区对教育的需求和供给因素，对需求因素予以控制，要正确地进行这个处理较为困难。从已有指数中获得价格指数的方法前提是要已知空间消费者价格指数等信息，但是对我国来说，这类数据不属于常规编制的指数，因此要获得这一信息需要较高的成本。计算公用支出各组成部分价格指数方法的计算过程较为复杂，而且其计算涉及各个领域的专业知识，因此不适合政策制定者使用。因此，需要针对我国义务教育公用经费

及其差异来源进行分析,进而构造适合我国实际情况的非人员性投入价格
指数。

7.1　相关研究

通过前文的分析,不难发现,要构造的我国地区间义务教育非人员性
投入价格指数,实际上是一种特殊的空间价格指数。这一价格指数度量的
是义务教育非人员性投入所涵盖各种资源的价格在地区间的差异。谢启南
在 1996 年时就指出,国外一些研究机构多年来一直在编制世界各国 100 多
个主要城市的消费物价地区差指数,我国编制一个能够反映价格水平地区
差异的指数十分必要。但我国现行的各种物价指数,都是从不同角度反映
价格在不同时期的变动方向和幅度。例如我国编制公布的居民消费价格指
数(CPI)是用来比较一个国家或地区不同时期的价格水平,这与空间价
格指数之间也有本质的差别。到目前为止,我国还没有官方编制并公布的
空间价格指数。因此,构造中国地区间义务教育非人员性投入价格指数这
一度量地区间购买力差异的空间价格指数具有重要意义。对于空间价格指
数的构造,可以参照购买力平价的理论框架。余芳东(1999)对购买力平
价多边比较方法做了详细的整理和汇总。可以认为,将购买力平价方法应
用于地区间物价指数的构造是我国统计学研究的一项新趋势。

7.1.1　中国地区间价格指数的构造

谢启南(1996)给出了计算地区间价格指数应注意的问题以及指数的
计算公式。王守祯和屈英(2002)给出了两种建立地区物价指数的方法,
即利用双地区物价指数建立地区物价指数以及直接建立地区物价指数。余
芳东(2006)利用公布的统计数据,测算了我国 32 个省(区、市)城镇
居民消费价格指数,并在扣除地区间价格因素的基础上,进行城镇居民人
均实际收入的地区比较,发现:①我国 31 个省(区、市)城镇居民消费
价格总水平高低不等,相应地,各地区城镇居民货币收入的实际购买力也
不尽相同。②不同类型的城镇居民消费商品和服务价格在地区间存在一定

的差异，其中，教育服务费用、房租在地区间的差异较大，耐用消费品和食品价格在地区间的差异相对较小。③如果扣除地区间价格因素的影响，大部分地区城镇居民人均实际收入要高于人均名义收入。④近10年来，我国城镇居民人均收入的地区差距逐渐缩小，而且人均实际可支配收入的地区差距明显要小于名义上的差距。北京大学中国经济研究中心宏观组（2006）借鉴购买力平价的思想，探讨编制地区间价格指数的方法，进行我国内部地区间的价格水平比较，并且利用地区间价格指数将名义收入转换为实际收入，重新测算基尼系数。地区间价格指数显示，我国的地区间价格水平差异大，可贸易商品地区间价格差异相对较小，不可贸易商品地区间价格差异相对较大；各地价格水平与居民名义收入水平呈正相关关系，因此，各地居民实际收入差距小于名义收入差距，以居民实际收入测算的基尼系数较小。Loren Brandt 与 Carsten A Holz（2004）研究了中国的空间价格差异。研究分别构造了中国 1984 年至 2002 年各省份城镇、各省份农村以及各省份城乡联合的空间价格调整因子，并研究了它们随时间的变化以及对中国经济结果的影响，最后还对分析中国经济问题时忽略这种空间价格差异所造成的重大影响进行了说明。

7.1.2 中国地区间价格差异带来的影响

江小涓和李辉（2005）参照购买力平价的基本思路，通过消除价格差异的影响，获得并研究国内地区间生活水平的真实差距。文献使用国家发展与改革委员会价格监测中心网站提供的 36 个大城市的数据，选择其中各个城市都有比较齐全数据的商品和服务样本，计算得到各城市的价格指数。用价格指数作为换算系数去除人均可支配收入，得到人均实际收入。研究发现城市间真实生活水平的差异小于货币收入表示的名义收入差距。刘建国（2006）以上海市为例，对我国部分经济发达省份的名义收入和实际收入作了比较。文章认为，就工薪阶层而言，中国大多数地区城镇居民实际收入的差异并不大；上海等大城市居民家庭的恩格尔系数偏高的主要原因是食品价格偏高，食品的中间投入品的价格差别（如租金和劳务成本）是不同城市食品价格差异的主要原因。付敏杰（2006）以购买力平价为基础，研究价格对我国城镇居民消费差距的影响。通过数据采样计算出不同地区间的居民消费价格所存在的差异，发现在很大程度上价格差距是由各地区居民所消费的食品价格和消费结构所决定的。经过购买力平价调整后的各省份的实际消费与名义消费相比发生了很大变化，价格在一定程度上减小了地区间消费差距。随着组内省份的增多，引入相对价格的实际消费不良指数和名义消费不良指数的差距越来越小。在1993—2004年间的通货膨胀时期，价格对基尼系数和不良指数的贡献率增加。中部和西部地区显示出较高程度的"俱乐部收敛"特征，尤其是西部地区，经过价格调整后，特征更加明显。崔瑛（2007）以购买力平价理论为基础，研究我国各地区城镇居民的消费价格水平差异问题。此研究对我国各地区居民消费相对价格水平的构造分为3个步骤。经过前面3个阶段的计算，得出了2004年我国各地区基于购买力平价的居民消费相对价格水平。研究发现：①各地区城镇居民消费商品和服务的价格差异非常明显，但是总体价格水平和消费水平之间并没有明显的相关性。②西藏自治区和重庆市的价格水平很高，主要是由该地区居民消费的食品价格和食物消费比例所决定的，全国范围内城镇居民的恩格尔系数和食物价格呈现出一定程度的正相关关系。③在市场定价商品价格地区间差异巨大的同时，政府定价服务价格差异也很大。

　　以上研究均借鉴购买力平价理论，针对我国地区间产品和服务价格的差异，给出了编制空间价格指数的方法，或借助数据编制出了空间（横截面）物价指数，并进行了应用。这种空间价格指数反映了我国不同地区间生活成本的差异。一般来说，如果一个地区计算所得的价格指数数值越大，表明地区的生活成本越高，相应的，货币在该地区的购买力也就越弱。但是从指数编制的过程中可以看到，这几项已有研究在选取市场篮子的时候，选取的产品和服务均为居民生活消费品，编制指数的目的也是度量居民的生活成本高低。而义务教育非人员性投入价格调整的目的是度量各个地区之间义务教育非人员性投入的产品与服务的价格高低。这部分资源投入的种类与居民生活所消费的资源种类存在很大差异，因此没有理由认为研究针对地区间物价水平差异所编制的空间价格指数可以直接应用于我国地区间义务教育非人员性投入价格指数的研究当中。因此，要度量我国地区间义务教育非人员性投入价格的差异，需要根据义务教育的消费结构编制新的空间价格指数。

7.2　理论框架

参考已有研究，本书将借鉴购买力平价理论的框架，编制反映我国地区间义务教育非人员性投入在地区间价格差异的横截面指数 CSI（Cross - Section Index），作为地区间义务教育非人员性投入价格指数。在全球多边性国际比较中利用支出法编制购买力平价指数的方法有很多，包括星形法、EKS 法、GK 法、最小间隔树法、Ikle 法、Van YZeren 法、Walsh 法等，其中在国际比较中常用的主要有 EKS 法和 GK 法。Hill 在 1999 年提出了一种新的购买力平价汇总方法，即最小间隔树（也称为最小生成树）（Minimum Spanning Tree，MST）方法。

最小间隔树方法的基本思想如下，设有 K 个国家，一组相同产品、服务与消费量的数据 $(p_{ki,}q_{ki})$ 其中 p 表示产品或服务的价格，q 表示产品或服务的消费数量。k 表示第 k 个国家，$k=1$，$\cdots$，K，i 表示第 i 项产品或服务，$i=1$，$\cdots$，N。以 k 国为基准国，j 国和 k 国之间最基本的双边价格指数包括拉氏指数（拉斯贝尔指数）PPP_{jk}^{L} 和帕氏指数（帕舍指数）PPP_{jk}^{P}。

根据价格指数公式的偏误理论，拉氏指数与帕氏指数一个上偏，一个下偏，分别构成指数实际值的上下限。其他很多指数公式，例如平均权数、费雪公式、任意固定其权数等公式计算的指数数值均位于拉氏指数与帕氏指数之间，因此通过这些公式计算得到的指数优于拉氏指数与帕氏指数。但是如果拉氏指数与帕氏指数很接近，那么选用各种公式计算出来的指数都很接近真实值，因此一般使用的跨时价格指数要求报告期与基期间隔时间要短。同样，在计算空间价格指数时，如果两个国家或地区的支出与消费模式相近，算得的指数结果就会更加准确。

最小间隔树或称最小生成树（MST）方法根据这一原则，从 N 个国家中选取对比国，使得两两之间的支出与消费模式相近，也就是拉氏和帕氏指数最接近的国家作为对比国，从而使得比较结果更加接近真实值。

一个有 N 个结点的连通图的生成树是原图的极小连通子图，且包含原图中的所有 N 个结点，并且有保持子图连通的最少的边。有 N 个节点就可以找到 N^{N-2} 个生成树。N 个国家进行双边比较，并依次连成多边比较，相当于构成一个有 N 个结点的连通图的生成树，共有 N^{N-2} 种方法。每个生成树中有 $N-1$ 个双边比较。设两个对比国家之间的拉氏和帕氏指数之差（Paasche – Laspeyres Spread）为 PLS，当对于对比国的选择使得 PLS 的绝对值最小时，比较所得的结果最为准确。j、k 两个国家 PLS 值的计算公式为

$$PLS_{jk} = \left| \log \frac{PPP_{jk}^{L}}{PPP_{jk}^{P}} \right| \qquad (7-1)$$

其中对于同一个国家来说，拉氏指数和帕氏指数相等，因此 $PLS_{jj} = 0$；对于 j 和 k 两个国家来说，$PLS_{jk} = PLS_{kj}$；由于 PLS_{jk} 是绝对值，因此 $PLS_{jk} \geqslant 0$。

设间隔树 s 的 $N-1$ 条边之和为 PLS_{s}，则有

$$PLS_{s} = \sum_{g=1}^{N-1} PLS_{gs}, s \in [1, N^{N-2}] \qquad (7-2)$$

在 N^{N-2} 个生成树中进行比较，取

$$\min \left(\sum_{g=1}^{N-1} PLS_{g1}, \sum_{g=1}^{N-1} PLS_{g2}, \cdots, \sum_{g=1}^{N-1} PLS_{gNN-2} \right)$$

为最小间隔树分布组合。

因此，当国家大小、强弱、贫富以及消费结构差异较大时，最小间隔树方法可以减少误差。

7.3　中国地区间义务教育非人员性投入价格指数的构造

对于我国各个地区之间的义务教育公用部分来说，支出总量有较大差

异，消费结构也有很大的不同，因此，价格指数的编制采用最小间隔树方法较为适合。利用这一方法计算义务教育公用部分价格指数其所需要的数据、规格品的选取原则、编制的具体方法、步骤如下。

7.3.1 编制价格指数所需的数据

按照购买力评价理论，测算购买力平价需要两方面的数据：一是 GDP 支出基本分类，作为计算购买力平价指数的权数。要求参加国收集居民消费、政府消费、固定资本形成总额、新增库存、净出口等约 155 项 GDP 支出基本分类数据。二是规格品价格数据。要求参加国收集每一基本支出分类下既具有代表性又有可比性的若干个商品和服务的价格数据，具体为居民消费品和服务、机械设备品、建筑品价格以及政府公务员职务工资等资料。其中，新增库存采用相应产品的"类比购买力平价"，净出口借用汇率来比较，不作专门价格调查。所提供的统计数据应遵循以下原则。

①价格数据与 GDP 支出数据的一致性原则。测算购买力平价的目的是比较各国 GDP 及其主要支出结构指标，原则上要求使用规格品的全国年平均价格，以便与相应的国民核算数据相符合。在时间上要求是全年平均价格，在空间上要求是全国平均价格，而且是实际交易价格。这样，通过各国价格比较而取得的购买力平价，能完全消除价格因素的影响，真正反映实际物量。否则，转换后的国内生产总值数量比较仍受部分价格因素的影响，会高估或低估实际 GDP 的规模和水平。

②可比性原则。国际比较项目要对不同国家的产品价格进行比较，要求产品完全相同一致，在实际中要做到这一点很困难。一般在收集价格时，要求产品在不同国家之间必须是可比的。只要满足下列任何一个条件，就认为它们具有可比性：一是物理和经济属性完全一样的，包括数量、范围、材料、设计、销售条件等一些重要的特征方面在不同国家之间的差别不应太大；二是足够相似以至于消费者在它们之间不作任何区别和选择。对于两个相似的商品，如果消费者认为无论消费哪一个都无关紧要，那么可以认为这两个产品是可比的。否则，计算的价格比率则毫无意义。

可比性的核心是质量的一致性，质量包括两个方面的参数：一是物理参数，材料、构成、大小、重量、生产工艺方法、包装类型；二是市场参数，如品牌、商店类型、销售点、季节性因素。质量调整应该是国际比较项目的一项重要工作。

③代表性原则。它是指所选择的规格品对各个国家具有代表性，反映各国的支出结构和消费结构。具有代表性商品的标志通常是：在基本分类支出中十分重要，而且是居民经常够买，在全国各地广泛销售的产品，或者包含在 CPI 目录中。但为了进行国际比较，还必须收集其他国家的代表性产品价格，这些产品对本国可能没有代表性。因此，在国际比较项目活动中，规格品目录必须经过各国共同讨论、协商后确定。

④相同代表性原则。它是指所选择的规格品目录在对比国之间具有相同的代表性，也就是说规格品目录在对比国之间既有可比性，又能保持足够的代表性。在可比性和代表性之间需要进行平衡和折中，处理的办法有：一是通过产品架构描述，尽可能详细地说明规格品的各种特性，便于比较价格，明确其可比与否；二是在确定产品目录时，尽可能地把各国的代表规格品包含进来；三是要求各国把本国的代表性产品用星号标记出来，便于在计算 PPP 时做技术处理；四是分区域、分组进行比较。按区域在地缘相近、消费模式、消费结构、消费水平基本相似国家划归一组，进行直接比较，消费模式、经济发展水平差距太大、地理位置相差太远的国家通过"桥梁国"进行间接比较。❶

按照上述要求，编制地区间义务教育非人员性投入价格指数需要的数据应该包括以下两个方面：

①义务教育公用部分消费的产品或服务基本分类的数据，用于作为计算价格指数的权数 Q_m，其中 $m=1$，…，M，Q_m 为义务教育公用部分消费的第 m 项产品与服务基本分类数额占总额的比例。按照《中国教育经费统计年鉴》对公用教育经费的定义，公用经费可分为公务费、业务费、设备购置费、修缮费以及其他费用等，各部分所占的比例可通过《中国教育经

❶　余芳东．中国购买力平价和经济实力的国际比较研究［M］．北京：中国统计出版社，1999.

费统计年鉴》中的数据计算获得。例如，按照《中国教育经费统计年鉴》
对公用教育经费的定义，公用经费的分类和各部分所占的比例如表 7 - 1
所示。

表 7 - 1　2005 年事业性教育经费公用部分各项支出占公用经费支出的比例（%）

学段 \ 项目	公务费	业务费	设备购置费	修缮费	其他费用
初中	26.70	10.32	14.98	34.35	13.66
小学	27.45	11.05	13.86	34.62	13.03

资料来源：根据《中国教育经费统计年鉴》（2006）相关数据计算得到。

同样，利用《中国教育经费统计年鉴》的数据还可以分别计算全国、
城镇以及农村中小学的公用经费支出结构，从而获得计算各个地区义务教
育非人员性投入价格指数所需的权数。

②按照《中国教育经费统计年鉴》对公用教育经费的定义，从公用部
分的各基本分类中确定若干子类，并从每一子类中选出一种或几种代表规
格品，搜集每一项代表规格品在每个研究所涉及地区的价格数据，即 p_{ki}^{m}，
其中，$k = 1, \cdots, K$，表示地区 k，$i = 1, \cdots, I_m$，$m = 1, 2, \cdots, M$，M 为
义务教育公用部分购买的产品或服务基本分类数量，I_m 为第 m 项基本分类
下代表规格品的数量。另外还需要每个基本分类下，代表规格品在每个研
究所涉及地区的消费量数据 q_{ki}^{m}，q_{ki}^{m} 表示第 k 个地区产品或服务 i 的消费
数量。

③根据购买力平价方法的要求，为构造我国地区间义务教育非人员性
投入价格指数所提供的统计数据也应遵循一致性、可比性、代表性以及相
同代表性的原则。

一致性：代表规格品的选取应与义务教育公用部分支出购买的产品一致。

可比性：代表规格品在研究涉及的不同地区之间数量和质量尽量一
致，在包括数量、材料、设计等一些重要的特征方面应是可比的。

代表性：选取的代表规格品对各个地区具有代表性，反映各个地区义
务教育公用经费支出的结构。

相同代表性：选取的代表规格品目录在对比地区之间具有相同的代表性。

义务教育公用部分的各基本分类及其子类可按照表 7 - 2 进行确定，并从每个子类下面按照以上原则选取代表规格品。

表 7 - 2　义务教育经费公用部分基本分类及其子类

基本分类	子类
公务费	办公费
	劳务费
	水电费
	邮寄费
	取暖费
	物业管理费
	交通费
	差旅费
	租赁费
	会议费
业务费	专用材料费
	印刷费
设备购置费	办公设备购置费
	专用设备购置费
	交通工具购置费
	图书资料购置费
修缮费	维修费
业务招待费	业务招待费
其他费用	培训费
	其他

7.3.2　价格指数的编制方法、步骤

①采用最小间隔树法，计算义务教育公用经费每一项支出基本分类一

级的价格指数。

首先，计算个基本分类下的拉氏指数和帕氏指数。

将义务教育公用部分消费的产品与服务分为 M 个基本分类，每个基本分类下选取 I_m 种代表规格品，$m=1，2，\cdots，M$，则 $\sum\limits_{m=1}^{M} I_m$ 代表规格品的总数。以地区 k 为基准地区，地区 j 和地区 k 之间最基本的双边价格指数即拉氏指数和帕氏指数的计算公式为

拉氏指数： $\qquad PPP_{jk}^{Lm}=\dfrac{\sum\limits_{i=1}^{I_m}p_{ji}^m q_{ki}^m}{\sum\limits_{i=1}^{I_m}p_{ki}^m q_{ki}^m}$ （7-3）

帕氏指数： $\qquad PPP_{jk}^{Pm}=\dfrac{\sum\limits_{i=1}^{I_m}p_{ji}^m q_{ji}^m}{\sum\limits_{i=1}^{I_m}p_{ki}^m q_{ji}^m}$ （7-4）

其中，$m=1，\cdots，M$，M 表示基本分类数目，$i=1，\cdots，I_m$，I_m 表示第 m 项支出分类所选择的代表规格品数目。

其次，采用最小间隔树或称最小生成树（MST）方法，寻找基本分类水平上多边比较的最佳组合方式。

任意两个地区间 PLS 值的计算公式为

$$PLS_{jk}^m=\left|\log\dfrac{PPP_{jk}^{Lm}}{PPP_{jk}^{Pm}}\right|$$ （7-5）

设间隔树 s 的 I_m-1 条边之和为 PLS_s，则有

$$PLS_s=\sum_{i=1}^{I_m-1}PLS_{is}，s\in\left[1，I_m^{I_m-2}\right]$$ （7-6）

在 $I_m^{I_m-2}$ 个生成树中进行比较，取

$$\text{Min}\left(\sum_{i=1}^{I_m-1}PLS_{i1}，\sum_{i=1}^{I_m-1}PLS_{i2}，\cdots，\sum_{i=1}^{I_m-1}PLS_{iI_m^{I_m-2}}\right)$$ （7-7）

为最小间隔树分布组合。

针对每个基本分类，根据最小间隔树分布组合选定最佳组合，进行 M 个地区之间的双边比较，然后依次将这些双边比较连接成为多边比较，以最佳组合方式排列参加比较的地区。

最后，根据选定的最佳组合计算义务教育公用经费支出基本分类一级各地区间多边比较所得的价格指数。

采用费雪（Fisher）指数公式计算地区的双边价格指数 F_{jk}^m。

公式为

$$F_{jk}^m = \sqrt[2]{PPP_{jk}^{Lm} \times PPP_{jk}^{Pm}} \qquad\qquad (7-8)$$

将双边价格指数转化为多边价格指数，选取基准地区（例如选择北京作为基准地区），设基准地区的横截面价格指数为 1，对所有计算的双边价格指数依次进行标准化，得到多边价格指数 S_j^m，$j = 1, \cdots, K$，$m = 1, \cdots, M$。

②计算基本分类以上一级地区义务教育非人员性投入价格指数，即本章要构造的我国地区间义务教育非人员性投入价格指数 S_j，采用加权平均方法，即

$$S_j = \sum_{m=1}^M S_j^m \times Q_m \qquad\qquad (7-9)$$

根据我国地区间义务教育非人员性投入价格指数的定义，如果研究所涉及的第 j 个地区的生均义务教育公用经费支出为 300 元，则利用义务教育非人员性投入价格指数对其调整，所得的地区生均非人员性投入为 300/ S_j 元。

本章小结

由于数据的可得性所限，对地区间义务教育非人员性投入价格指数的研究仅给出了构造指数的理论框架、方法和步骤以及指数应遵循的原则，没有对我国各个地区的义务教育非人员性投入价格指数进行具体测算。

在理论层面，对于义务教育公用部分资源配置的公平性及合理性的考察，需要测量各地区义务教育非人员性投入价格指数，从公用经费差异中

剥离价格差异的影响，以揭示各地区公用部分资源配置的真实状况。

在政策层面，为确保义务教育财政转移支付拨款能够达到促进公平的目的，首先应了解当前义务教育尤其是公用部分的两方面信息：一方面是其在地区间资源配置的真实状况，另一方面是各地区教育经费的购买力状况。只有掌握了这些信息，才能建立公平的义务教育财政转移支付制度，保证拨款的公平性。

因此，构造中国地区间义务教育非人员性投入价格指数，将有利于教育资源配置信息体系的建立和完善，可以为政府的教育财政拨款及转移支付提供政策支持，合理分配教育资源，具有理论上及政策层面的双重意义。

建议有关统计部门对构造中国地区间义务教育非人员性投入价格指数的相关价格数据展开常规性的统计调查工作，为非人员性投入价格指数的计算提供较为便利的研究条件，促进义务教育财政公平的实现。

第8章　中国地区间义务教育资源价格总指数的构造

地区间义务教育资源价格总指数是用以度量各地区教育服务人员部分与非人员部分（相当于教育经费公用部分所购买资源）总体价格差异的空间价格指数，可以用来调整各地义务教育生均经费，从而获得教育资源投入在地区间的配置情况。

本书第2章已经介绍过，国外诸多关于义务教育资源价格调整的已有文献都构造了地区义务教育资源价格总指数。利用已构造的义务教育经费人员部分与非人员部分的价格指数构造教育资源价格总指数的方法主要包括固定市场篮子法（the fixed – market – basket，FMB）和高级指数法（superlative index）两种。由于高级指数法对数据的要求过高，不适合在我国义务教育拨款公式中使用。因此本文将借鉴已有研究，利用固定市场篮子法，基于第6章的计量结果进一步构造适合应用于我国研究的地区义务教育资源价格总指数。

8.1　中国义务教育服务的消费结构

在构造价格总指数之前，首先应对我国义务教育服务消费的资源结构有一个清晰的认识。这可以从义务教育经费支出结构的角度进行分析。我国义务教育经费按照支出口径分类，可分为基建支出和事业性经费支出。其中基建支出所占总支出的比例很小，只占总教育经费支出的10%以内，而且其不属于经常性经费支出，该支出也不连续。因此在已往相关研究中，义务教育事业性经费常常被用来单独作为度量教育资源投入的度量指标。所以对不同城镇地区义务教育事业性经费进行价格调整，即可有效反映我国城镇地区间教育资源的配置状况。因此，中国地区间义务教育资源价格总指数可以设计成反映地区间义务教育事业性经费所购买资源的综合价格差异的指数。

义务教育事业性教育经费支出又分为个人部分支出和公用部分支出两部分，其中公用部分所占比例较低，以 2005 年为例，我国小学和初中阶段教育经费支出公用部分所占比例平均分别仅为 23.03% 和 29.23% 。❶ 由于地区间义务教育生均经费的差异来源于两个方面：资源投入差异和资源的价格差异，因此，地区间义务教育生均经费的差异来源如图 8-1 所示。

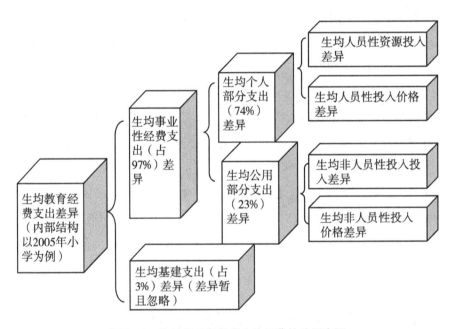

图 8-1 地区间义务教育生均经费的差异来源

在厘清我国地区间义务教育经费支出差异的来源的基础上，就可以对教育经费支出每一组成部分的价格差异进行度量和调整。由于义务教育生均事业性经费支出差异是可观测的，因此根据地区间教育资源和服务的综合价格差异对其进行调整，就可以揭示我国地区间义务教育资源投入差异

---

❶ 根据《中国教育经费统计年鉴》（2006）相关数据计算得出。

的真实情况。利用可得数据，采用适当的方法，可以构造我国地区间义务教育资源价格总指数，用来度量地区间义务教育资源和服务的综合价格差异。

8.2　构造方法

国外诸多关于义务教育资源价格调整的已有文献都构造了地区义务教育资源价格总指数。利用已构造的义务教育经费人员部分与非人员部分的价格指数构造教育资源价格总指数的方法主要包括固定市场篮子法和高级指数法两种。

8.2.1　固定市场篮子法

Harvey E Brazer 和 Ann P Anderson（1974）、Jay G Chambers（1978）、Jay G Chambers（1998）、E Anthon Eff（2008）在文献中均使用了固定市场篮子法构造地区义务教育成价格总指数。该方法是将各地区义务教育资源价格总指数构造成人员性投入价格指数与非人员性投入价格指数的加权平均数。其中的权数是学区分配给学校的各种投入所对应的支出占总的经常性支出的平均比例。

$$Index_i = \sum_{n=1}^{M} I_n P_n \qquad (8-1)$$

其中，$Index_i$ 表示第 i 个城镇地区义务教育资源价格总指数，I_n 表示经常性教育经费当中某部分所购买资源的价格指数；P_n 表示该部分经费占经常性教育经费支出的平均比例；M 表示所研究的经常性教育经费内部用来购买资源的种数。可见，用固定市场篮子法构造地区义务教育资源价格总指数只需采用与构造消费者价格指数（CPI）相似的步骤进行。

8.2.2　高级指数法

Lori L Taylor、Jay Chambers 和 Joseph P Robinson（2004）使用高级指数法借鉴 Tornqvist（1936）构造的 Tornqvist 指数，比较两个提供教育服务

的技术不同、面对不同价格并且购买不同数量投入品的各学区的教育成本。地区间义务教育成本调整高级指数公式为

$$\ln TCEI(B,A) = \sum_{r}^{t}(1/2)[P_r(B) + P_r(A)][\ln(CI_r(B,A))]$$

$$(8-2)$$

其中，$TCEI$（B，A）表示 B、A 两个学区之间的教育成本指数；r 表示第 r 种投入；CI_r（B，A）表示学区 B 与学区 A 之间的第 r 种学校投入的相对成本指数；P_r（B），P_r（A）分别表示学区 B 和学区 A 第 r 种学校投入占总支出的平均比例。

其中固定市场篮子法是较为普遍使用的方法。高级指数法的计算需要的信息量很大，不仅需要价格信息，还需要各种投入占学校预算的详细比例信息。由于高级指数法对数据的要求过高，不适合在我国义务教育拨款公式中使用。因此本章将借鉴已有研究，利用固定市场篮子法，基于前文的计量结果进一步构造适合应用于我国的地区间义务教育资源价格总指数。

由于在义务教育生均经费的组成结构当中，生均事业性经费公用部分所占比例较小，因此大多关于地区间义务教育资源价格总指数的已有文献没有对非人员性投入的价格差异进行深入探讨。这些研究使用的具体方法包括两大类，例如，McMahon 和 Melton（1978）、Walter W McMahon（1988）、Walter W McMahon 和 Shao Chung Chang（1991）、F Howard Nelson（1991）以及 Walter W McMahon（1994）将作为人员性投入价格指数的地区间生活成本指数直接作为地区间义务教育资源价格总指数。Bradford Tuck、Matthew Berman、Alexandra Hill、Local Amenities（2009）也将测算的教师成本指数作为地区教育资源价格总指数。这两种研究均相当于假设非人员性投入的价格在各地之间的差异与人员性投入价格差异相同，即假设地区间非人员性投入价格指数等于地区人员性投入价格指数。而第二种方法包括 E Anthon Eff（2008）的文章，该研究在计算教育资源价格总指数时假设各地教育除教师薪酬外的成本均相等，即假定各个地区的非人员价格指数均等于1。虽然文献指出，这对于课本等学校投入来说也许是正确

的，但是对于学生的交通等成本来说则不然。但这也不失为非人员性投入的资源价格数据难以获得时的一种较为折中的方法。

在我国，由于各地区义务教育非人员性投入资源的平均价格数据难以获得，因此，目前只能在理论层面给出义务教育非人员价格在地区之间的差异度量方法，而无法进行精确的计算。而且，义务教育生均事业性经费的公用经费部分所占比例不大。因此，本章将借鉴已有文献中的两种方法，利用已获得的人员性价格指数对我国城镇间义务教育资源价格总指数进行构造。

8.3　城镇间义务教育资源价格总指数 *A*

第一种构造城镇间义务教育资源价格总指数的方法将借鉴固定市场篮子法，以较为保守的态度，假定我国各省份城镇地区的非人员性投入价格没有显著差异，因此在构造过程中设定各个地区的非人员性投入价格指数的数值均等于 1，再结合我国城镇义务教育事业性经费支出各个组成部分所占的比例（见表 8 - 1），就可以构造出我国各省份城镇地区的义务教育资源价格总指数。

表 8 - 1　2005 年我国城镇义务教育事业性经费支出各个组成部分所占的比例（％）

	城镇普通小学	城镇普通初中
个人部分支出	71.98	66.16
公用部分支出	28.02	33.84

资料来源：根据《中国教育经费统计年鉴》（2006）有关数据计算得出。

为剥离地区价格因素的影响，调整各地义务教育经费，从而获得义务教育资源投入的地区间差异，本章将城镇地区义务教育资源价格指数设计为一种复合指数。根据第 6 章所计算的城镇地区义务教育人员性投入价格指数与第 7 章所计算的公用部分价格指数计算获得初中和小学的义务教育资源价格总指数。

计算公式为

$$IndexA_i = P_p \times CWI_i + P_n \times S_i \qquad (8-3)$$

其中，$IndexA_i$表示按照第一种方法构造的第 i 个城镇地区义务教育资源价格总指数；P_p表示城镇地区义务教育事业性经费的人员部分占事业性教育经费支出的平均比例；CWI_i表示第 i 个城镇地区的义务教育人员性投入价格指数；P_n表示城镇地区义务教育事业性经费公用部分占事业性教育经费支出的平均比例；S_i表示第 i 个城镇地区义务教育非人员性投入价格指数，均设为1。根据这一计算公式，利用2005年的数据，可得到2005年我国各个城镇地区的义务教育资源价格总指数。按照城镇地区的义务教育资源价格总指数从大到小对各个地区排序，得到以下指数，见表8-2。

表8-2 2005年我国各省份城镇地区义务教育资源价格总指数A

城镇地区	小学	初中	城镇地区	小学	初中
上海市	1.0447	1.0411	贵州省	0.7257	0.7479
广东省	1.0297	1.0273	四川省	0.7232	0.7456
北京市	1.0000	1.0000	河北省	0.7186	0.7414
浙江省	0.9665	0.9692	辽宁省	0.7144	0.7375
福建省	0.8634	0.8745	湖北省	0.7137	0.7369
江苏省	0.8589	0.8703	吉林省	0.7134	0.7366
天津市	0.7851	0.8025	宁夏回族自治区	0.7070	0.7307
内蒙古自治区	0.7612	0.7805	陕西省	0.7040	0.7279
山东省	0.7552	0.7750	广西壮族自治区	0.7038	0.7277
海南省	0.7516	0.7717	黑龙江省	0.6985	0.7229
湖南省	0.7515	0.7716	安徽省	0.6902	0.7152
云南省	0.7406	0.7616	山西省	0.6596	0.6871
江西省	0.7350	0.7565	河南省	0.6405	0.6696
重庆市	0.7332	0.7547	甘肃省	0.6339	0.6635
新疆维吾尔自治区	0.7305	0.7523	青海省	0.6197	0.6504

注：由于数据可得性原因未测算西藏的 CWI，因此表格中未包括西藏的教育资源价格指数。

资料来源：根据《中国教育经费统计年鉴》（2006）有关数据计算得出。

通过计量，可获得 2005 年我国 30 个省份城镇地区义务教育资源价格总指数，价格指数单位为 1，体现了各城镇地区的学校为了提供完全相同的义务教育服务而消费的产品和服务的综合价格，反映了义务教育经费在不同省份城镇地区的购买力差异。从结果中可以看到，在我国各省份城镇地区当中，2005 年义务教育综合价格最高的是上海市城镇地区，义务教育资源价格总指数小学为 1.0447，初中为 1.0411；义务教育综合价格最低的为甘肃省城镇地区，义务教育资源价格总指数小学为 0.6197，初中为 0.6504。二者教育资源价格水平比例小学为 1.69∶1，初中为 1.60∶1。

8.4　城镇间义务教育资源价格总指数 *B*

现实中，我国城镇地区间义务教育非人员性投入价格是存在差异的。以 2005 年我国 36 个大中城市部分义务教育投入资源平均价格为例，可以看到义务教育非人员投入的各个组成部分的几种产品，在不同城市的平均价格都有差异，见表 8－3。

表 8－3　2005 年我国 36 个大中城市部分义务教育投入资源平均价格

城市 项目与规格 单位	工业用自来水	普通硅酸盐水泥 42.5 强度	普通平板玻璃 5mm	新闻纸国产	彩电长虹29 寸
	元/吨	元/吨	元/平方米	元/令	元/台
北京	5	255	20	150	1952
天津	5	283	—	—	2187
石家庄	3	292	23	135	2245
太原	3	338	—	124	1898
呼和浩特	2	337	22	125	2042
沈阳	2	389	18	180	1867
大连	3	394	25	105	1985
长春	5	382	18	109	1714
哈尔滨	2	379		72	1980
上海	1	315	25	837	1798

续表

项目与规格 单位 城市	工业用 自来水 元/吨	普通硅酸盐 水泥 42.5 强度 元/吨	普通平板 玻璃 5mm 元/平方米	新闻纸 国产 元/令	彩电长虹 29 寸 元/台
南京	2	247	20	—	1728
杭州	2	255	18	146	2357
宁波	2	333	17	115	1918
合肥	2	346	27	118	1596
福州	1	378	19	121	1741
厦门	2	427	19	118	2008
南昌	1	344	19	126	1836
济南	3	280	22	119	1918
青岛	3	236	27	109	2397
郑州	3	272	19	115	2070
武汉	2	290	23	167	2454
长沙	1	355	21	120	1697
广州	1	433	26	120	2589
深圳	3	435	41	—	1880
南宁	1	354	28	109	1744
海口	1	398	—	—	2237
成都	1	395	31	102	1916
重庆	3	340	24	—	1840
贵阳	1	347	16	—	2688
昆明	2	430	28	105	2007
拉萨	1	830	31	111	2653
西安	2	336	24	125	1776
兰州	1	260	23	127	1761
西宁	2	323	18	116	1685
银川	2	303	16	111	1825
乌鲁木齐	2	406	19	—	1948

资料来源：《中国物价统计年鉴》（2006）。

在我国事业性教育经费公用部分各项支出类别中，修缮费的比例最大，占 34% 以上，见表 8-4。

表 8-4　2005 年我国事业性教育经费公用部分各项支出占公用经费支出的百分比（%）

项目 学段	公务费	业务费	设备购置费	修缮费	其他费用
初中	26.70	10.32	14.98	34.35	13.66
小学	27.45	11.05	13.86	34.62	13.03

资料来源：通过《中国教育经费统计年鉴》（2006）相关数据计算得到。

而义务教育事业性教育经费公用部分的修缮费中有很大一部分是劳务费用。因此，可以假定我国各个城镇地区的非人员性投入价格与人员性投入价格相近，从而构造城镇间义务教育资源价格总指数 B。

第二种构造城镇间义务教育资源价格总指数的方法也借鉴固定市场篮子法，但是假定我国各个城镇地区的非人员性投入价格与人员性投入价格相同，于是设定各个地区的非人员性价格指数的数值为当地的 CWI。按照固定市场篮子法，利用教育事业性经费购买资源的相对价格，再结合我国城镇义务教育事业性经费支出各个组成部分所占的比例就可以构造出我国各城镇地区的义务教育资源价格总指数。计算公式为

$$IndexB_i = P_p \cdot CWI_i + P_n \cdot S_i \qquad (8-4)$$

其中，$IndexB_i$ 表示按照第二种方法构造的第 i 个城镇地区义务教育资源价格总指数；P_p 表示城镇地区义务教育事业性经费的人员部分占事业性教育经费支出的平均比例；CWI_i 表示第 i 个城镇地区的义务教育人员性投入价格指数；P_n 表示城镇地区义务教育事业性经费公用部分占事业性教育经费支出的平均比例；S_i 表示第 i 个城镇地区义务教育非人员性投入价格指数，此时将其设定为 CWI_i。

根据上式以及假设可得

$$IndexB_i = CWI_i \qquad (8-5)$$

因此，按照第二种方法构造的第 i 个城镇地区义务教育资源价格总指数即为第 i 个城镇地区义务教育资源价格总指数。

8.5 城镇间义务教育资源价格总指数 *A*、*B* 的比较

城镇间义务教育资源价格总指数 *A*、*B* 均以北京市为基准地区，因此北京城镇地区的义务教育资源价格总指数均为 1。从构造中国城镇间义务教育资源价格总指数的方法上来看，价格总指数 *A* 由于涉及义务教育事业性经费不同组成部分购买的资源价格差异不同，因此受教育事业性经费构成差别的影响，小学和初中的价格总指数 *A* 不相等。而价格总指数 *B* 则不涉及教育事业性经费的内部组成结构。另外，从对非人员性经费的假设来看，价格总指数 *A* 的构造方法较为保守，因此，不同地区的义务教育资源价格总指数较为接近，而不同地区价格总指数 *B* 的取值范围较大，具体来说，按照价格总指数 *A*，我国义务教育资源价格水平最低和最高地区的教育资源价格比例，小学为 1.69∶1，初中为 1.60∶1。而按照价格总指数 *B*，义务教育资源价格水平最低和最高的地区教育资源价格比例为 2.25∶1。将按照不同方式构造的中国城镇间义务教育资源价格总指数画在同一图内，有助于更加清晰地对各地区的两种指数进行比较。将各地区按照价格总指数 *B* 从大到小进行排序，如图 8 - 2 所示。

从图 8 - 2 中可以看到，小学教育资源价格总指数 *A* 与初中教育资源价格总指数 *A* 较为接近，从离散程度来看义务教育资源价格总指数 *B* 的分布相对于义务教育资源价格总指数 *A* 更加离散。但两种义务教育资源价格总指数显示的各地区所面对的义务教育资源价格高低的顺序完全相同。具体来说，上海城镇中小学面临的教育资源价格水平最高，青海城镇中小学的教育资源价格水平最低。

由于没有证据表明我国各个城镇地区的非人员性投入价格没有显著差异，而义务教育事业性教育经费公用部分的修缮费中有很大一部分是劳务费用，其地区间的价格差异更可能与人员性价格指数的地区间差异相近，因此，从理论上来看义务教育价格总指数 *B* 更为可信。本书将以义务教育价格总指数 *B* 作为调整地区间义务教育价格使用的义务教育价格总指数。

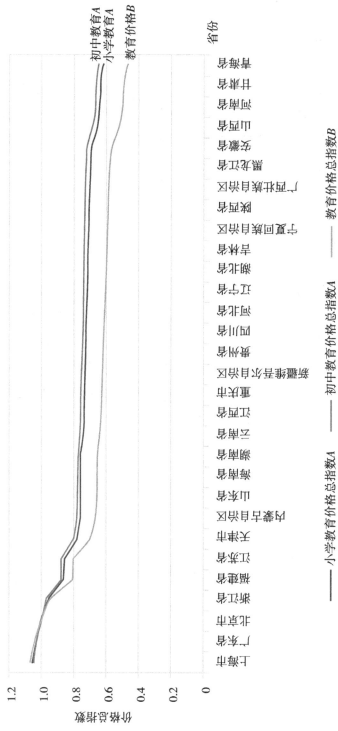

图8-2 2005年我国城镇间义务教育资源价格总指数A、B的比较

本章小结

在地区间义务教育资源投入公平的研究中，首先需要掌握地区间义务教育资源投入的差异状况。一种常用且便捷的方法就是借助公开数据中各地区的生均义务教育经费支出这个统计指标来衡量政府投入的资源。但是，如果考虑到不同地区的学校和教育部门为提供教育服务而购买的各种资源存在价格差异，则需要对生均义务教育经费支出进行地区间的价格调整，以剥离地区间教育资源价格差异对教育经费购买力的影响，从而揭示义务教育资源在各个地区的投入状况。

本章构造的地区间义务教育资源价格总指数，就是用以度量我国各地区教育服务人员性投入与非人员性投入（相当于教育经费公用部分所购买资源）综合价格差异的空间价格指数。在我国地区间义务教育资源投入公平的研究中可以用来调整各地义务教育生均经费，从而获得教育资源投入在地区间配置的真实状况。由于数据限制，对地区间非人员性投入价格无法精确地计算。因此，本章采用保守与激进的两种方法近似估算了非人员性投入价格，从而构造了两种教育资源价格总指数，即指数 A 和指数 B。其中，指数 A 的构造建立在地区间非人员性投入价格相同的假设之上，而指数 B 假设地区间非人员性投入价格与地区间人员性投入价格相同。因此，教育资源价格总指数 A 的变异性更小，对价格的调整幅度也较小。而指数 B 则用人员性投入价格指数近似非人员性投入价格指数，因此反映的地区之间教育资源价格差异也更大。由于从理论上来看，义务教育价格总指数 B 更为可信，本章将以义务教育价格总指数 B 作为调整地区间义务教育价格使用的义务教育价格总指数。

第9章　中国各省份城镇地区
义务教育资源配置公平状况

本章应用第6章构建的中国各省份城镇地区间义务教育人员性投入价格指数，以及第8章构建的中国各省份城镇地区间义务教育资源价格总指数，分别对我国城镇义务教育事业性经费个人部分支出以及义务教育事业性经费支出中的地区价格因素进行了剥离，分别展示了各地区城镇义务教育生均人员支出与真实人员性投入和城镇义务教育生均支出与真实教育资源投入及其在地区间的差异与排序。

9.1　生均事业性经费个人部分支出与义务教育人员性投入

在我国，为提供义务教育服务而消耗的资源中，人员部分占很大比例，人员性投入是最重要的教育资源投入。而教师是对中小学生影响最为深刻的因素，因此，如果能够获得我国城镇地区间的生均义务教育人员性投入配置状况，就可以揭示出重要的义务教育资源配置信息。以下将利用之前章节构造的地区间人员性投入价格指数，对我国城镇地区间义务教育生均事业性经费个人部分支出进行调整，从而获得调整后的人员性投入。继而将其与调整前的生均事业性经费个人部分支出进行对比，并分别从绝对数值差异、其反映出的公平性差异，以及按照资源多少进行的地区间排序差异进行讨论。

9.1.1　生均事业性经费个人部分支出与人员性投入差异

本部分将对我国城镇地区的义务教育生均事业性经费的个人部分支出

进行调整，获得真实人员性投入情况，并对其差异进行研究。

将第4章所构建的可比工资指数作为我国各省份所辖城镇地区间的义务教育人员性投入价格指数，利用这一指数从各省份城镇地区生均教育经费人员部分中剥离价格因素的影响后，可以得到省份间真实可比的教育资源人员性投入差异。用可比工资指数表中各省份城镇地区的可比工资指数（CWI）作为价格指数，去除各省份城镇地区的生均教育经费支出的个人部分支出，可以获得调整后的生均教育经费支出的个人部分支出，即真实的人员性投入。

调整公式为

$$\text{Personnel resource}_i = \text{Personnel expenditure}_i / CWI_i \qquad (9-1)$$

其中，Personnel resource$_i$表示省份i所辖城镇地区的生均人员性投入；Personnel expenditure$_i$表示省份i所辖城镇地区的生均教育经费支出的个人部分支出；CWI_i表示省份i所辖城镇地区的可比工资指数。

获得的生均人员性投入仍然以支出度量，单位为元。计算得到调整后的人员性投入数据表示各省份城镇地区学校在所面对的劳动力价格相同的情况下，即在不可控因素相同的条件下，为提供教育服务投入的义务教育事业性经费个人部分支出的多少。这一数据可以用来在各省份之间直接进行比较。数值的大小更为精确地度量了各省份城镇地区义务教育人员性投入的多少。人员性投入数值较大的省份表示人员性投入较多，而数值较小的省份表示人员性投入较少。由于我国西藏自治区义务教育人员性投入价格指数的可得性差，在后续研究中对该省份暂不予考虑，仅研究我国30个省份城镇地区的义务教育事业性经费个人部分支出。表9-1显示了2005年我国各省份城镇地区义务教育生均事业性经费个人部分支出与生均人员性投入状况。

表9-1　2005年我国各省份城镇地区义务教育生均事业性经费
个人部分支出与生均人员性投入（元）

省份	义务教育生均事业性经费个人部分支出		人员性投入价格指数调整后的生均人员性投入	
	小学	初中	小学	初中
北京市	4933.14	5973.53	4933.14	5973.53

续表

省份	义务教育生均事业性经费个人部分支出		人员性投入价格指数调整后的生均人员性投入	
	小学	初中	小学	初中
天津市	4122.89	4577.67	5877.81	6526.17
河北省	1473.20	1400.87	2418.67	2299.91
山西省	1117.64	1324.88	2120.63	2513.83
内蒙古自治区	1452.97	1551.30	2174.52	2321.69
辽宁省	1916.44	2621.04	3176.68	4344.62
吉林省	1852.15	2109.00	3077.33	3504.08
黑龙江省	1885.73	2059.98	3245.04	3544.90
上海市	6864.81	7591.11	6463.61	7147.46
江苏省	2580.44	2698.21	3209.60	3356.09
浙江省	3173.99	4386.86	3329.02	4601.13
安徽省	1416.97	1307.15	2487.78	2294.96
福建省	1977.49	2160.61	2440.59	2666.60
江西省	1006.58	1092.45	1592.93	1728.83
山东省	1614.34	2211.06	2446.28	3350.52
河南省	955.741	1056.16	1909.41	2110.04
湖北省	1367.91	1589.09	2271.31	2638.57
湖南省	1357.82	1461.89	2073.77	2232.70
广东省	1981.84	2190.89	1903.31	2104.07
广西壮族自治区	1381.58	1365.90	2347.76	2321.13
海南省	1273.22	1418.51	1944.00	2165.84
重庆市	1586.77	1657.20	2521.58	2633.50
四川省	1253.59	1332.42	2036.87	2164.95
贵州省	1171.33	1165.56	1892.55	1883.23
云南省	1525.93	1540.71	2385.78	2408.89

续表

省份	义务教育生均事业性经费个人部分支出		人员性投入价格指数调整后的生均人员性投入	
	小学	初中	小学	初中
陕西省	993.854	1009.69	1687.95	1714.84
甘肃省	1244.30	1126.54	2532.52	2292.86
青海省	1712.64	1839.60	3631.55	3900.77
宁夏回族自治区	1220.41	1485.04	2058.03	2504.28
新疆维吾尔自治区	2001.55	2127.95	3199.49	3401.54

资料来源：根据《中国教育经费统计年鉴》（2006）、《中国教育统计年鉴》（2006）有关数据计算得出。

其中，城镇地区普通小学和初级中学的生均教育事业性经费个人部分支出由城镇地区普通小学和初级中学教育事业性经费个人部分支出和城镇地区普通小学和初级中学的学生数计算得出。而城镇地区普通小学和初级中学的学生数由普通小学和初级中学的学生数和农村学生数计算得到，学生数和农村学生数由普通小学和初级中学教育经费（及农村）和生均教育经费（及农村）计算得出。城镇地区普通小学和初级中学教育事业性经费个人部分支出则由普通小学和初级中学教育事业性经费个人部分支出以及农村普通小学和初级中学教育事业性经费个人部分支出计算得出。

由表9-1可以看出义务教育人员性投入价格调整前，义务教育生均经费支出的个人部分支出最高的城镇地区是上海市所辖城镇地区，最低的城镇地区是河南省和陕西省所辖城镇地区。调整后，生均人员性投入最高的地区仍然是上海市所辖城镇地区，而最低的则变为江西省和陕西省所辖城镇地区。

按照义务教育人员性投入价格调整后各省份城镇地区小学生均人员性投入从多到少的顺序排列我国有数据的30个省份，绘制显示各省份生均人员性投入的折线图（见图9-1）。从图9-1中可以清楚地看到，可比工资指数（CWI）调整前后的2005年各省份城镇义务教育事业性经费个人部分支出与生均人员性投入的变化情况。

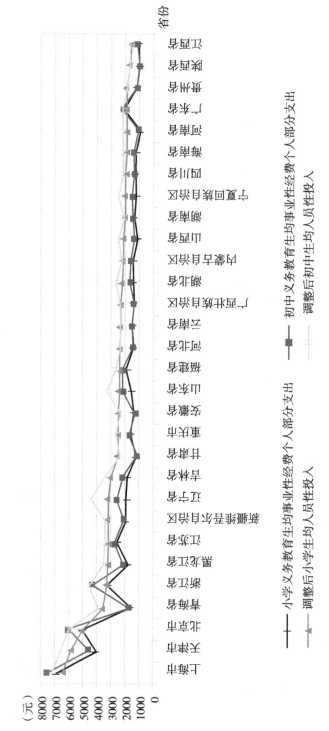

图9-1　可比工资指数CWI调整前后的2005年我国各省份城镇义务教育事业性经费个人部分支出与生均人员性投入支出

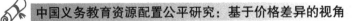

从图9-1中可以看出，表示小学和初中教育事业性经费个人部分支出的折线波动较大，而表示调整后的生均人员性投入折线则更加平滑，这说明我国各省份城镇地区之间调整后的义务教育事业性经费个人部分支出与生均人员性投入差异明显小于调整前的。

人员性投入价格指数调整前后小学和初中地区的排名也发生了变化。例如，调整前后，生均教育事业性经费个人部分支出和人员性投入最高的均为上海市所辖城镇地区，而最低的地区则有所变化。

9.1.2 生均事业性经费个人部分支出与生均人员性投入的不平等状况

经过对极差、极差率、变异系数、基尼系数和泰尔指数这五种度量不平等程度指标的计算，得出各省份城镇地区间义务教育人员性投入价格指数调整前后城镇地区义务教育事业性经费个人部分支出生均投入配置的不平等程度。表9-2显示了2005年我国城镇义务教育生均经费个人部分支出及生均人员性投入的不平等状况。

表9-2　城镇地区义务教育生均经费个人部分支出及生均人员性投入的不平等状况

不平等程度的 度量指标	城镇地区小学		城镇地区初中	
	经费支出	人员性投入	经费支出	人员性投入
极差	5909.07	4870.68	6581.42	5432.62
极差率	7.18	4.06	7.52	4.17
变异系数	0.6607	0.4162	0.6986	0.4503
基尼系数	0.2813	0.1969	0.3065	0.2193
泰尔指数	0.1565	0.0709	0.1782	0.0843

通过分别计算调整前后的不平等系数可以看到，不论调整前还是调整后，城镇地区初中的生均教育经费个人部分支出与生均人员性投入的不平等程度均高于小学。对各种教育层次来说，不论小学还是初中，经过价格调整后的不平等系数都有非常明显的下降。例如，我国各省份城镇地区间

小学生均教育经费个人部分支出的变异系数为 0.6607，调整后下降为 0.4162；基尼系数为 0.2813，调整后下降为 0.1969；泰尔指数为 0.1565，调整后下降为 0.0709。我国省份各城镇地区间初中生均教育经费个人部分支出的变异系数为 0.6986，调整后下降为 0.4503；基尼系数为 0.3065，调整后下降为 0.2193；泰尔指数为 0.1782，调整后下降为 0.0843。这显示出我国各省份城镇地区中小学间的真实生均人员性投入差异明显小于生均教育经费个人部分支出差异。在教育公平等方面的研究中如果没有剥离价格差异的影响，会对生均人员性投入的地区间差异有所高估。还有，剥离了价格差异后得到的各省份生均人员性投入排除了其他因素的干扰，比较准确地反映了各省份城镇地区之间义务教育人员性投入的差异情况。可以看到，真实人员性投入的地区差异依然存在。城镇地区人员性投入在本章的研究所涉及的 30 个省份所辖的城镇地区普通小学和城镇地区初中之间的极差率仍然分别达到4.06 及4.17，基尼系数仍分别达到0.1969 和0.2193。

9.1.3 生均事业性经费个人部分支出与人员性投入排序

为观察价格调整后的变化，即为观察各省份城镇地区义务教育生均事业性经费个人部分支出与各省份城镇地区义务教育生均人员性投入的差别，分别将调整前后的各省份城镇地区义务教育生均事业性经费个人部分支出与实际生均人员性投入按照由高到低的顺序进行排序，见表9－3。

表9－3 各省份城镇地区义务教育生均事业性经费个人部分支出与
实际生均人员性投入各省份城镇地区排序

各省份	义务教育生均事业性经费个人部分支出		人员性投入价格指数调整后得到的生均人员性投入	
	小学	初中	小学	初中
上海市	1	1	1	1
北京市	2	2	3	3
天津市	3	3	2	2
浙江省	4	4	5	4

各省份	义务教育生均事业性经费个人部分支出		人员性投入价格指数调整后得到的生均人员性投入	
	小学	初中	小学	初中
江苏省	5	5	7	10
新疆维吾尔自治区	6	10	8	9
广东省	7	8	27	27
福建省	8	9	15	12
辽宁省	9	6	9	5
黑龙江省	10	12	6	7
吉林省	11	11	10	8
青海省	12	13	4	6
山东省	13	7	14	11
重庆市	14	14	12	14
云南省	15	17	17	17
河北省	16	21	16	20
内蒙古自治区	17	16	20	18
安徽省	18	25	13	21
广西壮族自治区	19	22	18	19
湖北省	20	15	19	13
湖南省	21	19	22	23
海南省	22	20	25	24
四川省	23	23	24	25
甘肃省	24	27	11	22
宁夏回族自治区	25	18	23	16
贵州省	26	26	28	28
山西省	27	24	21	15
江西省	28	28	30	29
陕西省	29	30	29	30
河南省	30	29	26	26

从表9-3中可以看到，对小学来说，生均义务教育事业性经费个人部分支出和生均人员性投入最多的均为上海市所辖城镇地区，生均义务教育事业性经费个人部分支出最少的是河南省所辖城镇地区，而经过价格调整后发现，生均人员性投入最少的是江西省所辖城镇地区。对初中来说，生均义务教育事业性经费个人部分支出和生均人员性投入最多的也均为上海市所辖城镇地区，生均义务教育事业性经费个人部分支出最少的则均为陕西省所辖城镇地区。可见，对于不同省份来说，对小学和初中投入的权重有所差别。

从表9-3中还可以看到，有些省份，经价格调整后得到的生均人员性投入与生均义务教育事业性经费个人部分支出相比，排名变化很大。其中，调整后，发现后退位次最多的是广东省所辖城镇地区，其小学和初中的生均义务教育事业性经费个人部分支出分别排在第7位和第8位，而调整后的生均人员性投入则均排在第27位。可见，如果不进行省份间价格指数调整，仅仅从生均教育经费支出的个人部分支出来看，我们就会错误地以为广东省所辖城镇地区的人员性投入已经较为充足了，但实际上正好是相反的。

调整后，小学生均人员性投入与生均义务教育事业性经费个人部分支出相比，排名前进最多的是甘肃省所辖城镇地区，调整前其小学生均义务教育事业性经费个人部分支出仅排在第24位，调整后其小学生均人员性投入排在第11位。初中生均人员性投入与生均义务教育事业性经费个人部分支出相比，排名前进最多的是山西省所辖城镇地区，调整前其初中生均义务教育事业性经费个人部分支出排在第24位，调整后其初中生均人员性投入排在第15位。这可以解释为，由于甘肃省及山西省所辖城镇地区较低的物价和带来的非货币效用的作用以及较低的劳动力市场等级，中小学可以以较低的价格雇用资质相同的教职员工，因此使用相同的义务教育事业性经费个人部分支出投入就可以雇用到数量更多、素质更高的教职员工。

从表9-3的排序结果中我们还可以看到，除了上述省份外，其他省份排名的差异不大。也就是说，对其他省份来说，生均教育经费支出的个人部分支出大体上可以反映生均人员性投入的配置状况。但同时从排名上也可以看到，在经济社会发展较快、财政资源丰富的省份，义务教育阶段人员资源投入也较多的情况仍然存在。

9.2　生均事业性经费支出与实际投入

利用第8章构造的中国各省份城镇地区间义务教育资源价格总指数，可以对各省份城镇地区义务教育生均经费支出进行调整，从而反映出我国各省份城镇地区间义务教育生均资源的配置状况。以下将利用第8章构建的中国各省份城镇地区间义务教育资源价格总指数，对我国各省份城镇地区间义务教育生均事业性经费支出进行调整，从而获得调整后的义务教育生均教育资源的真实配置情况。然后再将其与调整前的生均事业性经费支出在各省份城镇地区间的配置情况进行对比，分别从绝对数值差异、二者分别反映出的公平性差异，以及按照资源多少进行的地区间排序差异进行讨论。

9.2.1　生均事业性经费支出与真实投入差异

利用已构建的中国各省份城镇地区间义务教育资源价格总指数，对各省份城镇地区义务教育生均经费支出进行调整，就可以剥离各省份城镇地区间义务教育投入资源价格因素的影响，从而获得2005年我国义务教育资源投入在各省份城镇地区间的真实配置状况。

义务教育生均资源投入的调整公式为

$$Education\ resource_i = Educational\ expenditure_i / Index_i \qquad (9-2)$$

其中，$Education\ resource_i$表示省份 i 所辖城镇地区的义务教育生均资源投入，$Educational\ expenditure_i$表示省份 i 所辖城镇地区的义务教育生均事业性经费支出，$Index_i$ 表示省份 i 所辖城镇地区的义务教育资源价格总指数。

获得的生均教育资源投入单位仍然为元，可以用来在各省份城镇地区之间直接进行比较。数值的大小更为精确地度量了各省份城镇地区义务教育资源的投入数量。调整后得到的教育投入数值较大的地区表示义务教育资源投入较多，而数值较小的地区表示义务教育资源投入较少。经各省份城镇地区间义务教育资源价格指数调整前后的城镇义务教育生均经费支出以及生均教育资源投入如表9－4所示。

表9－4　2005年我国30个省份义务教育生均经费支出与生均教育资源投入（元）

省份	生均事业性经费支出		生均义务教育资源投入	
	小学	初中	小学	初中
北京市	7138.83	9493.72	7138.83	9493.72
天津市	5146.62	6106.24	7337.29	8705.39
河北省	1936.83	2009.47	3179.84	3299.11
山西省	1587.19	2088.40	3011.56	3962.55
内蒙古自治区	1913.58	2448.13	2863.88	3663.89
辽宁省	2626.88	3740.72	4354.29	6200.60
吉林省	2515.75	3096.91	4179.89	5145.48
黑龙江省	2558.54	2889.05	4402.85	4971.61
上海市	10735.54	12577.95	10108.12	11842.86
江苏省	3425.79	3806.91	4261.06	4735.10
浙江省	4285.29	6176.96	4494.60	6478.67
安徽省	1767.10	1919.43	3102.49	3369.95
福建省	2773.33	3447.00	3422.81	4254.24
江西省	1331.13	1566.80	2106.54	2479.50
山东省	2328.74	3204.18	3528.84	4855.44
河南省	1298.13	1603.10	2593.45	3202.74
湖北省	1896.04	2310.53	3148.23	3836.46
湖南省	1889.98	2365.89	2886.51	3613.36
广东省	3061.79	3696.69	2940.47	3550.21
广西壮族自治区	1762.20	1974.28	2994.57	3354.96
海南省	1666.13	2152.99	2543.91	3287.27
重庆市	2542.45	2853.31	4040.29	4534.27
四川省	1905.07	2105.16	3095.42	3420.52
贵州省	1477.96	1751.74	2387.98	2830.33
云南省	1865.43	2178.67	2916.59	3406.34

续表

省份	生均事业性经费支出		生均义务教育资源投入	
	小学	初中	小学	初中
陕西省	1360.08	1650.24	2309.96	2802.75
甘肃省	1701.47	1669.29	3463.01	3397.52
青海省	2127.48	2546.57	4511.20	5399.85
宁夏回族自治区	1770.25	2267.35	2985.24	3823.52
新疆维吾尔自治区	2569.19	3263.67	4106.87	5216.99

注：由于我国西藏自治区义务教育的特殊性（初中生均教育经费支出达到2万元以上）以及教育资源价格总指数的可得性问题，在义务教育资源价格的调整研究中暂不予考虑，因此研究仅显示了我国30个省份城镇地区的状况。

资料来源：根据《中国教育经费统计年鉴》（2006）、《中国教育统计年鉴》（2005）有关数据计算得出。

9.2.2 城镇地区义务教育生均经费的不平等程度

通过对极差、极差率、变异系数、基尼系数以及泰尔指数这五种不平等系数的计算，可以定量比较我国各省份城镇地区间义务教育事业性经费支出与教育资源投入的不平等程度及其差异，见表9－5，从而考察以往研究中利用义务教育事业性经费支出数据反映教育资源投入不平等程度所造成的偏误。

表9－5　经义务教育资源价格总指数调整前后各省份城镇生均事业性经费
支出与生均资源投入的不平等程度

不平等程度的度量指标	城镇小学		城镇初中	
	生均事业性教育经费支出	教育资源价格总指数调整后的生均资源投入	生均事业性教育经费支出	教育资源价格总指数调整后的生均资源投入
极差	9437.41	8001.58	11011.15	9363.36
极差率	8.27	4.80	8.03	4.78
变异系数	0.7245	0.4436	0.7347	0.4549
基尼系数	0.2958	0.2011	0.3101	0.2140
泰尔指数	0.1785	0.0776	0.1884	0.0834

　　五种不平等程度度量指标的数值显示，不论小学还是初中的生均事业性经费支出，经任何一种价格总指数调整后的不平等程度都有所下降。以基尼系数为例，不考虑地区间教育资源价格差异，我国城镇小学和初中的生均事业性经费支出的基尼系数分别为0.2958和0.3101，其中初中的基尼系数高于小学。而经价格总指数调整从而剥离地区间价格差异的影响后，城镇小学和初中教育资源投入的基尼系数变为0.2011和0.2140，可见不同城镇间初中的教育资源投入不平等程度仍高于小学，但不平等程度不论对城镇小学还是初中来说，均有所下降。可见在教育资源投入公平等方面的研究中如果没有剥离价格差异的影响，会对生均教育资源的地区间差异有所高估。另一方面，剥离了价格差异后得到的各地生均教育资源投入比较准确地反映了各省份之间义务教育人员性投入的差异情况。但在研究所涉及的30个省份所辖的城镇地区普通小学和城镇地区初中之间的变异系数仍分别为0.4436和0.4549，基尼系数仍分别为0.2011和0.2140，可见我国各省份城镇地区间义务教育资源投入仍然存在相当程度的省份间的不平等。

9.2.3　城镇地区义务教育生均事业性经费与生均投入的排序

　　为观察价格调整后的变化，即为观察城镇地区义务教育生均事业性经费个人部分支出与城镇地区义务教育生均人员性投入的差别，分别用调整前后的城镇地区义务教育生均事业性经费个人部分支出投入按照由高到低的顺序对各省份城镇地区进行排序，见表9-6。

表9-6　经义务教育资源价格总指数调整前后各省份生均事业性经费支出的排序

省份	生均义务教育事业性经费支出		生均义务教育资源投入	
	小学	初中	教育资源价格总指数调整后小学	教育资源价格总指数调整后初中
上海市	1	1	1	1
北京市	2	2	3	2
天津市	3	4	2	3

续表

省份	生均义务教育事业性经费支出		生均义务教育资源投入	
	小学	初中	教育资源价格总指数调整后小学	教育资源价格总指数调整后初中
浙江省	4	3	5	4
江苏省	5	5	8	11
广东省	6	7	22	19
福建省	7	8	14	13
辽宁省	8	6	7	5
新疆维吾尔自治区	9	9	10	7
黑龙江省	10	12	6	9
重庆市	11	13	11	12
吉林省	12	11	9	8
山东省	13	10	12	10
青海省	14	14	4	6
河北省	15	23	15	25
内蒙古自治区	16	15	25	17
四川省	17	21	18	20
湖北省	18	17	16	15
湖南省	19	16	24	18
云南省	20	19	23	21
宁夏回族自治区	21	18	21	16
安徽省	22	25	17	23
广西壮族自治区	23	24	20	24
甘肃省	24	27	13	22
海南省	25	20	27	26
山西省	26	22	19	14
贵州省	27	26	28	28
陕西省	28	28	29	29
江西省	29	30	30	30
河南省	30	29	26	27

中小学生均事业性经费支出经义务教育资源价格总指数调整后表示各省份城镇地区的义务教育资源投入，从生均中小学教育事业性经费支出到中小学教育资源投入的排名变化来看，广东省所辖城镇地区的变化最大，经过义务教育资源价格总指数的调整，生均事业性经费由城镇普通小学第6 位和城镇初中第 7 位，后退为小学生均投入的第 22 位和初中生均投入的第 19 位，分别后退 16 位和 12 位。可见，如果不进行省份间教育价格的调整，仅仅从生均教育经费支出角度来看，会错误地认为广东省所辖城镇地区的义务教育资源投入已经较为充足，但事实上却正好相反，在我国 30 个省份的城镇地区，其生均教育资源投入相对不足。

同时，小学生均人员性投入与生均义务教育事业性经费个人部分支出相比，排名前进最多的是甘肃省所辖城镇地区，该地区的小学生均义务教育事业性经费支出仅排在第 24 位，而经过教育资源价格总指数调整后的小学生均教育投入则排到了第 13 位，前进了 11 位。初中生均人员性投入与生均义务教育事业性经费个人部分支出相比，排名前进最多的是山西省所辖城镇地区，其生均义务教育事业性经费支出排在第 22 位，经过教育资源价格总指数调整后的初中生均教育投入则排到了第 14 位，前进了 8 位。这可以解释为，由于甘肃省及山西省所辖城镇地区较低的物价和带来的非货币效用的作用以及劳动力市场等级较低，中小学可以以较低的价格雇用资质相同的教职员工，因此与其他省份所辖城镇地区相比，相同的义务教育事业性经费支出可以雇用到数量更多、素质更高的教职员工。

从排序上还可以看到，除了上述省份外，其他省份所辖城镇地区调整前后排名的变化不大。也就是说，对其他地区来说，生均事业性经费支出大体上可以反映生均教育资源投入的配置状况。同时从各省份所辖城镇地区生均义务教育资源投入的排序中也可以看到，在我国，经济社会发展较快、财政资源丰富的省份，义务教育资源投入也较多的情况仍然存在。

本章小结

本章通过对我国各省份城镇地区间义务教育人员性投入价格指数以及

教育资源价格总指数进行应用，以定量分析的方法获得各省份城镇地区义务教育生均教育经费支出的个人部分支出与实际投入以及生均事业性经费与义务教育资源投入发现：

①利用我国各省份义务教育人员性投入价格指数以及教育资源价格总指数调整前后各省份的城镇地区义务教育事业性经费个人部分支出、生均人员性投入支出与实际人员性投入以及生均事业性经费与义务教育资源投入差异较大。因此，要得到真实义务教育人员性投入，就必须对义务教育事业性经费个人部分支出的价格指数进行调整；要得到真实义务教育资源投入差异，也必须对教育经费进行调整。

②我国各省份所辖城镇地区间生均义务教育的资源投入及其人员部分投入的真实差距远远小于生均教育经费支出所显示出来的差距，可见直接用义务教育经费来判断义务教育资源投入的均等性是不准确的。

③通过对我国各省份所辖城镇地区义务教育生均事业性经费及其个人部分支出与生均教育资源投入以及人员性投入的排序可以观察到，利用生均义务教育经费多少的排序往往与真实的资源投入排序有较大差异。因此，不应该仅仅采用生均义务教育经费的支出情况判断某一省份生均教育资源投入在各省份排序中所处的位次。

④经过义务教育资源价格总指数调整后发现，我国各省份城镇地区间生均义务教育资源及其人员部分投入仍然是存在差距的。一般来说经济发展较为落后省份的学龄儿童，只能获得相对较少的义务教育资源。我国还应该继续加大对经济薄弱地区进行义务教育转移支付的力度，以达到财政中立的目标。

第 10 章　中国各省份城镇地区间义务教育生均经费及人员性投入的跨时变化

在各省份城镇地区间教育资源价格没有显著差异的情况下，在某一时点，义务教育经费在各省份城镇地区间配置的横向公平程度的状况可以反映这一时间点上义务教育资源配置的公平程度。而义务教育经费在各省份城镇地区间配置公平程度的跨时变化有助于政策制定者、公民和学者了解各省份城镇地区间义务教育资源配置公平状况的历史变动以及变化趋势，并能够从侧面考察政府出台的与义务教育公平相关的政策的有效性，因此也是教育财政研究的重要研究领域。

杜育红（2000）运用实证分析的方法描述中国教育发展差异的状况，考察了中国各省份城镇地区间教育发展差异是否也像经济发展差异一样，在时间序列上呈扩大趋势等问题。研究了用生均教育经费间接测量了教育质量。但研究指出，由于自然条件、传统习惯等因素的影响，各地区的教育成本会有一定的差异，理想的方法应该对生均教育经费进行成本调整。但由于数据方面原因，研究忽略了成本因素。研究利用1988—1996年的各省份教育经费支出数据，选择标准差、极差、极差率、变异系数、洛伦茨曲线等指标来分析各省份城镇地区间教育发展差异，发现在这一时间段内我国教育经费区域差异呈上升趋势❶。曾满超和丁延庆（2005）利用1997—2000年的全国县级数据对中国义务教育的资源利用和配置不均衡状况进行了描述性统计分析。分别讨论了我国小学、初中的生均教育经费支出的地区分布情况。研究发现，虽然不同地区之间资源利用模式相近，但

---

❶　杜育红. 教育发展不平衡研究 ［M］. 北京：北京师范大学出版社，2000.

地区之间的生均支出水平差异很大，特别是农村与城市之间、沿海省份与其他地区之间的支出差异非常明显。虽然非民族地区的支出水平高于民族地区，但差距相对较小。计算的生均教育支出的不平等指数一致反映，2000年小学和初中阶段生均支出不均衡程度非常高。泰尔指数分解发现，省内不平等占到总不平等指数的 2/3 ～ 3/4 之间，省份间不平等占到总不平等指数的 1/4 ～ 1/3。而城乡不平等占省内不平等的比重全国平均为 1/3。城乡之间的巨大差距因各省份城镇地区间差距过大在总不平等中不能凸显。比较 1997—2000 年的计算结果发现，总不平等程度在这 3 年中有所增加，但变化并不明显。但是，生均支出分布上端与下端的相对差距拉大了❶。沈有禄（2011）在研究中展示了 2003—2006 年间，我国小学和初中生均教育经费的变动情况，并利用极差、标准差、极差率、变异系数，以及基尼系数等刻画了我国义务教育经费在地区间配置差异的变动趋势。研究发现，全国省份间的小学总生均经费的差距在 2003—2004 年在加大，2005 年起差距稍微有所减少，城镇小学总生均经费从变异系数反映的各省份城镇地区间的相对差距在 2003—2006 年间成增大趋势，基尼系数反应的地区间不平等程度则在 2003—2005 年间呈减小态势，2006 年又有所增大，但仍低于 2003 年的水平。由基尼系数反映的合计以及生均事业性经费在各省份城镇地区间的差距基本上呈减小的趋势。对于初中来说，变异系数反映的各地区间总生均教育经费的相对差距在 2003—2006 年间在加大，通过基尼系数反映的初中总生均教育经费在各地区间的不平等程度在 2003—2004 年间成增大趋势，2005—2006 年则有所下降，且 2006 年低于 2003 年水平。变异系数反映的各省份城镇地区初中总生均教育经费差距呈现增大的趋势，基尼系数反映的不平等程度在 2003—2005 年间呈下降态势，2006 年有所增加，但仍低于 2003 年水平❷。

　　以上这些研究较为详细地展示了我国改革开放后各个时期义务教育生

---

　　❶ 曾满超，丁延庆. 中国义务教育资源利用及配置不均衡研究 [J]. 教育与经济，2005（2）：34 - 40.

　　❷ 沈有禄. 中国基础教育公平——基于区域资源配置的比较视角 [M]. 北京：教育科学出版社，2011：101 - 155.

均经费支出在地区间差异的跨时变化情况。但如果考虑到我国地区间教育资源价格是具有差异的，那么要了解不同时期义务教育资源在地区间的配置状况以及发展变化情况，就需要构造不同时期地区间的义务教育资源价格总指数，以对义务教育经费支出差异进行价格调整。

关于如何对已经构造的地区教育资源价格指数进行跨时扩展以获得不同时期的地区间教育资源价格指数，已经有国外学者进行了研究与应用。Lori L Taylor 和 William J Fowler Jr（2006）使用美国劳工统计局的 2000 年5% 抽样调查微观数据（IPUMS 5 - Percent）以及 OES 数据库在这方面展开了定量研究。研究采用 2000 年 5% 抽样调查微观数据测算的可比工资指数度量 1999 年的地区间教育人员性投入价格指数，其余年份采用美国劳工统计局的职业就业统计（Occupational Employment Statistics，OES）数据库的数据在基年指数基础上进行扩展。OES 数据库记录了各个扩展年份（1997—2003 年）劳动者个人层面的信息，包括工资性收入、所处地区以及劳动者的职业，但没有统计包括劳动者的人口统计学特征，因此无法利用 OES 数据构造任何一个年份的地区可比工资指数，但却可以利用这一数据库度量各个地区特定劳动者的工资上涨情况，从而将使用 2000 年 5% 抽样调查微观数据（IPUMS 5 - Percent）测算的可比工资指数扩展至所要研究的年份。只要几年内各地区劳动者的人口统计学特征相对稳定，这种扩展就不会出现系统性偏误，而研究指出，美国地区间劳动者的人口统计学特征随时间的变动证实是稳定的❶。

由于已有文献大多集中在对 2006 年及以前我国义务教育经费配置不平等的研究，且未发现有专门对义务教育生均事业性经费个人部分支出地区间差异情况的研究。因此本章第 10.1 节将对 2005—2015 年我国义务教育生均事业性经费个人部分支出在各个地区间的配置情况进行研究。第 10.2 节将探讨对前文构造的我国 2005 年地区间义务教育人员性投入价格指数进

---

❶　Lori L Taylor，William J Fowler，Jr. A Comparable Wage Approach to Geographic Cost Adjustment ［R］. Washington，DC：National Center for Education Statistics，2006：1 – 24.

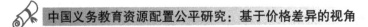

行跨时扩展的方法。第10.3节将研究我国城镇地区间义务教育人员性投入价格指数的跨时变化情况。第10.4节讨论2005—2015年，我国城镇义务教育人员性投入及不平等程度的变化。

10.1 生均事业性经费个人部分支出及不平等程度的变化

10.1.1 城镇小学生均事业性经费个人部分支出及不平等程度的变化

考察从2005—2015年，我国城镇中小学生均事业性教育经费个人部分支出及其在地区间分布的不平等状况，用表10-1展示其随时间（以奇数年为例，本章下同）的变化情况。

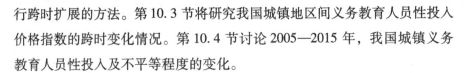

表10-1　城镇小学生均事业性教育经费个人部分支出（元）

年份\省份	2005年	2007年	2009年	2011年	2013年	2015年
北京市	4933.14	6385.97	8887.45	12807.18	15055.43	18196.98
天津市	4122.89	5349.02	9886.13	13520.44	14348.75	16166.99
河北省	1473.20	1946.29	2753.88	3197.93	3507.73	5553.36
山西省	1117.64	1535.02	2339.09	3022.61	3588.69	5839.41
内蒙古自治区	1452.97	2176.85	3751.69	5550.62	7319.23	8020.56
辽宁省	1916.44	2993.87	4475.91	5298.14	5824.94	7890.89
吉林省	1852.15	2989.58	3831.95	4773.12	5827.68	8576.86
黑龙江省	1885.73	2919.01	3694.66	4547.64	5506.50	9145.55
上海市	6864.81	9277.99	12387.67	13209.54	13694.46	15127.49
江苏省	2580.44	3761.98	5769.10	7041.52	7848.90	9723.31
浙江省	3173.99	3902.16	5626.51	6743.15	7701.51	9821.63
安徽省	1416.97	1982.88	2676.97	3668.14	3986.76	5721.43
福建省	1977.49	2662.36	3676.65	4631.53	5242.79	6420.51
江西省	1006.58	1453.78	1794.74	2331.77	2746.57	4765.17

续表

年份 省份	2005 年	2007 年	2009 年	2011 年	2013 年	2015 年
山东省	1614.34	2434.99	3049.61	3993.14	4557.88	6678.32
河南省	955.74	1412.63	1816.06	2244.87	2624.90	3754.97
湖北省	1367.91	2265.62	2972.59	3547.30	4344.50	6527.28
湖南省	1357.82	2125.17	2706.75	2929.05	3401.16	5025.19
广东省	1981.84	2861.34	3944.86	5567.55	6336.97	8359.84
广西壮族自治区	1381.58	2062.13	2732.35	3256.30	4424.76	5100.50
海南省	1273.22	1776.93	2569.46	3778.55	4419.38	5967.59
重庆市	1586.77	2278.36	3521.56	4895.47	5512.71	8118.16
四川省	1253.59	1739.35	2949.41	3750.05	4576.91	6845.06
贵州省	1171.33	1546.44	2353.19	2963.00	4347.50	6143.59
云南省	1525.93	2003.52	2835.63	3455.07	5270.92	5895.22
陕西省	993.85	1547.17	2552.48	3658.26	4651.66	5089.56
甘肃省	1244.30	1910.63	2509.62	3133.98	4008.69	6163.45
青海省	1712.64	2717.13	3546.06	4749.88	6031.80	8052.02
宁夏回族自治区	1220.41	1851.43	2391.14	3000.39	4213.92	6369.95
新疆维吾尔自治区	2001.55	2755.47	3602.81	5057.11	6594.27	8920.29

注：地区间义务教育资源价格指数的估算由于西藏自治区样本容量过少予以忽略，因此为比较调整前后的不平等指数，调整前的生均事业性教育经费个人部分支出也忽略了西藏自治区。由于篇幅限制，表10－1仅显示奇数年份的数据。

资料来源：根据《中国教育经费统计年鉴》（2006）、《中国教育经费统计年鉴》（2008）、《中国教育经费统计年鉴》（2010）、《中国教育经费统计年鉴》（2012）、《中国教育经费统计年鉴》（2014）、《中国教育经费统计年鉴》（2016）相关数据计算得到。

观察我国各省份城镇地区小学生均事业性教育经费个人部分支出的变化可以发现，从2005—2015年，各省份城镇地区生均事业性经费的个人部分支出绝对数额与相对比例均有大幅提升。其中生均事业性经费的个人部分支出绝对数额提升最大的是北京市的城镇地区，达到生均13263.84元。生均事业性经费的个人部分支出增加比例最高的为内蒙古自治区的城镇地区，2015年小学生均事业性经费的个人部分支出是2005年的5.52倍。而生均事业性经费的个人部分支出绝对数额增加最少的是河南省的城镇地区，生均仅仅增加了 2799.23 元。增加比例最低的是上海市，2015 年生均事业性经费的个人部分支出是 2005 年的 2.20 倍。用测量不平等程度的指标，对 2005—2015 年我国城镇地区小学生均事业性教育经费个人部分支出在地区间配置的不平等程度变化进行测量，测量结果见表 10-2。

表 10-2　城镇小学生均事业性教育经费个人部分支出不平等程度

项目＼年份	2005 年	2007 年	2009 年	2011 年	2013 年	2015 年
最大值（元）	6864.81	9277.99	12387.67	13520.44	15055.43	18196.98
最小值（元）	955.74	1412.63	1794.74	2244.87	2624.90	3754.97
极差（元）	5909.07	7865.36	10592.93	11275.57	12430.53	14442.01
极差率（1）	7.18	6.57	6.90	6.02	5.74	4.85
变异系数（1）	0.65	0.60	0.61	0.59	0.59	0.43
基尼系数（1）	0.2808	0.2710	0.2753	0.2770	0.2695	0.2057
泰尔系数（1）	0.1515	0.1350	0.1405	0.1376	0.1334	0.0761

资料来源：根据《中国教育经费统计年鉴》（2006）、《中国教育经费统计年鉴》（2008）、《中国教育经费统计年鉴》（2010）、《中国教育经费统计年鉴》（2012）、《中国教育经费统计年鉴》（2014）、《中国教育经费统计年鉴》（2016）相关数据计算得到。

从表 10-2 中可以看到，从 2005 年到 2015 年，我国城镇小学生均事业性教育经费个人部分支出在地区间的不平等程度整体上呈现下降的趋势。其中从 2005 年到 2007 年，小学生均事业性教育经费个人部分支出的极差率、变异系数、基尼系数和泰尔系数均显示不平等程度有非常显著的下降，这表明生均经费的地区间差距有很大程度的缩小。而 2007 年到 2009 年不平等程度有微小的升高，但并没有达到 2005 年的水平。2009—2011 年，极差率、变异系数和泰尔系数显示不平等程度有一定下降，只有基尼系数显示不平等程度有轻微上升。可见，在 2005—2015 年这 11 年间，我国城镇小学生均事业性教育经费个人部分支出在地区间的差距总体上还是呈现出下降趋势。而 2011—2015 年，小学生均事业性教育经费个人部分支出的极差率、变异系数、基尼系数和泰尔系数均显示不平等程度有所下降，由 2005 年的 7.18、0.65、0.2808、0.1515 变为 2015 年的 4.85、0.43、0.2057 和 0.0761，这表明小学的生均教育经费在各省份城镇地区间分配的不平等程度得到了很大缓解。

10.1.2 城镇初中生均事业性经费个人部分支出及不平等程度的变化

由表 10-3 可见，除西藏自治区外，我国 30 个城镇地区初中义务教育生均事业性教育经费个人部分支出的变化显示，2005—2015 年，各地区生均事业性教育经费个人部分支出均有大幅提升。其中增加比例最高的为陕西省城镇地区，2015 年生均事业性教育经费个人部分支出是 2005 年的 8.01 倍。增加比例最低的是上海市城镇地区，2015 年生均事业性教育经费个人部分支出是 2005 年的 2.75 倍。绝对数额增加最多的是北京市城镇地区，生均增加了 27549.33 元。增加最少的是江西省城镇地区，生均仅增加 5023.32 元。用测量不平等程度的指标对 2005—2015 年我国城镇地区初中义务教育生均事业性教育经费个人部分支出在地区间配置的不平等程度变化进行测量，测量结果见表 10-4。

表 10-3 城镇初中生均事业性教育经费个人部分支出（元）

省份＼年份	2005 年	2007 年	2009 年	2011 年	2013 年	2015 年
北京市	5973.53	8618.43	12563.42	18708.09	23173.31764	33522.86
天津市	4577.67	6448.13	13143.04	18442.44	21129.0895	26170.17
河北省	1400.87	2194.49	3325.92	4361.86	5076.752642	8654.10
山西省	1324.88	1952.72	2849.22	3871.41	4934.010198	9056.57
内蒙古自治区	1551.30	2522.71	4692.62	6891.19	9348.00127	11572.65
辽宁省	2621.04	4085.31	5926.75	7578.74	8998.409306	12723.59
吉林省	2109.00	3340.06	4390.89	5831.07	7736.154507	11811.84
黑龙江省	2059.98	3265.87	4139.12	5337.01	7445.70071	12264.76
上海市	7591.11	10937.06	15309.25	16379.97	17815.13973	20838.88
江苏省	2698.21	4068.36	6546.02	8871.61	11476.565	15228.28

续表

省份＼年份	2005 年	2007 年	2009 年	2011 年	2013 年	2015 年
浙江省	4386. 86	5218. 11	7365. 95	9292. 44	11183. 09461	14811. 15
安徽省	1307. 15	2109. 16	2877. 70	4182. 49	5652. 649496	8424. 81
福建省	2160. 61	3146. 29	4566. 72	6532. 02	7735. 38523	10196. 84
江西省	1092. 45	1970. 54	2358. 11	2985. 07	3686. 096087	6115. 77
山东省	2211. 06	3430. 20	4297. 69	5521. 17	6593. 497646	10670. 69
河南省	1056. 16	1778. 35	2601. 62	3161. 60	4054. 822395	6120. 82
湖北省	1589. 09	2567. 64	3674. 29	4941. 90	6543. 364006	11322. 95
湖南省	1461. 89	2794. 93	3523. 60	4308. 99	4868. 479189	8035. 17
广东省	2190. 89	3514. 50	4436. 10	6060. 08	7660. 464727	11792. 82
广西壮族自治区	1365. 90	2096. 10	3346. 87	4318. 69	4523. 591202	7129. 32
海南省	1418. 51	2119. 28	3248. 02	4854. 09	6092. 405781	8644. 97
重庆市	1657. 20	2648. 84	3608. 13	5191. 58	6178. 123216	11002. 67
四川省	1332. 42	2149. 70	3522. 83	4663. 61	5812. 852241	9540. 83
贵州省	1165. 56	1969. 44	2607. 31	3341. 11	4527. 666017	7440. 16
云南省	1540. 71	2398. 11	3408. 33	4240. 28	6394. 549982	8033. 93
陕西省	1009. 69	1703. 95	2833. 62	4468. 29	6150. 916354	8083. 90
甘肃省	1126. 54	1998. 43	2781. 24	3554. 92	4631. 600316	7751. 47
青海省	1839. 60	2996. 74	4511. 53	6151. 83	8064. 49991	10933. 14
宁夏回族自治区	1485. 04	2216. 50	3029. 56	3827. 60	5736. 275159	8033. 96
新疆维吾尔自治区	2127. 95	3448. 71	4588. 26	6482. 96 1	8946. 889864	12168. 89

资料来源：根据《中国教育经费统计年鉴》（2006）、《中国教育经费统计年鉴》（2008）、《中国教育经费统计年鉴》（2010）、《中国教育经费统计年鉴》（2012）、《中国教育经费统计年鉴》（2014）、《中国教育经费统计年鉴》（2016）相关数据计算得到。

注：由于西藏自治区初中部分支出数据的缺失，无法获得其城镇初中生均事业性教育经费个人部分支出，因此该地区数据在列表中予以忽略。

表 10 - 4 城镇初中生均事业性教育经费个人部分支出不平等程度

项目 \ 年份	2005	2007	2009	2011	2013	2015
最大值（元）	7591.11	10937.06	15309.25	18708.09	23173.32	33522.86
最小值（元）	1009.69	1703.95	2358.11	2985.07	3686.10	6115.77
极差（元）	6581.42	9233.11	12951.14	15723.02	19487.22	27407.09
极差率（1）	7.52	6.42	6.49	6.27	6.29	5.48
变异系数（1）	0.70	0.62	0.66	0.64	0.53	0.51
基尼系数（1）	0.3065	0.2734	0.2870	0.2851	0.2483	0.2274
泰尔系数（1）	0.1782	0.1427	0.1609	0.1544	0.1130	0.0991

注：由于西藏自治区初中部分支出数据的缺失，无法获得其城镇初中生均事业性教育经费个人部分支出，因此该地区数据在计算中予以忽略。

从表 10 - 4 中看到，除西藏自治区外，2005—2015 年，由极差率、变异系数、基尼系数和泰尔系数反映的我国初中生均事业性教育经费个人部分支出在 30 个省份城镇地区间的不平等程度整体呈现出下降的趋势。2005—2007 年先明显下降，2007—2009 年稍有升高，之后一直呈现显著下降的趋势。其中 2005—2007 年，初中生均事业性教育经费个人部分支出的极差率、变异系数、基尼系数和泰尔指数有非常显著的下降，分别由 7.52、0.70、0.3065 和 0.1782 下降为 6.42、0.62、0.2734 和 0.1427，表明初中生均事业性教育经费个人部分支出的各省份城镇地区间不平等程度有很大程度的下降。而 2009 年不平等程度略微再次升高，也并没有达到 2005 年的程度。而 2015 年，初中生均事业性教育经费个人部分支出的极差率、变异系数、基尼系数和泰尔指数分别下降至 5.48、0.51、0.2247 和 0.0991。可见，2005—2015 年，我国城镇初中生均事业性教育经费个人部分支出在地区间的不平等程度总体呈明显下降趋势。

然而，考虑到我国城镇义务教育人员性投入价格在地区间存在较大的差异，生均事业性教育经费个人部分支出在地区间的配置情况和人员性投入在地区间的配置是不同的。要考察某一时点的人员性投入配置情况，可以用代表价格差异的价格指数对这个时点上各地区的生均事业性教育经费个人部分支出进行调整。而要考察不同时期义务教育人员性投入在地区间配置的变化情况，则需要构建所考察各个时期的价格指数，并对各个时期各地区的生均事业性教育经费个人部分支出进行调整。因此，第 10.2 节将构造我国不同时期的城镇义务教育人员性投入价格指数。

10.2 各省份义务教育人员性投入价格指数的扩展

由于构造我国 2005 年城镇地区间义务教育人员性投入价格指数所利用的 1% 人口抽样调查数据，获得成本高，调查周期长，在数据获得上不具备将每一个考察年份作为基年分别进行指数构造的条件。关于如何对已经构造的人员性投入价格指数进行跨时扩展以获得不同时期的地区间教育资源价格指数，已经有国外学者进行了研究与应用。泰勒和福勒等（Lori L Taylor，William J Fowler，Jr.，2006）使用美国劳工统计局的 2000 年 5% 抽样调查微观数据（IPUMS 5 – Percent）测算的可比工资指数度量 1999 年的地区间教育人员性投入价格指数，其余年份采用美国劳工统计局的职业就业统计（Occupational Employment Statistics，OES）数据库的数据在基年指数基础上进行了扩展。以下将借鉴国外方法，将 2005 年作为基年，在基年的中国城镇地区间小学人员性投入价格指数基础上，对其进行扩展，以考察这个空间价格指数在 2005—2015 年间的跨时变化情况，从而获得这期间每个年份的城镇地区间小学人员性投入价格指数❶。方法包括两个步骤：首先，将 2005 年作为基年，分别针对我国各省份城镇地区，构造义务教育人员性投入价格从 2005—2015 年间奇数年的跨时变化指数，以反映每个城镇地区人员性投入价格的跨时变化情况。然后，用跨时变化指数对每个地区基年的城镇义务教育人员性投入价格指数进行调整，以得到反映 2007—2015 各个地区与 2005 年北京市城镇地区义务教育人员性投入价格相对

---

❶ 由于篇幅所限，本书将仅考察中国城镇地区间义务教育人员性投入价格指数 2007—2015 年间奇数年的跨时变化情况。

差异的价格指数。其中，扩展的 2007—2015 年义务教育人员性投入价格指数包括相对于基年 2005 年的绝对变化指数以及相对变化指数。绝对变化指数反映了各省份城镇地区义务教育人员性投入价格随时间的上涨情况，而相对指数仅反映每个年份各省份城镇地区间义务教育人员性投入价格的相对变化情况。

在基年城镇地区间义务教育人员性投入基础上构造跨时变化指数所使用的数据来源于《中国劳动统计年鉴》（2006）、《中国劳动统计年鉴》（2008）、《中国劳动统计年鉴》（2010）、《中国劳动统计年鉴》（2012）、《中国劳动统计年鉴》（2014），以及《中国劳动统计年鉴》（2016）。研究将利用年鉴中城镇单位就业人员信息的"各地区分行业在岗职工人数和工资"部分。

按照本章的理论框架，基年城镇义务教育人员性投入价格指数是在当年可比工资指数的基础上构造的，而可比工资指数的构建利用了所选取的特定劳动者信息，即度量了这些劳动者在其他条件相同的情况下，仅由所在地区特征的差异所带来的收入差异情况。所观察的这些劳动者均来自于 2005 年 1% 人口抽样调查问卷中涉及的 13 个行业：软件业；通信设备、计算机及其他电子设备制造业；家具制造业；皮革、毛皮、羽毛（绒）及其制品业；文教体育用品制造业；计算机服务业；证券业；娱乐业；塑料制品业；建筑装饰业；纺织服装、鞋、帽制造业；电气机械及器材制造业；以及工艺品及其他制造业。因此，只要考察在我国各个地区这些行业的劳动者的工资性收入的跨时变化情况，就可以针对各个地区计算出相应的工资跨时变化指数。

但《中国劳动统计年鉴》中的在岗职工工资数据并未将劳动者的行业进行如此细致的分类。而是仅将劳动者划分为农、林、牧、渔业；采矿业；制造业；电力、燃气及水的生产和供应业；建筑业；交通运输、仓储和邮政业；信息传输、计算机服务和软件业；批发和零售业；住宿和餐饮业；金融业；房地产业；租赁和商务服务业；科学研究、技术服务和地质勘查业；水利、环境和公共设施管理业；居民服务和其他服务业；教育；卫生、社会保障和社会福利业；文化体育和娱乐业；公共管理和社会组织这19个行业门类。因此2005年1%人口抽样调查与《中国劳动统计年鉴》涉及的劳动者所在行业并不完全一致。

但按照2005年1%人口抽样调查对行业进行编码所依据的《国民经济行业分类》（GB/T 4754—2002）对行业进行的分类，构建可比工资指数时所使用的2005年1%人口抽样调查的13个行业大类包含于《中国劳动统计年鉴》划分的19个行业门类之中，具体包含情况如表10-5所示。

表10-5　《中国劳动统计年鉴》与2005年1%人口抽样调查的
部分行业门类与大类间关系

行业门类	包含的行业大类
信息传输、计算机服务和软件业	计算机服务业 软件业
建筑业	建筑装饰业
金融业	证券业
文化体育和娱乐业	娱乐业
制造业	通信设备、计算机及其他电子设备制造业 家具制造业 皮革、毛皮、羽毛（绒）及其制品业 文教体育用品制造业 塑料制品业 纺织服装、鞋、帽制造业 电气机械及器材制造业 工艺品及其他制造业

因此，各省份城镇地区13个行业大类劳动者工资随时间的变化情况是可以近似获得的。假设同一个地区几年内各行业劳动者的人口统计学特征相对稳定，并且短期内制造业、建筑业、信息传输与计算机服务和软件业、金融业、文化体育和娱乐业5个行业门类内部的行业大类间工资与结构相对稳定。例如，假如2007年相对于2005年，信息传输、计算机服务和软件业的劳动者工资有5%的上升，那么其中的计算机服务和软件业劳动者工资也有5%的上升，并且这个工资涨幅与信息传输、计算机服务和软件业内部其他劳动者的工资上升幅度相近。那么利用这5个行业门类劳

动者在各个地区平均工资的跨时变化近似 2005 年 1% 人口抽样调查中的 13 个行业劳动者的工资变化情况将不会产生很大的误差。而这 5 个行业内部所需的行业专用性人力资本相似，因此对于劳动者来说同一个地区的某一行业内部相当于一个一体化程度较高的劳动力市场，因此流动成本相对较低，流动也相对简单。例如，如果信息传输、计算机服务和软件业的劳动者工资上涨 5%，其中计算机服务业劳动者工资上涨 1%，而软件业劳动者工资上涨 10%，那么将会有大量计算机服务业劳动者离开原来的工作岗位，选择进入软件业，因此，计算机服务业劳动力供给减少，需求不变，工资有上涨压力，而软件业劳动力供给增加，需求不变，工资有下降压力。计算机服务业的厂商为避免劳动者大量离职也会避免员工工资涨幅过低。因此在行业结构相对稳定的情况下，这 5 个行业门类内部的行业大类间工资相对较为稳定。

可见，可以采用每个地区的这 5 个行业门类劳动者的平均工资变化去近似当地 13 个行业劳动者的平均工资变化。但考虑到这 5 个行业门类之间的劳动者人数不同，并且在不同时期的行业间相对人数可能发生变化，为更精确地度量这些特定劳动者平均工资的变化情况，对这 5 个行业劳动者在各个地区平均工资应用加权平均的方法计算。其中某地某一行业门类劳动者工资的权重是当年该行业年末人数除以所有这 5 个行业年末人数的总和。

综上，以 2005 年为基年，2007—2015 年各地区 5 个行业劳动者工资跨时变化指数计算公式如下：

$$G_{ti} = \frac{\text{Salary}_{ti}}{\text{Salary}_{2005i}} \qquad (10-1)$$

其中，G_{ti} 表示地区 i 在 t 年城镇 5 个行业门类就业者工资跨时变化指数，也就是城镇地区 i，t 年 5 个行业门类劳动者平均工资相对于 2005 年 5 个行业门类就业者平均工资的增长率；Salary_{ti} 表示 t 年地区 i 城镇这 5 个行业门类劳动者的加权平均工资；Salary_{2005i} 表示 2005 年这 5 个行业门类劳动者的加权平均工资。其中，$t = 2006$，2007，…，2015；$i = 1$，2，…，31。

10.3　各省份义务教育人员性投入价格指数的跨时变化

根据前文的讨论，按照上述公式计算出来的 G_{ti} 可以用来近似构造地区间义务教育人员性投入价格的跨时变化指数，也就是可以用来近似各年份各地区义务教育人员性投入价格指数的跨时变化情况。具体指数见表 10 – 6。

表 10 – 6　各省份城镇地区人员性投入价格指数的跨时变化指数

省份 ＼ 年份	2007	2009	2011	2013	2015
北京市	1.4063	1.9026	2.4574	3.1403	3.9369
天津市	1.3848	1.7287	2.1788	2.7833	3.2540
河北省	1.3152	1.8568	2.4677	3.0454	3.6517
山西省	1.3600	1.7639	2.4816	3.0189	3.4839
内蒙古自治区	1.3222	1.8620	2.5164	3.1288	3.5219
辽宁省	1.3327	1.7832	2.2499	2.7290	3.1586
吉林省	1.4083	1.7903	2.4573	3.1208	3.6869
黑龙江省	1.3359	1.8070	2.3473	3.0006	3.4610
上海市	1.4197	1.8627	2.1917	2.5340	3.1532
江苏省	1.2907	1.6459	2.2155	2.9922	3.4501
浙江省	1.2479	1.5348	1.9832	2.5632	2.9831
安徽省	1.4298	1.9252	2.7850	3.3286	3.8917
福建省	1.2829	1.6214	2.3330	2.9780	3.4885
江西省	1.3208	1.7894	2.5334	3.2663	3.7963
山东省	1.3998	1.8507	2.4438	3.1586	3.7506
河南省	1.4019	1.8291	2.3376	2.6665	3.2343
湖北省	1.3107	1.8397	2.6243	3.1783	3.7576
湖南省	1.3430	1.7331	2.4186	3.0606	3.6518
广东省	1.2515	1.5484	1.9772	2.3974	3.0090
广西壮族自治区	1.3897	1.7669	2.1641	2.7593	3.3018

续表

年份 省份	2007	2009	2011	2013	2015
海南省	1.2803	1.6674	2.3150	2.8917	3.8058
重庆市	1.3731	1.8127	2.3635	3.1464	3.7310
四川省	1.3049	1.7279	2.3287	3.0965	3.7497
贵州省	1.3904	2.0448	2.8705	3.6426	4.3061
云南省	1.1789	1.4742	2.0373	2.5490	2.9799
陕西省	1.3543	1.8592	2.4577	3.1975	3.9865
甘肃省	1.4007	1.7300	2.3347	2.9359	3.3310
青海省	1.2532	1.5832	2.2029	2.7312	3.2429
宁夏回族自治区	1.4822	1.9060	2.6694	3.1462	3.7636
新疆维吾尔自治区	1.3738	1.8338	2.6023	3.3193	3.9088

注：由于将与城镇地区间义务教育人员性投入价格指数进行匹配，因此表格略去对西藏自治区的讨论。

从表 10-6 中可以看到，从 2005—2015 年，各地区 5 个行业劳动者的平均工资均有较大提升。其中提升幅度最大的是贵州城镇地区，2015 年平均工资上涨为 2005 年的 4.3061 倍，提升幅度最小的是云南省，2015 年平均工资提升为 2005 年的 2.9799 倍。

10.3.1 按绝对变化扩展的各省份义务教育人员性投入价格指数

随着时间的推移，一般来说，任何产品和服务价格都会产生变化，义务教育人员性投入也不例外，当我们需要考察城镇地区间义务教育人员性投入价格随时间的变化时，就需要考虑义务教育人员性投入价格指数的绝对变化。将 2005 年北京市城镇的义务教育人员性投入价格作为基年和基准地区，考察在其他地区和其他年份的各个地区义务教育人员性投入价格与 2005 年北京市城镇的差异，度量这种价格差异及其变化的指数，就是按绝对变化扩展的城镇地区间义务教育人员性投入价格指数。其具体计算公式如下：

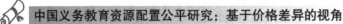

$$AI_{ti} = CWI_i \times G_{ti} \qquad (10-2)$$

其中，AI_{ti} 表示 t 年地区 i 按绝对变化扩展的义务教育人员性投入价格指数，CWI_i 表示基年也就是 2005 年地区 i 相对于北京市城镇地区的义务教育人员性投入价格指数，G_{ti} 表示 t 年各省份城镇地区 i，5 个行业门类就业者工资跨时变化指数，其中 $t = 2007, \cdots, 2015$；$i = 1, 2 \cdots, 30$。由于数据可得性的原因，CWI_i 没有估算西藏自治区的数值，因此经过跨时调整后的义务教育人员性投入价格指数也不包括西藏自治区。这样，就可以利用人员性投入价格指数的跨时变化指数调整人员性投入价格指数，从而得到以 2005 年的北京市城镇地区为基准地区，各个扩展年份的各省份城镇地区的义务教育人员性投入价格指数，见表 10 - 7。其反映了我国义务教育人员性投入价格及其在各省份的城镇地区间的差异随时间的绝对变化情况。

表 10 - 7　2007—2015 年按绝对变化扩展的城镇地区义务教育人员性投入价格指数 AI_{ti}

年份 省份	2007	2009	2011	2013	2015
北京市	1.4063	1.9026	2.4574	3.1403	3.9369
天津市	0.9713	1.2125	1.5282	1.9522	2.2824
河北省	0.8011	1.1310	1.5031	1.8550	2.2243
山西省	0.7167	0.9296	1.3078	1.5910	1.8360
内蒙古自治区	0.8835	1.2442	1.6815	2.0907	2.3533
辽宁省	0.8040	1.0758	1.3574	1.6464	1.9056
吉林省	0.8477	1.0776	1.4790	1.8784	2.2191
黑龙江省	0.7763	1.0500	1.3640	1.7436	2.0112
上海市	1.5079	1.9784	2.3278	2.6914	3.3490
江苏省	1.0377	1.3233	1.7813	2.4057	2.7739
浙江省	1.1897	1.4633	1.8908	2.4438	2.8441
安徽省	0.8144	1.0966	1.5863	1.8960	2.2167
福建省	1.0395	1.3138	1.8904	2.4131	2.8267
江西省	0.8346	1.1307	1.6009	2.0640	2.3989
山东省	0.9237	1.2213	1.6127	2.0844	2.4750
河南省	0.7017	0.9155	1.1700	1.3346	1.6188
湖北省	0.7894	1.1081	1.5806	1.9143	2.2632

续表

年份 省份	2007	2009	2011	2013	2015
湖南省	0.8794	1.1348	1.5837	2.0041	2.3912
广东省	1.3032	1.6123	2.0589	2.4964	3.1333
广西壮族自治区	0.8178	1.0398	1.2736	1.6238	1.9431
海南省	0.8385	1.0920	1.5161	1.8938	2.4924
重庆市	0.8641	1.1407	1.4874	1.9800	2.3479
四川省	0.8032	1.0635	1.4333	1.9059	2.3079
贵州省	0.8605	1.2655	1.7766	2.2544	2.6650
云南省	0.7540	0.9429	1.3031	1.6303	1.9059
陕西省	0.7974	1.0947	1.4471	1.8827	2.3473
甘肃省	0.6882	0.8499	1.1470	1.4424	1.6365
青海省	0.5910	0.7466	1.0389	1.2880	1.5294
宁夏回族自治区	0.8789	1.1303	1.5830	1.8657	2.2318
新疆维吾尔自治区	0.8594	1.1472	1.6280	2.0766	2.4453

为了更加清晰地观察各年份义务教育人员性投入价格的变化情况，把所涉及的地区按照 2005 年义务教育人员性投入价格指数由大到小进行排序，绘制 2005—2015 年间六个年份（2005 年、2007 年、2009 年、2011 年、2013 年、2015 年）按绝对变化扩展的城镇义务教育人员性投入价格指数折线图，见图 10-1。

从图 10-1 中观察到，从 2005 年到 2015 年，我国各省份城镇地区义务教育人员性投入价格均有所上升，而不同地区按照人员性投入价格排序的位置有变化，这意味着我国各省份城镇地区间义务教育人员性投入价格的格局发生了变化，即事业性教育经费的人员部分购买力差异情况发生了变化。具体来说，北京市城镇地区的价格逐渐超过了上海，在 2015 年成为义务教育人员性投入价格最高的地区，贵州、安徽等省的城镇地区，按照价格的排名也有所上升，而天津市、广东省、云南省的城镇地区，排名则有所下降。说明这些地区相对于其他省份的城镇地区来说，义务教育事业性经费的人员部分购买力有所增强。

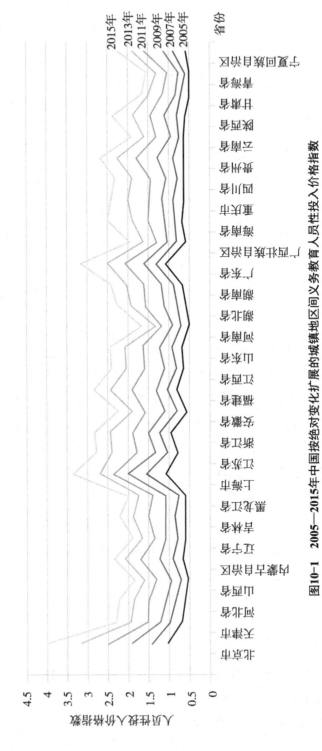

图10-1　2005—2015年中国按绝对变化扩展的城镇地区间义务教育人员性投入价格指数

10.3.2　按相对变化扩展的各省份义务教育人员性投入价格指数

如果要集中考察 2005 年之后的年份中，各省份城镇地区间义务教育人员性投入价格差异格局的变化情况，就需要获取地区间义务教育人员性投入价格指数的相对变化情况，即按照相对变化对 2005 年城镇地区间义务教育人员性投入价格指数进行扩展。其他年份可以仍然以北京市城镇地区作为基准地区，考察其他省份城镇地区的义务教育人员性投入价格相对于北京市的差异。按相对变化扩展的各省份的城镇地区间义务教育人员性投入价格指数计算公式为

$$RI_{ti} = \frac{CWI_i \times G_{ti}}{G_{t0}} \qquad (10-3)$$

其中，RI_{ti} 表示 t 年地区 i 的义务教育人员性投入价格指数；CWI_i 表示基年地区 i 的义务教育人员性投入价格指数；G_{t0} 表示 t 年北京市城镇地区 5 个行业门类就业者工资跨时变化指数；G_{ti} 表示 t 年城镇地区 i，5 个行业门类就业者工资跨时变化指数。其中 $t = 2007$，2009，$\cdots$，2015，$i = 1$，$2\cdots$，30，由于 CWI_i 并没有计算西藏自治区的数值，因此经过跨时调整后的义务教育人员性投入价格指数也忽略了西藏自治区。这样，就可以用人员性投入价格指数的跨时变化指数调整人员性投入价格指数，得到各个扩展年份以北京市为基准地区，各地区的义务教育人员性投入价格指数，进而反映空间价格指数随时间变化的相对变化情况，见表 10-8。

表 10-8　2007—2015 年按相对变化扩展的城镇义务教育人员性投入价格指数 RI_{ti}

年份 省份	2007	2009	2011	2013	2015
北京市	1.0000	1.0000	1.0000	1.0000	1.0000
天津市	0.6907	0.6373	0.6219	0.6217	0.5797
河北省	0.5696	0.5944	0.6117	0.5907	0.5650
山西省	0.5096	0.4886	0.5322	0.5066	0.4664

续表

年份 省份	2007	2009	2011	2013	2015
内蒙古自治区	0.6282	0.6539	0.6842	0.6658	0.5978
辽宁省	0.5717	0.5654	0.5524	0.5243	0.4840
吉林省	0.6028	0.5664	0.6019	0.5982	0.5637
黑龙江省	0.5520	0.5519	0.5551	0.5552	0.5109
上海市	1.0722	1.0398	0.9473	0.8570	0.8507
江苏省	0.7379	0.6955	0.7249	0.7661	0.7046
浙江省	0.8460	0.7691	0.7694	0.7782	0.7224
安徽省	0.5791	0.5764	0.6455	0.6038	0.5631
福建省	0.7392	0.6905	0.7693	0.7684	0.7180
江西省	0.5935	0.5943	0.6514	0.6573	0.6093
山东省	0.6568	0.6419	0.6562	0.6637	0.6287
河南省	0.4989	0.4812	0.4761	0.4250	0.4112
湖北省	0.5614	0.5824	0.6432	0.6096	0.5749
湖南省	0.6253	0.5965	0.6445	0.6382	0.6074
广东省	0.9267	0.8474	0.8378	0.7950	0.7959
广西壮族自治区	0.5816	0.5465	0.5183	0.5171	0.4936
海南省	0.5962	0.5739	0.6170	0.6031	0.6331
重庆市	0.6144	0.5996	0.6053	0.6305	0.5964
四川省	0.5711	0.5590	0.5833	0.6069	0.5862
贵州省	0.6119	0.6652	0.7229	0.7179	0.6769
云南省	0.5362	0.4956	0.5303	0.5192	0.4841
陕西省	0.5670	0.5754	0.5889	0.5995	0.5962
甘肃省	0.4893	0.4467	0.4668	0.4593	0.4157
青海省	0.4203	0.3924	0.4228	0.4102	0.3885
宁夏回族自治区	0.6250	0.5941	0.6442	0.5941	0.5669
新疆维吾尔自治区	0.6111	0.6030	0.6625	0.6613	0.6211

　　绘制 2005—2015 年间各个奇数年份义务教育人员性投入相对价格指数 RI_{ti} 的折线图（见图 10 - 2），其中各个年份中北京市城镇地区的义务教育人员性投入价格指数均为 1。

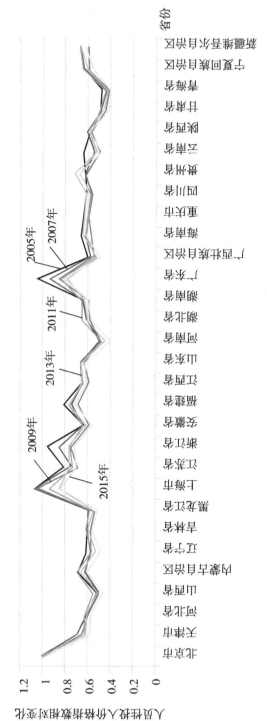

图10-2　2005—2015年城镇义务教育人员性投入价格指数相对变化

从图 10-2 中可以看到，经调整得到的 2005—2015 年 6 个年份的城镇地区间义务教育人员性投入价格指数 RI_{ti}，总的来说结构大体没有太明显的变动，但可以看到部分城镇地区的义务教育人员性投入价格与北京市城镇的价格差异还是有所变化的。

10.4 各省份的城镇间义务教育人员性投入及不平等程度的变化

在本书的第 9 章已经利用构造的 2005 年义务教育人员性投入价格指数对我国 30 个省份的城镇地区的生均义务教育事业性经费个人部分支出进行了调整，揭示了生均义务教育人员性投入的公平状况。而在这之后的不同年份，生均义务教育事业性经费个人部分支出以及生均义务教育人员性投入的水平和公平状况又是如何呢？是否有所改善，是让人关注的问题。要揭示各时期义务教育人员性投入在城镇地区间的配置及其公平情况，并观察这种配置情况随时间的变化，可以用各地区、各时期按绝对变化扩展的人员性投入价格指数调整城镇义务教育生均事业性经费的个人部分支出，以获取不同时期城镇义务教育人员性投入的配置情况。调整公式如下：

$$Personnel\ resource_{ti} = Personnel\ expenditure_{ti}/AI_{ti} \qquad (10-4)$$

其中，Personnel resource$_{ti}$ 表示 t 年、省份 i 所辖城镇地区的生均人员性投入；Personnel expenditure$_{ti}$ 表示 t 年、省份 i 所辖城镇地区的生均教育事业性经费支出的个人部分支出；AI_{ti} 表示 t 年、省份城镇地区 i 按绝对变化扩展的人员性投入价格指数。其中 $t=2005$，2007，2009，2011，2013，2015；$i=1$，2，…，30，由于数据的可得性关系，西藏自治区暂不包含在内。计算得到的 2005 年、2007 年、2009 年、2011 年、2013 年和 2015 年的生均人员性投入相当于这 6 个年份的城镇义务教育生均事业性经费的个人部分支出转化为 2005 年的可比经费水平，并以 2005 年北京城镇生均经费水平作为对比的基准。

10.4.1　小学

10.4.1.1　小学生均人员性投入的变化

用各年份按绝对变化扩展的人员性投入价格指数对该年份城镇小学生均教育事业性经费支出的个人部分支出进行调整，可以获得所考察年份城镇小学生均人员性投入的配置情况，如表 10 - 9 所示。

表 10 - 9　2005—2015 年我国 30 个城镇地区小学生均人员性投入（元）

年份 省份	2005	2007	2009	2011	2013	2015
北京市	4933.14	4540.97	4671.21	5211.68	4794.26	4622.16
天津市	5878.09	5507.08	8153.44	8847.24	7350.02	7083.47
河北省	2418.65	2429.56	2434.96	2127.59	1891.01	2496.73
山西省	2120.76	2141.73	2516.30	2311.21	2255.68	3180.48
内蒙古自治区	2174.45	2463.91	3015.37	3301.07	3500.91	3408.17
辽宁省	3176.60	3723.64	4160.52	3903.25	3537.97	4140.93
吉林省	3077.17	3526.88	3556.06	3227.16	3102.45	3864.94
黑龙江省	3245.10	3760.20	3518.56	3334.01	3158.03	4547.34
上海市	6463.43	6153.07	6261.54	5674.68	5088.30	4517.00
江苏省	3209.50	3625.23	4359.62	3953.11	3262.59	3505.31
浙江省	3329.13	3279.82	3845.14	3566.33	3151.51	3453.35
安徽省	2487.66	2434.73	2441.17	2312.33	2102.75	2581.04
福建省	2440.44	2561.11	2798.44	2449.99	2172.66	2271.35
江西省	1592.94	1741.86	1587.25	1456.58	1330.72	1986.41
山东省	2446.34	2636.05	2497.07	2476.11	2186.70	2698.29
河南省	1909.57	2013.29	1983.76	1918.74	1966.83	2319.65
湖北省	2271.14	2869.93	2682.72	2244.25	2269.51	2884.09
湖南省	2073.64	2416.62	2385.15	1849.50	1697.12	2101.54

年份 省份	2005	2007	2009	2011	2013	2015
广东省	1903.24	2195.65	2446.65	2704.19	2538.43	2668.09
广西壮族自治区	2347.63	2521.44	2627.71	2556.82	2724.86	2624.92
海南省	1944.14	2119.26	2353.03	2492.29	2333.64	2394.30
重庆市	2521.48	2636.71	3087.11	3291.40	2784.16	3457.60
四川省	2036.70	2165.62	2773.25	2616.35	2401.45	2965.87
贵州省	1892.60	1797.10	1859.46	1667.84	1928.45	2305.25
云南省	2385.76	2657.10	3007.36	2651.51	3233.02	3093.07
陕西省	1687.92	1940.24	2331.68	2528.00	2470.75	2168.31
甘肃省	2532.67	2776.42	2952.67	2732.24	2779.17	3766.19
青海省	3631.55	4597.44	4749.38	4572.08	4682.95	5264.99
宁夏回族自治区	2058.03	2106.42	2115.57	1895.44	2258.63	2854.16
新疆维吾尔自治区	3199.41	3206.09	3140.46	3106.34	3175.58	3647.87

从表 10-9 中看到，2005—2015 年城镇小学生均人员性投入总体有所上涨但不明显，多数地区上升，但也有地区下降，这与城镇小学生均教育事业性经费支出个人部分支出的绝对数额随时间大幅上涨的情况不一致。

绘制 2005—2015 年我国 30 个省份的城镇地区小学生均人员性投入的折线图（见图 10-3），可以观察 2005—2015 年生均人员性投入的相对变化情况。从图 10-3 中可以看出，我国 30 个省份城镇小学生均人员性投入整体上随时间的变化不大。与北京市相比，天津市、江苏省、辽宁省、内蒙古自治区、四川省、广东省和陕西省的城镇小学生均人员性投入有上升的趋势，河北省、湖南省以及贵州省则有所下降。

为进一步观察 2005—2015 年间我国 30 个省份的城镇地区小学生均人员性投入的变化情况，按照奇数年份各个省份城镇地区的小学生均人员性投入由多到少进行排序。各个地区排名见表 10-10。

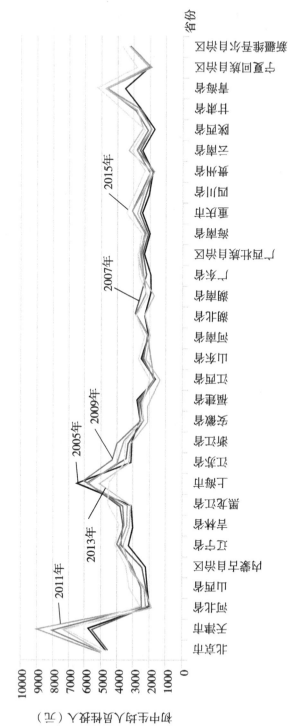

图10-3　2005—2015年我国30个省份的城镇地区小学生均人员性投入

表 10 - 10 2005—2015 年我国 30 个省份城镇地区小学生均人员性投入排序

省份 / 年份	2005	2007	2009	2011	2013	2015
北京市	3	4	4	3	3	3
天津市	2	2	1	1	1	1
河北省	16	20	23	25	28	23
山西省	21	24	19	23	22	14
内蒙古自治区	20	18	12	9	6	13
辽宁省	9	6	6	6	5	6
吉林省	10	8	8	11	12	7
黑龙江省	6	5	9	8	10	4
上海市	1	1	2	2	2	5
江苏省	7	7	5	5	7	10
浙江省	5	9	7	7	11	12
安徽省	13	19	22	22	25	22
福建省	15	16	15	21	24	27
江西省	30	30	30	30	30	30
山东省	14	15	20	20	23	19
河南省	26	27	28	26	26	25
湖北省	19	11	17	24	20	17
湖南省	22	21	24	28	29	29
广东省	27	22	21	14	16	20
广西壮族自治区	18	17	18	17	15	21
海南省	25	25	25	19	19	24
重庆市	12	14	11	10	13	11
四川省	24	23	16	16	18	16
贵州省	28	29	29	29	27	26
云南省	17	13	13	15	8	15
陕西省	29	28	26	18	17	28
甘肃省	11	12	14	13	14	8

续表

省份 \ 年份	2005	2007	2009	2011	2013	2015
青海省	4	3	3	4	4	2
宁夏回族自治区	23	26	27	27	21	18
新疆维吾尔自治区	8	10	10	12	9	9

从表 10 - 10 中可以看出，从 2005—2015 年，这些地区的城镇中，排序上升最多的是四川省城镇地区，从 2005 年的第 24 位，逐年上升到 2015 年的第 16 位，上升了 8 位。其次是内蒙古自治区、山西省和广东省城镇地区，2005—2015 年，均上升了 7 位。与此同时，排名下降最多的是福建省，从 2005 年的第 15 位降到 2015 年的第 27 位，下降了 12 位。安徽省城镇地区从 2005 年的第 13 位，下降到 2015 年的第 22 位，下降了 9 位。浙江省、河北省和湖南省的城镇地区分别从 2005 年的第 5 位、第 16 位和第 22 位，下降到 2015 年的第 12 位、第 23 位、第 29 位。

10.4.1.2　小学生均人员性投入公平程度的变化

用变异系数、基尼系数和泰尔指数作为测算不平等程度的指标，测算 2005 年到 2015 年各地区城镇小学生均人员性投入公平程度及其变化情况，并对比城镇小学生均教育事业性经费支出个人部分支出的不平等情况，如表 10 - 11 所示。

表 10 - 11　2005—2015 年我国城镇小学生均教育事业性经费支出个人部分支出以及人员性投入不平等程度

不平等指标 \ 年份		2005	2007	2009	2011	2013	2015
生均事业性教育经费个人部分支出	变异系数	0.65	0.6	0.61	0.59	0.59	0.43
	基尼系数	0.2808	0.2710	0.2753	0.277	0.2695	0.2057
	泰尔指数	0.1515	0.1350	0.1405	0.1376	0.1334	0.0761

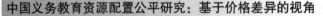

续表

不平等指标 \ 年份		2005	2007	2009	2011	2013	2015
生均人员性投入	变异系数	0.42	0.37	0.43	0.47	0.42	0.34
	基尼系数	0.1969	0.1860	0.2038	0.2212	0.2020	0.1725
	泰尔指数	0.0709	0.0581	0.0744	0.0890	0.0719	0.0493

从表 10-11 中可以看到，2005—2015 年我国 30 个省份城镇地区按照变异系数、基尼系数和泰尔指数测算的城镇小学生均人员性投入不平等程度均远低于生均事业性教育经费个人部分支出的不平等程度。但与各个指标所显示的城镇生均人员性投入不平等程度逐年降低相比，城镇生均人员性投入不平等程度在 2007 年相对于 2005 年有所降低，但 2009 年和 2007 年相比有很大升高，甚至超过了 2005 年的不平等程度，2011 年相对于 2009 年再次升高。2013 年相对于 2011 年有所下降，整体不平等程度略高于 2005 年，但 2015 年的城镇生均人员性投入不平等程度相对于 2013 年来说有很大下降，甚至最终低于 2005 年的水平。因此，城镇生均人员性投入不平等程度先降低，从 2007 年开始增强，在 2011 年达到顶峰，又从 2013 年开始回落，从总体上来看呈波浪式变化。

10.4.2 初中

10.4.2.1 初中生均人员性投入的变化

用 2007 年、2009 年、2011 年、2013 年和 2015 年按绝对变化扩展的人员性投入价格指数对这几个年份城镇初中生均教育事业性经费支出的个人部分支出进行调整，获得相应年份城镇小学生均人员性投入的配置情况，与 2005 年的人员性投入配置情况共同列表，可以展示 2005—2015 年奇数年我国 30 个省份的城镇地区初中生均人员性投入以及变化情况，如表 10-12 所示。

表 10 - 12　2005—2015 年我国 30 个省份的城镇地区初中生均人员性投入（元）

年份 省份	2005 年	2007 年	2009 年	2011 年	2013 年	2015 年
北京市	5973.53	6128.44	6603.29	7612.96	7379.33	8515.04
天津市	6526.17	6638.66	10838.73	12067.29	10823.18	11466.30
河北省	2299.91	2739.35	2940.69	2901.91	2736.86	3890.79
山西省	2513.84	2724.22	3065.00	2960.02	3101.28	4932.73
内蒙古自治区	2321.69	2855.36	3771.90	4098.48	4471.31	4917.56
辽宁省	4344.62	5081.23	5509.16	5583.69	5465.49	6677.01
吉林省	3504.08	3940.61	4075.07	3942.58	4118.46	5322.70
黑龙江省	3544.91	4206.97	3941.64	3912.76	4270.18	6098.27
上海市	7147.46	7253.65	7738.59	7036.98	6619.38	6222.39
江苏省	3356.08	3920.56	4946.74	4980.69	4770.51	5489.88
浙江省	4601.13	4385.70	5033.79	4914.55	4576.19	5207.70
安徽省	2294.97	2589.83	2624.44	2636.63	2981.40	3800.59
福建省	2666.60	3026.73	3476.23	3455.55	3205.62	3607.29
江西省	1728.83	2361.06	2085.53	1864.62	1785.92	2549.43
山东省	3350.52	3713.54	3518.95	3423.56	3163.32	4311.35
河南省	2110.03	2534.35	2841.75	2701.99	3038.27	3781.16
湖北省	2638.57	3252.65	3316.15	3126.80	3418.17	5003.07
湖南省	2232.70	3178.59	3105.04	2721.01	2429.28	3360.31
广东省	2104.08	2697.03	2751.41	2943.50	3068.59	3763.74
广西壮族自治区	2321.12	2563.10	3218.76	3391.20	2785.72	3669.03
海南省	2165.84	2527.47	2974.10	3201.48	3217.07	3468.51
重庆市	2633.51	3065.43	3163.08	3490.61	3120.22	4686.14
四川省	2164.95	2676.75	3312.80	3253.98	3049.93	4133.92
贵州省	1883.22	2288.72	2060.14	1880.62	2008.36	2791.76
云南省	2408.90	3180.52	3614.73	3254.24	3922.22	4215.20
陕西省	1714.85	2136.88	2588.49	3087.75	3267.09	3443.99
甘肃省	2292.85	2903.85	3272.05	3099.05	3211.02	4736.56
青海省	3900.76	5070.63	6042.77	5921.48	6261.09	7148.87
宁夏回族自治区	2504.28	2521.90	2680.31	2417.94	3074.60	3599.74
新疆维吾尔自治区	3401.54	4012.93	3999.53	3982.16	4308.53	4976.35

从表 10 - 12 中可以看到，2005—2015 年城镇初中生均人员性投入总体上有一定幅度的上升。其中几乎所有城镇地区的初中生均人员性投入均上升，只有上海市下降，但并不像城镇初中生均教育事业性经费支出个人部分支出的绝对数额一样，2005—2015 年，随时间的推移大幅上涨。

把各地区按照 2005 年城镇初中生均人员性投入进行排序，观察2005—2015 年的相对变化情况。发现城镇初中生均人员性投入整体上随时间有所提高。与北京相比，天津、青海、江苏、辽宁、内蒙古自治区、四川省、广东省和陕西省的城镇初中生均人员性投入有较明显的上升，而宁夏回族自治区和贵州省则有所下降，如图 10 - 4 所示。

为进一步观察 2005—2015 年我国 30 个省份的城镇地区初中生均人员性投入的变化情况，按照奇数年份各个省份城镇地区的初中生均人员性投入由多到少进行排序。各个省份排名见表 10 - 13。

表 10 - 13　2005—2015 年我国 30 个省份城镇地区初中生均人员性投入排序

省份 \ 年份	2005	2007	2009	2011	2013	2015
北京市	3	3	3	2	2	2
天津市	2	2	1	1	1	1
河北省	20	19	23	24	27	19
山西省	15	20	21	22	20	12
内蒙古自治区	18	18	11	8	8	13
辽宁省	5	4	5	5	5	4
吉林省	8	9	8	10	11	8
黑龙江省	7	7	10	11	10	6
上海市	1	1	2	3	3	5
江苏省	10	10	7	6	6	7
浙江省	4	6	6	7	7	9
安徽省	21	23	27	27	25	20

续表

年份 省份	2005	2007	2009	2011	2013	2015
福建省	12	16	14	13	17	24
江西省	29	28	29	30	30	30
山东省	11	11	13	14	18	16
河南省	26	25	24	26	24	21
湖北省	13	12	15	19	13	10
湖南省	23	14	20	25	28	28
广东省	27	21	25	23	22	22
广西壮族自治区	19	24	18	15	26	23
海南省	24	26	22	18	15	26
重庆市	14	15	19	12	19	15
四川省	25	22	16	17	23	18
贵州省	28	29	30	29	29	29
云南省	17	13	12	16	12	17
陕西省	30	30	28	21	14	27
甘肃省	22	17	17	20	16	14
青海省	6	5	4	4	4	3
宁夏回族自治区	16	27	26	28	21	25
新疆维吾尔自治区	9	8	9	9	9	11

　　从表 10 – 13 中可以看到，30 个省份的城镇地区中，2005—2015 年排名上升最多的是甘肃省的城镇地区，从 2005 年的第 22 位上升到 2015 年的第 14 位，上升了 8 位。其次是四川省的城镇地区，2005—2015 年由第 25 位上升至第 18 位，上升了 7 位。而排名下降最多的是福建省的城镇地区，从 2005 年的第 12 位下降到 2015 年的第 24 位，下降了 12 位。其次是宁夏回族自治区的城镇地区，从 2005 年的第 16 位下降到 2015 年的第 25 位。

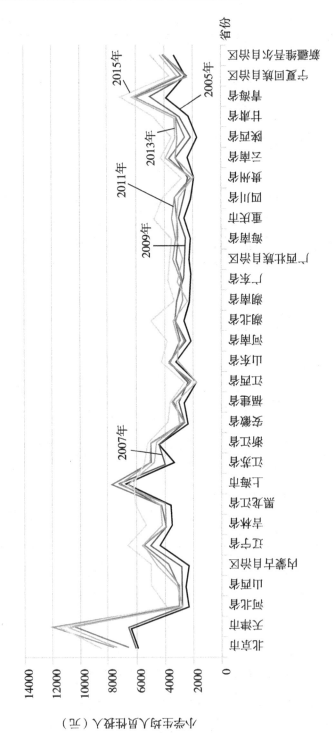

图10-4　2005—2015年我国30个省份的城镇地区初中生均人员性投入

10.4.2.2　初中生均人员性投入公平程度的变化

用变异系数、基尼系数和泰尔指数作为测算不平等程度的指标，测算 2005—2015 年各省份城镇地区初中生均人员性投入公平程度及其变化情况，并对比城镇初中生均教育事业性经费支出个人部分支出的不平等情况，见表 10 – 14。

表 10 – 14　2005—2015 年我国城镇初中生均事业性教育经费
个人部分支出以及人员性投入不平等程度

不平等指标	年份	2005	2007	2009	2011	2013	2015
生均事业性教育经费个人部分支出	变异系数	0.70	0.62	0.66	0.64	0.53	0.51
	基尼系数	0.3065	0.2734	0.287	0.2851	0.2483	0.2274
	泰尔指数	0.1782	0.1427	0.1609	0.1544	0.1130	0.0991
生均人员性投入	变异系数	0.45	0.37	0.47	0.51	0.46	0.37
	基尼系数	0.2193	0.1889	0.2172	0.2311	0.2162	0.1830
	泰尔指数	0.0843	0.0604	0.0865	0.1008	0.0854	0.0588

从表 10 – 14 中可以看到，从 2005—2015 年我国 30 个省份的城镇地区按照变异系数、基尼系数和泰尔指数测算的城镇初中生均人员性投入不平等程度均远低于生均事业性教育经费个人部分支出的不平等程度。但与各个指标所显示的城镇生均人员性投入不平等程度逐年降低相比，城镇生均人员性投入不平等程度在 2007 年相对于 2005 年有所降低，但 2009 年和 2007 年相比不平等程度有很大升高，甚至超过了 2005 年的不平等程度，2011 年相对于 2009 年再次升高。2013 年相对于 2011 年有所下降，整体不平等程度略高于 2005 年，但 2015 年的城镇生均人员性投入不平等程度相对于 2013 年来说有很大下降，最终低于 2005 年和 2007 年的水平。因此，城镇生均人员性投入不平等程度先降低，从 2007 年开始升高，在 2011 年达到顶峰，又从 2013 年开始回落，从总体看呈波浪式变化。

本章小结

通过构建可比工资指数模型，利用 2005 年 1% 人口抽样调查数据获得了 2005 年我国城镇地区间小学人员性投入价格指数。在此基础上，本章利用 2006—2016 年《中国劳动统计年鉴》数据，对基年城镇地区间小学人员性投入价格指数进行了跨时扩展，可以获得以 2005 年为基年的 2005—2015 年奇数年份我国 30 个省份城镇地区间小学和初中人员性投入价格指数。利用这一指数以及各地区教育经费信息能够揭示我国各省份的城镇地区间小学和初中人员性投入的配置情况及其变化趋势，以及小学和初中人员性投入的不平等程度及其跨时变动趋势。结果表明：

①对我国各省份城镇地区间义务教育人员性投入价格的跨时变化情况的观察发现，从 2005—2015 年，我国各省份城镇地区义务教育人员性投入价格有显著上涨，上涨最多的是贵州省城镇地区，上涨到 2005 年的 4.3061 倍，上涨最少的是云南省城镇地区，提升为 2005 年的 2.9799 倍。

②2005—2015 年的各个奇数年，我国各省份城镇地区间义务教育人员性投入的价格差异均十分显著，最低地区和最高地区的差距均为一倍以上，某些年份甚至有各省份城镇地区间的义务教育人员性投入的价格差异超过两倍。

③从 2005—2015 年，我国各省份城镇地区间小学和初中的人员性投入价格差异的相对格局有所变化。北京市城镇地区的价格逐渐超过了上海市，小学在 2013 年、初中在 2011 年成为价格最高地区；而广东省、天津市、云南省等的城镇地区，排序则有所下降。

④2005—2015 年，用我国各省份城镇地区间义务教育人员性投入的时间和空间价格调整可知，我国 30 个省份的城镇地区间义务教育人员性投入大多有所增加，但增加幅度远远小于生均事业性教育经费个人部分支出的增加。

⑤经过各省份城镇地区间人员性投入价格差异的调整，2005—2015 年，按照变异系数、基尼系数和泰尔指数测算的各个年份的各省份城镇地

区小学和初中生均人员性投入不平等程度均远远低于生均事业性教育经费个人部分支出的不平等程度。

⑥2005—2015 年，与各省份城镇地区生均事业性教育经费个人部分支出不平等程度逐年显著降低的趋势相反，我国各省份城镇地区间小学与初中人员性投入的不平等程度呈波浪式变动。

总体来看，2005—2015 年，我国各省份城镇地区小学与初中人员性投入价格逐年上升，为保证小学人员部分的资源投入，各省份城镇地区应适当提高小学与初中的生均事业性经费个人部分支出。另外，可以看到我国各省份城镇地区间义务教育人员性投入价格差异的相对结构也发生了改变，政府应建立长期测算的机制，掌握各地人员性投入差异，对投入薄弱地区应增加经费的拨付。最后，十年间与城镇生均事业性教育经费个人部分支出反映出的不平等程度逐年显著降低不同，我国城镇地区间小学人员性投入的不平等程度仅仅呈波浪式变化，因此应加强教育公平政策的落实，加大地区间财政转移支付力度，以达成我国地区间小学与初中人员性投入公平的目标。

第 11 章　中国城乡间义务教育
资源配置公平状况

在 2001 年国务院颁布的《关于基础教育改革与发展的决定》中，首次提出了义务教育均衡发展的方针。在 2010 年公布的《国家中长期教育改革和发展规划纲要（2010—2020 年）》中，义务教育的均衡发展被列为义务教育的战略性任务，并制定了义务教育地区和城乡均衡发展的阶段性目标。城乡间义务教育资源配置公平是我国教育资源配置公平的重要组成部分，本章试图构造度量城乡间义务教育资源价格差异的城乡义务教育资源价格指数，并利用这一指数和各地城乡教育经费支出情况，揭示我国各省份的城乡教育资源配置公平状况及其在十年间的变化情况。本部分的城乡生均义务教育经费比以及资源比，均为农村数据除以城镇数据，该比例数值越小表明农村学生获得的资源越少，表明经费与资源配置越不公平；数值越大，表明农村学生获得的资源相对越多。数值超过 1 表明该年度农村的生均资源投入超过城镇，满足公共资源从富裕流向贫困的原则，体现了资源配置的公平性。

11.1　城乡生均义务教育经费差异

11.1.1　事业性经费支出个人部分差异

由于数据可得性的限制，对台湾地区、香港特别行政区、澳门特别行政区，以及西藏自治区未进行研究。

由表 11 - 1 可以看出，2005 年城镇小学生均义务教育事业性经费支出个人部分，最高为上海市，有 6864.81 元，最低为河南省，仅有 955.74

元。农村小学生均义务教育事业性经费支出个人部分，最高也为上海市，有 6469.37 元，最低仍为河南省，仅有 676.20 元。城镇初中生均义务教育事业性经费支出个人部分，最高为上海市，为 7591.11 元，最低为陕西省，仅 1009.69 元。农村小学生均义务教育事业性经费支出个人部分，最高也为上海市，有 6513.42 元，最低为贵州省，仅 734.90 元。

表 11-1　2005 年及 2015 年我国城乡生均义务教育
事业性经费支出个人部分（元）

地区	2005 年				2015 年			
	地方普通小学		地方普通初中		地方普通小学		地方普通初中	
	城镇	农村	城镇	农村	城镇	农村	城镇	农村
北京市	4933.14	4589.94	5973.53	4934.26	18196.98	22450.65	33522.86	36397.16
天津市	4122.89	2730.72	4577.67	2437.93	16166.99	10898.64	26170.17	16968.30
河北省	1473.20	1292.75	1400.87	1156.17	5553.36	5470.08	8654.10	7128.75
山西省	1117.64	1186.98	1324.88	1186.39	5839.41	9107.08	9056.57	9791.77
内蒙古自治区	1452.97	2341.60	1551.30	1696.76	8020.56	16059.70	11572.65	13955.03
辽宁省	1916.44	1602.22	2621.04	1581.07	7890.89	9572.78	12723.59	10605.52
吉林省	1852.15	1979.47	2109.00	1421.61	8576.86	11085.00	11811.84	13639.31
黑龙江省	1885.73	2009.75	2059.98	1313.45	9145.55	12584.73	12264.76	11810.50
上海市	6864.81	6469.37	7591.11	6513.42	15127.49	15509.65	20838.88	21861.13
江苏省	2580.44	1979.70	2698.21	1684.08	9723.31	8834.52	15228.28	15609.30
浙江省	3173.99	2687.91	4386.86	3426.80	9821.63	10184.22	14811.15	14078.35
安徽省	1416.97	952.92	1307.15	865.81	5721.43	6531.34	8424.81	9144.17
福建省	1977.49	1612.55	2160.61	1341.04	6420.52	7896.51	10196.84	11326.40
江西省	1006.58	956.06	1092.45	1053.95	4765.17	5256.75	6115.78	6168.81
山东省	1614.34	1268.35	2211.06	1602.71	6678.32	6002.57	10670.69	9828.14
河南省	955.74	676.20	1056.16	768.33	3754.97	3642.94	6120.82	5789.39
湖北省	1367.91	857.11	1589.09	1025.75	6527.28	6341.14	11322.95	11262.82

续表

地区	2005 年				2015 年			
	地方普通小学		地方普通初中		地方普通小学		地方普通初中	
	城镇	农村	城镇	农村	城镇	农村	城镇	农村
湖南省	1357.83	1212.73	1461.89	1295.14	5025.19	5064.68	8035.17	7933.12
广东省	1981.84	992.60	2190.89	1200.07	8359.84	7294.03	11792.82	8172.98
广西壮族自治区	1381.58	961.04	1365.90	937.69	5100.50	5952.21	7129.32	6551.67
海南省	1273.22	1041.25	1418.51	1058.66	5967.59	9693.75	8644.97	10976.63
重庆市	1586.77	974.03	1657.20	1183.09	8118.16	8624.30	11002.67	9959.08
四川省	1253.59	936.31	1332.42	1014.88	6845.06	7779.19	9540.84	9760.29
贵州省	1171.33	752.62	1165.56	734.90	6143.59	7408.83	7440.16	6661.96
云南省	1525.93	1302.94	1540.71	1268.98	5895.22	7724.07	8033.93	7751.40
陕西省	993.85	1007.93	1009.69	877.17	5089.57	8863.15	8083.90	10531.75
甘肃省	1244.30	845.71	1126.54	896.09	6163.45	8844.08	7751.47	8413.74
青海省	1712.64	1488.85	1839.61	1363.01	8052.02	9899.25	10933.14	11335.66
宁夏回族自治区	1220.41	1088.04	1485.04	1345.98	6369.95	7557.24	8033.96	8853.05
新疆维吾尔自治区	2001.55	1885.10	2127.95	1552.62	8920.29	11323.60	12168.89	13405.03

资料来源：根据《中国教育经费统计年鉴》（2006）、《中国教育经费统计年鉴》（2016）相关数据计算得到。

由表 11-1 还可以看出，2015 年，城镇小学生均义务教育事业性经费支出个人部分，最高为北京市，有 18196.98 元，最低为河南省，有 3754.97 元。农村小学生均义务教育事业性经费支出个人部分，最高也为北京市，有 22450.65 元，最低仍为河南省，有 3642.94 元。城镇初中生均义务教育事业性经费支出个人部分，最高为北京市，有 33522.86 元，最低为江西省，仅有 6115.78 元。农村小学生均义务教育事业性经费支出个人部分，最高也为北京市，有 36397.16 元，最低仍为河南省，有 5789.39 元。

可见，不论城乡，与小学相比，初中生均义务教育事业性经费支出个人部分更高。而城乡相比，2005 年，不论小学还是初中，城镇多高于农村。2015 年，部分城镇高于农村，支出最高的北京市，不论小学还是初中，农村生均义务教育事业性经费支出个人部分均高于城镇。2015 年与2005 年相比，无论城镇还是农村，无论小学还是初中，生均义务教育事业性经费支出个人部分都大大提升。

11.1.2　事业性经费支出差异

生均义务教育事业性经费支出与生均义务教育事业性经费支出个人部分情况类似，见表 11 - 2。

表 11 - 2　2005 年及 2015 年我国城乡生均义务教育事业性经费支出（元）

| 地区 | 2005 年 | | | | 2015 年 | | | |
| | 地方普通小学 | | 地方普通初中 | | 地方普通小学 | | 地方普通初中 | |
	城镇	农村	城镇	农村	城镇	农村	城镇	农村
北京市	7138.83	6448.65	9493.72	7531.93	32535.27	34885.18	55354.80	69091.70
天津市	5146.62	3399.38	6106.24	3152.18	22293.32	14283.11	36865.62	22755.57
河北省	1936.83	1645.56	2009.47	1570.57	7757.26	7623.68	11510.81	10316.92
山西省	1587.19	1503.30	2088.40	1631.23	8305.07	11648.28	12640.73	12929.39
内蒙古自治区	1913.58	2706.35	2448.13	2291.20	11081.11	20415.13	17085.41	19488.31
辽宁省	2626.88	2131.28	3740.72	2278.53	10836.97	11461.36	17109.03	13362.60
吉林省	2515.75	2459.87	3096.91	2057.55	12390.80	14606.67	16344.14	19000.07
黑龙江省	2558.54	2391.48	2889.05	1725.88	11913.21	15953.13	16080.76	16010.61
上海市	10735.54	8222.59	12577.95	9361.84	26512.85	20793.25	38354.21	30460.42
江苏省	3425.79	2342.66	3806.91	2212.07	15465.91	13095.10	23648.19	21913.21
浙江省	4285.29	3447.24	6176.96	4600.17	13978.48	13535.35	21109.79	18761.62
安徽省	1767.10	1145.50	1919.43	1155.55	9682.76	9393.77	13861.06	13586.00
福建省	2773.33	2033.34	3447.00	1912.01	10446.14	10696.61	16119.39	15688.25
江西省	1331.13	1204.50	1566.80	1407.81	7845.46	8371.11	11703.75	10469.91

续表

地区	2005 年				2015 年			
	地方普通小学		地方普通初中		地方普通小学		地方普通初中	
	城镇	农村	城镇	农村	城镇	农村	城镇	农村
山东省	2328.74	1591.86	3204.18	2102.88	10550.77	8325.34	15985.47	14516.66
河南省	1298.13	865.28	1603.10	1051.01	6335.67	5734.07	10786.23	9134.23
湖北省	1896.04	1117.53	2310.53	1445.23	9599.94	9185.08	15351.42	15302.83
湖南省	1889.98	1524.97	2365.89	1750.84	10100.94	7345.96	14331.94	11320.67
广东省	3061.79	1566.01	3696.69	2149.45	11689.39	9840.88	16113.98	11570.11
广西壮族自治区	1762.20	1142.81	1974.28	1335.16	8450.32	7789.05	13435.53	9123.36
海南省	1666.13	1329.27	2152.99	1669.70	10240.34	13986.17	15231.95	17287.98
重庆市	2542.45	1413.86	2853.31	1956.25	12466.82	11704.60	16575.61	13559.96
四川省	1905.07	1230.36	2105.16	1468.20	9859.03	10146.41	13583.75	12851.05
贵州省	1477.96	901.55	1751.74	1045.91	10057.40	9161.49	10503.83	8918.71
云南省	1865.43	1572.47	2178.67	1651.03	9262.32	9985.24	15097.56	10629.02
陕西省	1360.08	1248.25	1650.24	1216.91	9611.83	12825.72	13809.37	15500.43
甘肃省	1701.47	1088.42	1669.29	1299.22	9480.05	11445.68	11187.68	11533.29
青海省	2127.48	1998.40	2546.57	2042.98	7839.52	13828.97	16272.78	16529.02
宁夏回族自治区	1770.25	1351.97	2267.35	1905.28	11139.83	10868.39	15791.90	14146.90
新疆维吾尔自治区	2569.19	2286.01	3263.67	2161.28	13270.37	13862.27	20086.55	17728.45

资料来源：根据《中国教育经费统计年鉴》（2006）、《中国教育经费统计年鉴》（2016）相关数据计算得到。

从表 11 - 2 中可以看出，2005 年城镇小学生均义务教育事业性经费支出，最高为上海市，有 10735.54 元，最低为河南省，仅有 1298.13 元。农村小学生均义务教育事业性经费支出，最高也为上海市，有 8222.59 元，最低仍为河南省，仅有 865.28 元。城镇初中生均义务教育事业性经费支出，最高为上海市，有 12577.95 元，最低为江西省，仅有 1566.80 元。农村小学生均义务教育事业性经费支出，最高也为上海市，有 9361.84 元，最低为贵州省，仅有 1045.91 元。

2015 年，城镇小学生均义务教育事业性经费支出，最高为北京市，有 32535.27 元，最低是河南省，有 6335.67 元。农村小学生均义务教育事业性经费支出，最高也为北京市，有 34885.18 元，最低仍为河南省，有 5734.07 元。城镇初中生均义务教育事业性经费支出，最高为北京市，有 55354.80 元，最低为贵州省，仅有 10503.83 元。农村小学生均义务教育事业性经费支出，最高也为北京市，有 69091.70 元，最低仍为贵州省，有 8918.71 元。

可见，不论城乡，与小学相比，初中生均义务教育事业性经费支出更高。而城乡相比，2005 年，不论小学还是初中，城镇基本高于农村。2015 年，部分城镇高于农村，支出最高的是北京市，不论小学还是初中，农村生均义务教育事业性经费支出均高于城镇。2015 年与 2005 年相比，无论城镇还是农村，无论小学还是初中，生均义务教育事业性经费支出都有相当大幅度的提高。

11.1.3　生均义务教育经费城乡比

为进一步明确生均义务教育经费配置的城乡差异及其变化情况，本部分将分别计算出 2005 年和 2015 年我国各个省份的生均义务教育事业性经费个人部分及生均义务教育事业性经费的城乡比，并加以讨论。教育经费城乡比具体计算方法是，某一省份生均义务教育事业性经费个人部分的城乡比等于农村生均教育事业性经费个人部分除以城镇生均教育事业性经费个人部分的比例，生均义务教育事业性经费城乡比等于农村生均教育事业性经费除以城镇生均教育事业性经费的比例。可以用计算所得的这一比例来度量这个省份的生均义务教育经费在城乡间的差异。用这一公式计算出的比例数值越小的地区，说明该地区农村生均义务教育事业性经费或其人员部分与城镇地区相比越少，生均教育经费在城乡之间的分配越不公平。反过来，该比例数值越大的地区则说明生均义务教育经费在城乡间的分配越公平。有些地区计算出的比例数值大于 1，说明在这些地区，农村的生均义务教育经费高于城镇。但由于我国幅员辽阔，有些农村多在山区，或者偏僻，或人烟稀少，使得一些学校的在校学生数非常少，因此，需要较多的生均义务教育经费才能维持教学工作，并不必然代表该地区农村生均教育资源已经超过城镇。教育财政公平是实现教育公平的财政保障。而教育财政公平应体现资源均等分配、财政中立、积极歧视，以及公共资源从富裕流向贫困的原则。因此，农村作为弱势地区，它的生均义务教育经费高于城镇不仅不应该限制，反而应该鼓励。按照积极歧视，以及公共资源从富裕流向贫困的原则，农村的生均义务教育经费高于城镇是教育公平的一种体现。具体比例见表 11 –3。

表 11 –3　2005 年及 2015 年我国生均义务教育事业性经费支出及其个人部分城乡比

地区	生均义务教育事业性经费个人部分城乡比				生均义务教育事业性经费支出城乡比			
	2005 年		2015 年		2005 年		2015 年	
	普通小学	普通初中	普通小学	普通初中	普通小学	普通初中	普通小学	普通初中
北京市	0.93	0.83	1.23	1.09	0.90	0.79	1.07	1.25
天津市	0.66	0.53	0.67	0.65	0.66	0.52	0.64	0.62
河北省	0.88	0.83	0.99	0.82	0.85	0.78	0.98	0.90
山西省	1.06	0.90	1.56	1.08	0.95	0.78	1.40	1.02
内蒙古自治区	1.61	1.09	2.00	1.21	1.41	0.94	1.84	1.14
辽宁省	0.84	0.60	1.21	0.83	0.81	0.61	1.06	0.78
吉林省	1.07	0.67	1.29	1.15	0.98	0.66	1.18	1.16
黑龙江省	1.07	0.64	1.38	0.96	0.93	0.60	1.34	1.00
上海市	0.94	0.86	1.03	1.05	0.77	0.74	0.78	0.79
江苏省	0.77	0.62	0.91	1.03	0.68	0.58	0.85	0.93
浙江省	0.85	0.78	1.04	0.95	0.80	0.74	0.97	0.89
安徽省	0.67	0.66	1.14	1.09	0.65	0.60	0.97	0.98
福建省	0.82	0.62	1.23	1.11	0.73	0.55	1.02	0.97
江西省	0.95	0.96	1.10	1.01	0.90	0.90	1.07	0.89

续表

地区	生均义务教育事业性经费个人部分城乡比				生均义务教育事业性经费支出城乡比			
	2005 年		2015 年		2005 年		2015 年	
	普通小学	普通初中	普通小学	普通初中	普通小学	普通初中	普通小学	普通初中
山东省	0.79	0.72	0.90	0.92	0.68	0.66	0.79	0.91
河南省	0.71	0.73	0.97	0.95	0.67	0.66	0.91	0.85
湖北省	0.63	0.65	0.97	0.99	0.59	0.63	0.96	1.00
湖南省	0.89	0.89	1.01	0.99	0.81	0.74	0.73	0.79
广东省	0.50	0.55	0.87	0.69	0.51	0.58	0.84	0.72
广西壮族自治区	0.70	0.69	1.17	0.92	0.65	0.68	0.92	0.68
海南省	0.82	0.75	1.62	1.27	0.80	0.78	1.37	1.13
重庆市	0.61	0.71	1.06	0.91	0.56	0.69	0.94	0.82
四川省	0.75	0.76	1.14	1.02	0.65	0.70	1.03	0.95
贵州省	0.64	0.63	1.21	0.90	0.61	0.60	0.91	0.85
云南省	0.85	0.82	1.31	0.96	0.84	0.76	1.08	0.70
陕西省	1.01	0.87	1.74	1.30	0.92	0.74	1.33	1.12
甘肃省	0.68	0.80	1.43	1.09	0.64	0.78	1.21	1.03
青海省	0.87	0.74	1.23	1.04	0.94	0.80	1.76	1.02
宁夏回族自治区	0.89	0.91	1.19	1.10	0.76	0.84	0.98	0.90
新疆维吾尔自治区	0.94	0.73	1.27	1.10	0.89	0.66	1.04	0.88

资料来源：根据《中国教育经费统计年鉴》（2006）、《中国教育经费统计年鉴》（2016）相关数据计算得到。

从表 11-3 中可以看出，2005 年，小学生均教育事业性经费个人部分的城乡比大多小于 1，只有内蒙古自治区、吉林省、黑龙江省、山西省、陕西省的生均教育事业性经费个人部分的城乡比大于 1。说明 2005 年在我国，城镇生均教育事业性经费个人部分多高于农村。城乡比最高的是内蒙古自治区，农村比城镇达到 1.61，比例最低的是广东省，仅为 0.50。初中生均教育事业性经费个人部分的城乡比，只有内蒙古自治区的城乡比大于

1，为 1.09，其余地区均小于 1。比例最低的是天津，只有 0.53。2015 年，小学仅有河北省、湖北省、河南省、江苏省、山东省、天津市、广东省的生均教育事业性经费个人部分的城乡比小于 1，其他地区均大于 1。城乡比最大的仍然是内蒙古自治区，达到 2.00，最低的是山东省，也有 0.90。初中有 16 个省份的生均教育事业性经费个人部分城乡比大于 1。城乡比最高的地区是陕西省，达到 1.30，最低的是天津市，仅为 0.65。可见，从生均义务教育事业性经费个人部分来看，小学的城乡差异低于初中。从随时间的变化来看，2005 年到 2015 年，不论小学还是初中，生均教育事业性经费个人部分的城乡比均有显著升高，可见生均义务教育事业性经费支出的城乡差异减弱明显，不公平状况有很大好转。

从生均义务教育事业性经费支出在城乡间的差异来看，2005 年小学生均教育事业性经费支出的城乡比，除内蒙古自治区为 1.41 外，均小于 1，城乡比最低的地区为广东省，只有 0.51。这说明 2005 年在我国大多数地区，城镇的小学生均教育事业性经费支出显著高于农村。而初中生均教育事业性经费支出的城乡比没有一个地区超过 1，最高的是内蒙古自治区为 0.94，最低的是天津市，只有 0.52。这说明 2005 年不论哪个地区，初中的城镇生均教育事业性经费支出均高于农村。2015 年，我国有 15 个地区的小学生均教育事业性经费支出城乡比大于 1。城乡比最大的仍然是内蒙古自治区，达到 1.84，最低的是天津市，为 0.64。初中有 10 个省份的生均教育事业性经费个人部分城乡比大于 1。城乡比最高的地区是北京市，为 1.25，最低的是天津市，仅为 0.62。从 2005 年和 2015 年我国各地区的生均义务教育事业性经费支出来看，小学的城乡差异整体上低于初中。从随时间的变化来看，2005 年到 2015 年，不论小学还是初中，生均教育事业性经费支出的城乡比均有显著升高，可见生均义务教育事业性经费个人部分的城乡差异减弱明显，不公平状况有较大好转。

将我国 2005 年和 2015 年的生均教育事业性经费个人部分与生均教育事业性经费支出对比，可以看到，生均教育事业性经费个人部分的城乡差异小于生均教育事业性经费支出的城乡差异。可见，生均教育事业性经费公用部分的城乡差异也较为显著，与生均教育事业性经费个人部分的城乡差异共同影响着生均教育事业性经费支出的差异。

单独观察我国 2005 年和 2015 年每个地区生均义务教育事业性经费个人部分与生均教育事业性经费支出城乡比的变化，可以发现，我国各地区生均义务教育事业性经费个人部分的城乡比均有不同程度的上升，而生均教育事业性经费支出城乡比大多数上升，在小学阶段下降的有天津市和湖南省，初中阶段下降的仅有陕西省这一个地区。而天津市不论在 2005 年还是 2015 年，不论生均义务教育事业性经费个人部分还是生均教育事业性经费支出，城乡比都进入最低行列，说明城乡教育经费分配非常不均，农村远低于城镇。湖南省的生均义务教育事业性经费个人部分和生均教育事业性经费支出城乡比也很低，只有 2015 年小学生均教育事业性经费个人部分达到 1.01，其余的城乡比都在 1 以下。而初中阶段生均教育事业性经费支出城乡比下降的陕西省，不论生均义务教育事业性经费个人部分还是生均教育事业性经费支出城乡比，在 2015 年都超过了 1，属于城乡间教育经费分配较为公平的地区。

11.2　城乡义务教育资源价格指数的构造

我国城乡之间的义务教育资源价格有较为显著的差异，即使研究不对这种价格差异进行精确的估算，也经常由学者或政策制定者对资源价格差异进行主观估算。当采取主观估算这种处理方式时可能导致对城乡间教育资源配置公平状况的错误估计，或者关于城乡间教育公平的不合意的政策效果。因此，也应对各省份城乡间义务教育资源价格差异进行度量，在对城乡间教育资源配置公平及其变化趋势进行判断时，予以考量。由于我国城镇与农村劳动力市场存在较为严重的分割，而城乡农村劳动力市场发育程度有很大差异。所以，既不能采用可比工资指数模型，也无法利用 He-donic 工资模型对义务教育资源价格的城乡差异进行度量。

因此，对资源价格的度量将采用基于 McMahon – Melton 模型框架构造的价格指数进行，即构造出不同地区的生活成本指数（COL）以度量资源价格的差异。对于城乡之间的生活成本指数（COL），本章基于 Loren

Brandt 与 Carsten A Holz（2006）文献中构造的空间价格调整因子，结合不同年份各个城镇以及农村的居民各个年份的居民消费价格指数（consumer price index），以 2005 年的北京市为基准地区进行计算，以获得不同年份不同地区的城镇和农村生活成本指数。2005 年和 2015 年我国 30 个省份的城镇和农村生活成本指数见表 11 - 4。

表 11 - 4　2005 年和 2015 年我国各地区的生活成本指数

地区	农村		城镇	
	2005	2015	2005	2015
北京市	0.8523	1.0880	1.0000	1.2765
天津市	0.6832	0.8982	0.8068	1.0608
河北省	0.4804	0.6667	0.6871	0.8893
山西省	0.5848	0.8065	0.7733	1.0170
内蒙古自治区	0.5484	0.7363	0.7129	0.9445
辽宁省	0.5328	0.7258	0.7420	0.9626
吉林省	0.5097	0.7032	0.6899	0.9126
黑龙江省	0.5238	0.7473	0.7056	0.9349
上海市	0.8317	1.0980	0.9793	1.2928
江苏省	0.5780	0.7799	0.7882	1.0375
浙江省	0.5747	0.7450	0.7903	1.0168
安徽省	0.5356	0.7106	0.6982	0.9148
福建省	0.5766	0.7379	0.8129	1.0499
江西省	0.5234	0.7101	0.7169	0.9387
山东省	0.5378	0.7135	0.7463	0.9487
河南省	0.4945	0.6844	0.6911	0.9221
湖北省	0.5661	0.7846	0.7746	1.0203
湖南省	0.6485	0.8731	0.7488	0.9979
广东省	0.7000	0.9072	0.9825	1.2686
广西壮族自治区	0.5725	0.7856	0.7027	0.9441
海南省	0.6457	0.9446	0.9397	1.2703
重庆市	0.4582	0.6027	0.6576	0.8651

续表

地区	农村		城镇	
	2005	2015	2005	2015
四川省	0.5194	0.7065	0.7287	0.9857
贵州省	0.6457	0.8911	0.7023	0.9553
云南省	0.6734	0.9088	0.7330	1.0179
陕西省	0.6299	0.8784	0.7389	0.9989
甘肃省	0.6153	0.8847	0.6938	0.9745
青海省	0.5693	0.8909	0.7293	1.1207
宁夏回族自治区	0.5482	0.8078	0.7128	0.9868
新疆维吾尔自治区	0.5878	0.9045	0.7019	0.9615

资料来源：生活成本指数根据 Loren Brandt、Carsten A Holz 在《Spatial Price Differences in China：Estimates and Implications》中测算的 1990 年空间价格调整因子和《中国统计年鉴》（1992—2016）计算获得。

从表 11－4 中可以看到，就生活成本来说，2005 年和 2015 年城镇地区普遍高于农村地区，但同一个地区的城镇和农村之间差距并没有特别悬殊。2005 年，生活成本最高的城镇地区是基准地区北京市城镇地区，COL 为 1；生活成本最低的是重庆市城镇地区为 0.6576。生活成本最高的农村地区是北京市农村地区，COL 为 0.8523；生活成本最低的是重庆市农村地区，COL 为 0.4582。2015 年，生活成本最高的城镇地区是上海市城镇地区，COL 为 1.2928；生活成本最低的城镇地区是重庆市城镇地区，COL 为 0.8651。生活成本最高的农村地区是上海市农村地区，COL 为 1.0980；生活成本最低的农村地区仍然是重庆市农村地区，COL 为 0.6027。

11.3　城乡生均义务教育资源投入差异

参照 2005 年和 2015 年我国各地区城乡生均义务教育事业性经费支出及其个人部分，利用 2005 年和 2015 年的城乡义务教育资源价格指数，剥离不同地区城乡间资源价格的差异，可以获得城乡生均义务教育资源投入的差异。我国 2005 年及 2015 年各地区的生均义务教育人员性投入、生均义务教育资源投入城乡比均为农村的除以城镇的，可用于度量各地区城乡间义务教育资源投入的差异及其变化情况。

表 11 - 5　2005 年及 2015 年我国城乡生均义务教育资源投入城乡比

地区	生均义务教育人员性投入城乡比				生均义务教育资源投入城乡比			
	2005 年		2015 年		2005 年		2015 年	
	普通小学	普通初中	普通小学	普通初中	普通小学	普通初中	普通小学	普通初中
北京市	1.09	0.97	1.45	1.27	1.06	0.93	1.26	1.46
天津市	0.78	0.63	0.80	0.77	0.78	0.61	0.76	0.73
河北省	1.26	1.18	1.31	1.10	1.22	1.12	1.31	1.20
山西省	1.40	1.18	1.97	1.36	1.25	1.03	1.77	1.29
内蒙古自治区	2.09	1.42	2.57	1.55	1.84	1.22	2.36	1.46
辽宁省	1.16	0.84	1.61	1.11	1.13	0.85	1.40	1.04
吉林省	1.45	0.91	1.68	1.50	1.32	0.90	1.53	1.51
黑龙江省	1.44	0.86	1.72	1.20	1.26	0.80	1.68	1.25
上海市	1.11	1.01	1.21	1.24	0.90	0.88	0.92	0.94
江苏省	1.05	0.85	1.21	1.36	0.93	0.79	1.13	1.23
浙江省	1.16	1.07	1.42	1.30	1.11	1.02	1.32	1.21
安徽省	0.88	0.86	1.47	1.40	0.84	0.78	1.25	1.26
福建省	1.15	0.88	1.75	1.58	1.03	0.78	1.46	1.38
江西省	1.30	1.32	1.46	1.33	1.24	1.23	1.41	1.18
山东省	1.09	1.01	1.20	1.22	0.95	0.91	1.05	1.21
河南省	0.99	1.02	1.31	1.27	0.93	0.92	1.22	1.14
湖北省	0.86	0.88	1.26	1.29	0.81	0.86	1.24	1.30
湖南省	1.03	1.02	1.15	1.13	0.93	0.85	0.83	0.90
广东省	0.70	0.77	1.22	0.97	0.72	0.82	1.18	1.00

地区	生均义务教育人员性投入城乡比				生均义务教育资源投入城乡比			
	2005 年		2015 年		2005 年		2015 年	
	普通小学	普通初中	普通小学	普通初中	普通小学	普通初中	普通小学	普通初中
广西壮族自治区	0.85	0.84	1.40	1.10	0.80	0.83	1.11	0.82
海南省	1.19	1.09	2.18	1.71	1.16	1.13	1.84	1.53
重庆市	0.88	1.02	1.52	1.30	0.80	0.98	1.35	1.17
四川省	1.05	1.07	1.59	1.43	0.91	0.98	1.44	1.32
贵州省	0.70	0.69	1.29	0.96	0.66	0.65	0.98	0.91
云南省	0.93	0.90	1.47	1.08	0.92	0.82	1.21	0.79
陕西省	1.19	1.02	1.98	1.48	1.08	0.87	1.52	1.28
甘肃省	0.77	0.90	1.58	1.20	0.72	0.88	1.33	1.14
青海省	1.11	0.95	1.55	1.30	1.20	1.03	2.22	1.28
宁夏回族自治区	1.16	1.18	1.45	1.35	0.99	1.09	1.19	1.09
新疆维吾尔自治区	1.12	0.87	1.35	1.17	1.06	0.79	1.11	0.94

资料来源：根据《中国教育经费统计年鉴》（2006，2016）相关数据计算得出。

从表 11-5 中可以看到，2005 年，小学生均人员性投入的城乡比大于 1 的地区有 20 个，其中，内蒙古自治区生均人员性投入的城乡比达到 2.09。说明我国 2005 年，生均人员性投入农村多高于城镇，体现了教育财政公平。小学生均人员性投入城乡比小于 1 的地区有 10 个，比例最低的是广东省和贵州省，均为 0.70。初中生均人员性投入城乡比大于 1 的地区有 14 个，内蒙古自治区的城乡比最大，为 1.42。初中生均人员性投入的城乡比小于 1 的地区有 16 个，比例最低的是天津市，只有 0.63。2015 年，仅有天津市的小学生均人员性投入城乡比小于 1，为 0.80，其他地区均大于 1。城乡比最大的仍然是内蒙古自治区，达到 2.57。初中有 3 个省份的生均人员性投入城乡比小于 1。城乡比最高的地区是海南省，达到 1.71。最低的是广东省、贵州省、天津市，分别为 0.97、0.96、0.77。可见，与小

学相比，2005年和2015年，初中的生均人员性投入的城乡比数值普遍更小，代表初中生均人员性投入的城乡差异更为显著。从随时间的变化来看，2005年到2015年，不论小学还是初中，生均人员性投入的城乡比均有显著升高，可见生均义务教育人员性投入的城乡差异有显著降低，不公平状况有很大好转。

从生均义务教育资源投入在城乡间的差异来看，2005年小学生均义务教育资源投入的城乡比有14个地区大于1，内蒙古自治区最大，为1.84，城乡比最低的地区为贵州省，只有0.66。这说明2005年在我国半数以上地区，城镇的小学生均义务教育资源投入高于农村。而初中生均义务教育资源投入城乡比只有8个地区超过1，最高的地区是江西省，比例为1.23，最低的地区是天津市，为0.61。到2015年，我国只有4个地区的小学生均义务教育资源投入的城乡比小于1。城乡比最大的地区是内蒙古自治区，达到2.36，最低的地区是天津市，为0.76。有7个省份的初中生均义务教育资源投入城乡比小于1。城乡比最高的地区是海南省，为1.53，最低的是天津市，为0.73。可见，从2005年和2015年我国各地区的生均义务教育资源投入来看，小学的城乡差异整体上显著低于初中。从随时间的变化来看，2005年到2015年，不论小学还是初中，生均义务教育资源投入的城乡比均有显著升高，可见生均义务教育资源投入的城乡差异减弱明显，不公平状况有很大好转。

将我国2005年和2015年的生均人员性投入与生均义务教育资源投入对比，可以看到，生均人员性投入的城乡差异比生均义务教育资源投入的城乡差异更为明显。单独观察我国2005年和2015年每个地区生均义务教育人员性投入与生均义务教育资源投入城乡比的变化，可以发现，我国各地区小学生均义务教育人员性投入的城乡比均有不同程度的上升，初中生均义务教育人员性投入的城乡比除河北省外也均有所上升。而生均义务教育资源投入城乡比大多数地区上升，在小学阶段下降的有天津市和湖南省两个地区，初中阶段下降的为江西省、广西壮族自治区和云南省三个地区。

11.4　城乡生均义务教育经费与资源投入差异排序

将我国 2005 年及 2015 年生均义务教育经费城乡比按照由大到小的顺序排序列表，即生均义务教育经费农村与城镇比例最高的在前，见表 11 - 6。从表 11 - 6 中可以看到，内蒙古自治区的生均义务教育经费城乡比最高，可见从城乡教育经费配置纵向公平的角度来看，内蒙古自治区较好。而广东省和天津市的排序较为靠后，说明相比之下，在这两个年份中，广东省和天津市的城乡教育经费配置较不公平。

表 11 - 6　2005 年及 2015 年我国生均义务教育经费城乡比排序

地区	生均义务教育事业性经费个人部分城乡比				生均义务教育事业性经费支出城乡比			
	2005 年		2015 年		2005 年		2015 年	
	普通小学	普通初中	普通小学	普通初中	普通小学	普通初中	普通小学	普通初中
北京市	9	8	10	8	8	5	10	1
天津市	26	30	30	30	22	30	30	30
河北省	12	9	24	28	10	6	16	16
山西省	4	4	4	11	3	7	3	7
内蒙古自治区	1	1	1	3	1	1	1	3
辽宁省	16	28	13	27	12	23	12	26
吉林省	2	21	8	4	2	18	8	2
黑龙江省	3	24	6	20	5	25	5	10
上海市	7	7	22	12	16	12	28	24
江苏省	20	26	27	14	19	28	25	14
浙江省	15	12	21	21	14	11	19	19
安徽省	25	22	17	10	24	24	18	11
福建省	18	27	11	5	18	29	15	12
江西省	6	2	19	16	7	2	11	18

续表

地区	生均义务教育事业性经费个人部分城乡比				生均义务教育事业性经费支出城乡比			
	2005 年		2015 年		2005 年		2015 年	
	普通小学	普通初中	普通小学	普通初中	普通小学	普通初中	普通小学	普通初中
山东省	19	18	28	23	20	20	27	15
河南省	22	17	26	22	21	21	24	22
湖北省	28	23	25	17	28	22	20	9
湖南省	10	5	23	18	13	13	29	25
广东省	30	29	29	29	30	27	26	27
广西壮族自治区	23	20	16	24	23	17	22	29
海南省	17	14	3	2	15	9	4	4
重庆市	29	19	20	25	29	16	21	23
四川省	21	13	18	15	25	15	14	13
贵州省	27	25	14	26	27	26	23	21
云南省	14	10	7	19	11	10	9	28
陕西省	5	6	2	1	6	14	6	5
甘肃省	24	11	5	9	26	8	7	6
青海省	13	15	12	13	4	4	2	8
宁夏回族自治区	11	3	15	6	17	3	17	17
新疆维吾尔自治区	8	16	9	7	9	19	13	20

从表 11－7 中可以看到，2005 年及 2015 年我国生均义务教育资源投入城乡比排序与义务教育经费城乡比的排序相比，发生了一些变化。从城乡生均义务教育资源投入角度来看，总体上内蒙古自治区仍然是最为公平的，天津市仍然较为不公平，但广东省的资源投入不公平较教育经费不公平的排序情况有一些好转，贵州省城乡生均义务教育资源投入公平的排序比义务教育经费公平更为靠后，教育资源配置不公平的状况显现出来。

表 11-7　2005 年及 2015 年我国生均义务教育资源投入城乡比排序

地区	生均义务教育事业性经费人员性投入城乡比				生均义务教育资源投入城乡比			
	2005 年		2015 年		2005 年		2015 年	
	普通小学	普通初中	普通小学	普通初中	普通小学	普通初中	普通小学	普通初中
北京市	16	15	17	17	13	11	16	3
天津市	27	30	30	30	27	30	30	30
河北省	6	4	21	26	6	4	15	16
山西省	4	3	4	9	4	6	4	8
内蒙古自治区	1	1	1	3	1	2	1	4
辽宁省	10	27	8	24	9	20	11	22
吉林省	2	17	7	4	2	14	6	2
黑龙江省	3	24	6	20	3	24	5	12
上海市	15	13	27	18	22	16	28	25
江苏省	19	25	26	8	17	25	23	13
浙江省	9	7	18	14	10	8	14	14
安徽省	24	23	13	7	23	27	17	11
福建省	12	21	5	2	14	28	8	5
江西省	5	2	15	11	5	1	10	17
山东省	17	14	28	19	16	13	26	15
河南省	21	12	22	16	19	12	19	19
湖北省	25	20	24	15	24	18	18	7
湖南省	20	10	29	23	18	19	29	27
广东省	29	28	25	28	29	23	22	23
广西壮族自治区	26	26	19	25	26	21	25	28
海南省	7	6	2	1	8	3	3	1
重庆市	23	9	12	13	25	9	12	18
四川省	18	8	9	6	21	10	9	6
贵州省	30	29	23	29	30	29	27	26

续表

地区	生均义务教育事业性经费人员性投入城乡比				生均义务教育资源投入城乡比			
	2005 年		2015 年		2005 年		2015 年	
	普通小学	普通初中	普通小学	普通初中	普通小学	普通初中	普通小学	普通初中
云南省	22	19	14	27	20	22	20	29
陕西省	8	11	3	5	11	17	7	10
甘肃省	28	18	10	21	28	15	13	20
青海省	14	16	11	12	7	7	2	9
宁夏回族自治区	11	5	16	10	15	5	21	21

本章小结

在我国，多年以来城乡生均义务教育经费支出一直存在差距悬殊的问题，生均义务教育经费支出差异影响着生均义务教育资源投入差距，而城乡生均义务教育资源投入差距是影响城乡教育公平的重要因素，是政策制定者和学者一直关注的问题。但众所周知，与其他资源一样，我国城乡之间的教育资源价格差异很大，如果不能掌握城乡之间的教育资源价格差异，而是单凭主观判断，将会使致力于城乡公平的教育政策无法获得最满意的结果，也会使对政策的评价无法客观公正。

本章首先讨论了 2005 年和 2015 年我国各地区城乡之间的生均义务教育经费配置及其差异状况，并讨论了其在这 10 年间的变化情况；其次利用 McMahon–Melton 模型构造了城乡之间义务教育资源的价格指数；最后利用该资源价格指数对城乡生均义务教育经费支出进行了调整，获得了各地区城乡之间生均义务教育资源投入的差异及其在 10 年间的变化情况。

结果表明：

①从生均义务教育事业性经费支出的数额来看，不论城乡，与小学相比，初中的支出更高。城乡相比，2005 年，不论小学还是初中，城镇多高

于农村。2015 年，小学和初中，北京市等部分省份城镇地区高于农村地区。2015 年与 2005 年相比，无论城镇地区还是农村地区，无论小学还是初中，生均义务教育事业性经费支出个人部分都大大提升，生均义务教育事业性经费支出都有相当大幅度的提高。

②从生均义务教育事业性经费支出来看，2005—2015 年，不论小学还是初中，城乡比均有显著升高，说明该项支出的城乡差异减弱明显，不公平状况有较大好转。在小学阶段这一比例下降的仅有天津市和湖南省两个地区；初中阶段下降的仅有陕西省这一个地区。

③以 2005 年的北京市为基准地区进行计算，可以获得不同地区的城镇和农村生活成本指数。2005 年和 2015 年城镇地区普遍高于农村地区，但同一个地区的城镇和农村之间并没有特别悬殊的差距。

④与小学相比，2005 年和 2015 年，初中的生均义务教育事业性经费人员性投入的城乡比数值普遍更小，说明初中生均义务教育事业性经费人员性投入的城乡差异更为显著。从随时间的变化来看，2005—2015 年，不论小学还是初中，生均义务教育事业性经费人员性投入的城乡比均有显著升高，说明生均义务教育事业性经费人员性投入的城乡差异有显著降低，不公平状况得到了很大程度的缓解。

⑤从 2005 年和 2015 年我国各地区的生均义务教育资源投入来看，小学的城乡差异整体上显著低于初中。从随时间的变化来看，2005—2015 年，不论小学还是初中，生均义务教育资源投入的城乡比均有显著升高，可见生均义务教育资源投入的城乡差异减弱明显，公平状况有很大改善。

⑥通过分别对我国各地区 2005 年和 2015 年城乡生均义务教育经费差异以及义务教育资源投入差异进行排序发现，内蒙古自治区的城乡生均义务教育经费投入和生均义务教育资源都较为公平，而天津市则与内蒙古自治区相反，城乡生均义务教育经费投入和生均义务教育资源投入都较为不公平。对比生均义务教育资源配置教育经费的公平状况发现，广东省的城乡生均义务教育资源配置状况比生均教育经费显示出的配置公平状况略好，而贵州省生均教育资源配置较生均教育经费的不公平状况更为严重。

第 12 章　结论与展望

12.1　结论与政策含义

关于教育资源配置公平性的研究是教育经济学的重要研究领域之一，不仅具有重要的理论价值，也具有重要的现实意义，它为教育活动的利益相关者、学者和政府教育部门政策制定者提供了重要的信息。但是要通过教育经费支出的信息反映各个地区真实教育资源投入状况，尤其是地区之间教育资源配置的均衡状况，还需要根据各个地区间教育所消费的产品和服务的价格差异对教育经费支出进行调整。

关于教育成本调整的研究在西方国家已经进行了近半个世纪，我国学者也提出过在我国进行相关研究的必要性，但是由于数据可得性等因素，迄今为止我国国内专门进行地区间教育资源价格调整方法方面的研究文献还比较少。

本书基于国外相关领域的已有理论，建立了分析框架，在理论分析的基础上，利用我国劳动者个人层面数据，进行了针对我国实际情况的地区间义务教育资源价格调整研究，在分析了我国义务教育经费支出结构和地区间差异的影响因素的前提下，构建了我国城镇地区间义务教育人员性投入价格指数模型，构造了人员性投入价格指数，借鉴购买力平价方法给出了公用部分价格指数的构造方法，继而构造了各省份城镇地区间义务教育经费价格总指数。对人员性投入价格指数的研究进行推广，得到了广东省内部城镇地区间义务教育事业性经费人员性投入价格指数。另外，本书在扩展部分还研究了中国不同时期的义务教育人员性投入价格指数的跨时变化情况。最后，本书借助 McMahon – Melton 模型（市场篮子法）构造了城乡义务教育资源价格指数，并利用这一指数对教育经费支出进行了调整，获得了我国各地区城乡间教育资源配置的公平状况及其随时间的变化情况。本书研究所得到的主要研究结论及其政策含义如下：

①义务教育投入的人员部分资源是教育投入中最为重要的资源。本书的研究发现，在我国，不论各省份所辖的城镇地区之间，还是省内不同城镇地区之间，教育经费人员部分的价格指数变异性都很大，这反映了相同特征义务教育学校教职工在不同地区工作要求获得不同的工资性收入，而且地区间的这种差异较大。在研究所涉及的 2005 年 30 个省份所辖的城镇地区，这种工资收入的极差率达到 2.19。因此，要得知义务教育人员部分真实的资源投入状况及其在地区间的差异情况，都必须对教育经费支出的人员部分进行价格调整。用基尼系数衡量教育经费人员部分和人员资源投入的差异，调整前后的人员支出差异由城镇普通小学的 0.2987 和初级中学的 0.3669 分别下降为 0.2324 和 0.2992。我国各省份城镇地区间义务教育人员性投入真实差距小于义务教育事业性经费个人部分支出的差距。但是，由于调整后的城镇义务教育人员支出差异已经剥离了价格因素的影响，可以反映出地区间人员性投入的真实差异，从不公平系数中可以看到，地区间人员部分资源投入差异依然存在，消除这个差异依然是政府为实现教育财政公平而需要继续完善的事业。

②本书的研究根据国外已有研究框架计算了对人员成本进行调整可选的另外一种指数，改进的生活成本指数，通过将城镇地区间可比工资指数与改进的生活成本指数进行比较发现，可比工资指数相对于改进的生活成本指数考虑的因素更多，变异性也更大，因此用它作为我国地区间义务教育事业性经费个人部分支出价格指数更为适合。

③本书定量研究了城镇地区间的义务教育资源价格总指数，通过价格总指数调整前后的教育经费支出在地区间分配的不平等指数的计算发现，调整前后的教育经费生均支出不平等程度变化很大，调整后有很明显的下降。这说明地区间产品和服务的价格差异在很大程度上影响了教育经费投入的购买力。而我国义务教育资源投入在地区间的真实差异小于义务教育经费投入在地区间的差异。各个城镇地区义务教育资源投入的排名与城镇

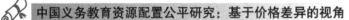

地区义务教育事业性经费支出的排名也有一定的差异。但是，由于调整后的城镇义务教育资源投入差异已经剥离了价格因素的影响，可以反映出地区间义务教育投入的真实差异，从不平等系数中可以看到，地区间义务教育资源投入差异依然存在，政府需要加大财政转移支付的力度，促进义务教育公平的实现。

④城镇地区间义务教育人员性投入价格指数在省内的扩展研究表明，广东省内城镇义务教育人员部分资源价格的差异大于省份间差异。因此，在省内的义务教育财政转移支付工作中，以及教育财政公平的讨论中，更有必要应用地区间人员性投入价格指数剥离地区间资源价格差异的影响。

⑤利用中国地区间义务教育人员性投入价格指数及义务教育资源价格总指数进行价格调整，发现城镇义务教育事业性经费个人部分生均支出与实际人员性投入以及生均事业性经费与义务教育资源投入差异较大。城镇地区间生均义务教育的资源投入及其人员部分投入的真实差距远远小于生均教育经费支出所显示出来的差距。通过对我国城镇地区义务教育生均事业性经费及其个人部分支出与生均教育资源投入以及人员性投入的排序可以观察到，利用生均义务教育经费多寡的排序往往与真实的资源投入排序有较大差异，一般来说经济发展较为落后地区的学龄儿童，只能获得相对较少的义务教育资源。因此，我国还应该继续加大对经济薄弱地区进行义务教育转移支付的力度，以达成财政中立的目标。

⑥对我国城镇地区间义务教育人员性投入价格指数的跨时扩展研究表明，2005年到2015年间的奇数年份，我国各地区城镇小学与初中人员性投入价格逐年上升，为保证小学人员部分的资源投入，各地区应适当提高小学与初中的生均事业性经费个人部分支出。另外，由于我国城镇地区间义务教育人员性投入价格差异的相对结构也发生了改变，因此政府应建立长期测算的机制，掌握各地人员性投入差异，对投入薄弱地区增加经费的拨付。随着时间的变化，与城镇地区生均事业性教育经费个人部分支出反映出的不平等程度逐年显著降低不同，我国城镇地区间小学人员性投入的不平等程度仅仅呈波浪式变化，因此应加强教育公平政策的落实，以达成我国地区间小学与初中人员性投入公平的目标。

⑦对 2005 年和 2015 年我国各地区城乡间义务教育生均事业性经费及其个人部分支出以及城乡义务教育人员部分与总资源投入在地区间的配置的公平状况的研究发现，从全国范围来看，与义务教育生均事业性经费及其个人部分支出的特征一样，初中生均人员性投入以及生均教育资源投入的城乡差异比小学更为显著。从时间的变化来看，2005—2015 年，不论小学还是初中，生均义务教育人员性投入以及生均教育资源投入的城乡差异都有明显改善。从义务教育资源价格差异上来看，城镇普遍高于农村，但同一个地区的城镇和农村之间并没有特别悬殊的差距。教育资源价格最高的城镇地区，其农村地区的教育资源价格也最高，教育资源价格最低的城镇地区，其农村地区的教育资源价格也最低。通过对各省份城乡间教育经费和资源配置公平程度进行排序发现，各省份城乡教育经费和资源配置公平程度差距很大。对比生均教育资源配置教育经费的公平状况发现，某些省份的城乡生均教育资源配置状况比教育经费显示出的配置公平状况略好，而某些省份生均教育资源配置状况较教育经费的不公平状况更为严重。因此针对城乡间义务教育公平的政策不能"一刀切"，应把城乡教育资源价格纳入考量，对各地区城乡义务教育资源配置公平状况进行测算后，再依据实际情况制定相应的教育财政政策。

12.2　创新点与局限性

12.2.1　创新点

①本书将不同地区间义务教育资源价格差异纳入义务教育资源配置公平问题的研究范围。

②结合中国的实际情况，借鉴国际上相关研究的理论框架和方法，分别提供了构造中国各省份城镇地区间义务教育人力资源与物力资源价格指数以及各省份城乡间义务教育资源价格指数的方法。

③利用经验研究方法获得了中国各省份城镇地区间以及各省份城乡间的义务教育资源价格指数，并结合教育经费数据，揭示了我国各个地区间义务教育资源投入真实的公平状况，并与义务教育经费的配置状况进行了

对比。

④对我国地区间义务教育资源配置的公平情况随时间的变化进行了度量，并与义务教育经费反映的公平状况进行了对比。

12.2.2　局限性

由于受到数据可得性的限制，本书的研究是初步的。以下问题需要进一步的研究以及获得质量更高、实效性更强的数据才能够解决。

①在计算地区间义务教育事业性经费人员性投入价格指数时使用的多元回归模型，与同类模型具有相同的不可避免的缺陷，由于获得的劳动者能力等个人信息数据维度可能不够全面，对其工资影响因素的控制可能存在遗漏变量的问题，此时导致估计可能是有偏误的。

②在估算各省份城镇地区间人员性投入价格指数的模型中，根据可比工资指数方法的理论前提，假定教育部门员工特别是教师的偏好与选定的其他部门特定员工的偏好相同。如果此假设不成立可能会影响地区间价格指数的精确性。

③在非人员性投入价格指数的计算时，借鉴了购买力平价方法，在数据方面限于义务教育公用经费购买的代表物品和服务种类尤其是价格数据的可得性，无法进行精确的计量，因此该部分指数的计算在本书的研究中予以忽略。

④跨时各省份城镇地区间人员性投入价格指数的研究过程中，与已有研究具有类似的缺陷，由于数据可得性的限制，无法控制劳动者的所有个人特征及工作特征，因此价格指数的跨时变化并不能做到十分精确。

⑤由于劳动者个人信息数据可得性的限制，本文只能将2005年作为基年构造义务教育事业性经费人员性投入的价格指数。不能非常精确地展示其他年份各地区的教育资源投入，也无法与跨市级区域调整的指数进行比较。

⑥对于各省份城乡间义务教育资源价格指数的构造，由于城乡间差异与城镇间差异不同，不满足修正的可比工资指数法的条件，所以只能选用较为粗略的市场篮子法进行指数的构造，因此获得的城乡间义务教育资源差异也较为粗略。

12.3　展望

地区间教育资源价格调整研究是一个意义重大的研究领域，本书只是这一研究在我国的初步开展的一部分，还有待于进一步探讨和完善。

由于数据可得性的限制，对于地区间义务教育公用经费部分，在本书的研究中仅给出其构造方法和步骤，没有进行详细的计算，因而在义务教育资源价格总指数部分采取了一种保守的估计方法。如果将来能够获得地区间公用经费价格调整所需的价格和消费结构数据，将可以计算义务教育资源公用部分在地区间的真实差异，从而更加精确地计算我国地区间的义务教育资源价格指数。

本书将 2005 年作为基年构造义务教育资源价格指数。如果有更新的数据，并且调查规模与所使用数据的规模相当，变量相同，则可以利用混合横截面数据对价格指数进行更为精确的构造，如果有追踪调查样本，还可以利用面板数据进行计量，从而更为精确地获得近年来各地的教育资源投入以及在地区之间的真实差异情况。

由于篇幅所限，本书仅讨论了义务教育阶段教育资源价格的调整，但是地区间价格差异的调整研究也适用于学前教育、高中教育和高等教育，在学前教育、高中教育和高等教育的财政公平性研究中，也需要对教育资源价格数据进行空间上的调整，才能展现各级教育真实教育资源投入在地区间的公平状况。

参 考 文 献

一、中文类参考文献

［1］E. 柯恩. 教育经济学 ［M］. 王玉昆，等，译. 上海：华东师范大学出版社，1989：54.

［2］Sylvie Durge，Martin Fournier，李实，魏众. 中国经济改革与城镇劳动力市场分割 ［J］. 中国人口科学，2008（2）：2 – 11.

［3］北京大学中国经济研究中心宏观组. 以购买力平价测算基尼系数的尝试 ［J］. 经济学（季刊），2006，6（1）：91 – 104.

［4］边显人. 我国劳动力价格地区差异及相关因素影响分析 ［J］. 中国农业资源与区划，2008（2）：48 – 53.

［5］蔡昉. 二元劳动力市场条件下的就业体制转换 ［J］. 中国社会科学，1998（2）：4 – 14.

［6］蔡昉. 中国劳动与社会保障体制改革 30 年研究 ［M］. 北京：经济管理出版社，2008：204 – 216.

［7］蔡昉，都阳，王美艳. 中国劳动力市场转型和发育 ［M］. 北京：商务印书馆，2005：211 – 224.

［8］崔瑛. 我国各地区城镇居民消费价格水平的购买力平价分析 ［J］. 河南社会科学，2007（4）：32 – 34.

［9］代蕊华. 学校教育成本的特殊性 ［J］. 教育评论，2000（1）：11 – 12.

［10］杜育红. 教育发展不平衡研究 ［M］. 北京：北京师范大学出版社，2000.

［11］杜育红，梁文艳，杜屏. 我国农村中小学公用经费充足性研究

[J]．北京师范大学学报（社会科学版），2008（6）：13 – 20.

[12] 杜育红，孙志军．中国义务教育财政研究［M］．北京：北京师范大学出版社，2009：70 – 80.

[13] 付敏杰．价格与我国城镇消费差距：1993—2004——基于购买力平价的研究［D］．石家庄：河北大学，2006.

[14] 付尧，袁连生．美国地区间义务教育成本调整指数述评［J］．外国教育研究，2010（6）：64 – 69.

[15] 付尧．我国城镇地区间义务教育资源投入差异研究——以调整价格的人员经费支出为例［J］．北京师范大学学报（社会科学版），2011（3）：125 – 133.

[16] 付尧，袁连生，曾满超．我国义务教育人员性投入价格指数的构造与应用——以城镇地区为例［J］．北京大学教育评论，2014（2）：111 – 127.

[17] 付尧，陶涛．中国地区间义务教育公用经费价格建模研究［J］．中国人民大学教育学刊，2011（3）：155 – 164.

[18] 顾明远．教育大辞典［M］．上海：上海教育出版社，1998：1897.

[19] 古扎拉蒂．经济计量学精要（第二版）［M］．北京：机械工业出版社，2000.

[20] 关于教师工作调动的有关规定［EB/OL］．（2010 – 3 – 31）［2010 – 11 – 01］．http：//jx. jzedu. net/xwzx/ShowArticle. asp？ArticleID = 358.

[21] 郭丛斌．二元制劳动力市场分割在理论在中国的验证［J］．清华大学教育研究，2004（4）：43 – 49.

[22] 国务院办公厅转发财政部、教育部关于加快国家扶贫开发工作重点县"两免一补"实施步伐有关工作意见的通知国办发〔2005〕7 号［EB/OL］．（2005 – 02 – 18）［2010 – 11 – 01］．http：//202. 205. 177. 9/edoas/website18/18/info34018. htm.

[23] 国务院办公厅转发中央编办、教育部、财政部《关于制定中小学教职工编制标准意见的通知》［EB/OL］．（2008 – 08 – 29）［2010 – 11 – 01］．中国人大网，www. npc. gov. cn. http：//www. npc. gov. cn/npc/zfjc/

ywjyf/2008 – 08/29/content_ 1447276. htm.

[24] 哈尔·R. 范里安. 微观经济学：现代观点（第二版）[M]. 费方域，等，译. 上海：上海人民出版社，1991.

[25] 韩嘉骏. 价格指数理论与实践 [M]. 北京：中国发展出版社，1992：296 – 298.

[26]《黑龙江省城镇低保家庭义务教育阶段学生"两免一补"工作实施办法》，进一步保障全省城镇低保家庭义务教育阶段学生享受公平教育的权利 [EB/OL].（2007 – 06 – 21）[2010 – 11 – 01]. http：//www. hljmzt. gov. cn/zwxxgk/jzglgz/cxshjz/200903/t20090317_ 32947. htm.

[27] 贾俊平，何晓群，金勇进. 统计学（第三版）[M]. 北京：中国人民大学出版社，2007.

[28] 江小涓，李辉. 我国地区之间实际收入差距小于名义收入差距 [J]. 经济研究，2005（9）：11 – 18.

[29] 靳希斌. 教育经济学 [M]. 北京：人民出版社，2002：283.

[30] 赖德胜，吉利. 大学生择业取向的制度分析 [J]. 宏观经济研究，2003（7）：34 – 38.

[31] 赖德胜. 分割的劳动力市场理论评述 [J]. 经济学动态，1996（11）：65 – 67.

[32] 劳伦斯·汉密尔顿. 应用 STATA 做统计分析（第 5 版）[M]. 郭志刚，等，译. 重庆：重庆大学出版社，2008.

[33] 雷怀英，朱钰，高艳云. 基于质量调整的 Hedonic 价格指数研究 [J]. 统计研究，2007（10）：54 – 56.

[34] 李锋亮，刘帆，郭紫墨. 对硕士毕业生迁移就业目的地的实证研究 [J]. 清华大学教育研究，2009，30（4）：67 – 71.

[35] 李红超，于启新. 我国现行中小学教师工资制度探析 [J]. 教育财会研究，2009（2）：53 – 57.

[36] 李建民. 中国劳动力市场多重分隔及其对劳动力供求的影响 [J]. 中国人口科学，2002（2）：1 – 7.

[37] 李铃. 地产价格指数研究 [J]. 中国土地科学，1999（7）：

31 – 34 + 42.

[38] 李实，王亚柯．中国东西部地区企业职工收入差距的实证分析
[J]．管理世界，2005（6）：16 – 26.

[39] 栗玉香．教育财政学［M］．北京：经济科学出版社，2009.

[40] 刘建国．价格因素和生活费成本对各地区城镇居民实际收入水
平的影响［J］．上海经济研究，2006（7）：73 – 78.

[41] 罗楚亮，李实．人力资本、行业特征与收入差距［J］．管理世
界，2007（10）：19 – 30.

[42] 萨缪尔森，诺德豪斯．经济学［M］．萧琛，译．北京：华夏出
版社，1999.

[43] 上海市教育科学研究院．中国义务教育转移支付制度研究［EB/
OL］．（2010 – 6 – 12）［2010 – 8 – 12］．http：//www.cnsaes.org/homepage/ht-
ml/zhilisuo/zlstopic/zlsjiaoyucaizhengyanjiu/726.html.

[44] 沈百福．义务教育投入的城乡差异分析［J］．教育科学，2004
（1）：23 – 26.

[45] 沈有禄．中国基础教育公平［M］．北京：北京教育科学出版
社，2011.

[46] 陶涛，翟振武，夏亮．中国地区间收入差距分析［J］．人口与
经济，2010（5）：70 – 75.

[47] 汪令江．西部地区高校人才流失及其对策分析［J］．成都大学
学报（社会科学版），2003（1）：1 – 3.

[48] 王海港，李实，刘京军．城镇居民教育收益率的地区差异及其
解释［J］．经济研究，2007（8）：73 – 81.

[49] 王凯，王振龙．中国义务教育阶段经费配置公平状况的实证研
究［J］统计与信息论坛，2010，25（4）：99 – 103.

[50] 王善迈，袁连生，刘泽云．重构中国公共教育财政体制［M］//
从人口大国迈向人力资源强国　中国教育与人力资源问题报告课题组．北
京：高等教育出版社，2003：369 – 388 + 384.

[51] 王善迈，杜育红，刘远新．我国教育发展不平衡的实证分析

[J]. 教育研究，1998（6）：19 - 23.

　　[52] 王善迈，袁连生. 2001 年中国教育发展报告 [M]. 北京：北京师范大学出版社，2002.

　　[53] 王善迈. 教育投入与产出研究 [M]. 石家庄：河北教育出版社，1996：175 - 178.

　　[54] 王守祯，屈英. 地区物价指数的编制方法研究 [J]. 中央财经大学学报，2002（4）：60 - 62

　　[55] 王玉昆. 教育成本问题初探 [J]. 黑龙江高教研究，1991（1）：104 - 111.

　　[56] 翁文艳. 教育公平的多元分析 [J]. 教育发展研究，2001（3）：62 - 64.

　　[57] 吴江. 劳动力资源配置的理论与实践 [M]. 广州：暨南大学出版社，2010：126 - 136，212 - 231.

　　[58] 吴璟，刘洪玉，马亚男. 住房价格指数的主要编制方法及其选择 [J]. 建筑经济，2007（7）：27 - 30.

　　[59] 谢启南. 论消费物价地区差指数 [J]. 统计与咨询，1996（6）：7 - 8.

　　[60] 谢维和，李乐夫，孙凤，文雯. 中国的教育公平与教育发展（1990—2005）[M]. 北京：教育科学出版社，2008.

　　[61] 许经勇，曾芬钰. 竞争性的劳动力市场与劳动力市场分割 [J]. 当代财经，2000（8）：（9 - 13）.

　　[62] 薛海平，王蓉. 教育生产函数与义务教育公平 [J]. 教育研究，2010（1）：9 - 17.

　　[63] 杨河清. 劳动经济学 [M]. 北京：中国人民大学出版社，2002：215 - 243.

　　[64] 伊兰伯格，史密斯. 现代劳动经济学——理论与公共政策（第六版）[M]. 潘功胜，刘昕，译. 北京：中国人民大学出版社，2000：221 - 255.

　　[65] 余芳东. 购买力平价方法简介 [J]. 统计与预测，2003（6）：

79－80.

　　［66］余芳东．我国城镇居民消费价格和实际收入地区差距的比较研究 ［J］．统计研究，2006（4）：3－7.

　　［67］余芳东．中国购买力平价和经济实力的国际比较研究 ［M］．北京：中国统计出版社，1999.

　　［68］余世仁，简玉兰．西部人才流失探源 ［J］．经济论坛，2004 （6）：24－25.

　　［69］袁连生．教育成本计量探讨 ［J］．北京师范大学学报（人文社会科学版），2000（1）：17－22.

　　［70］袁连生．教育成本计量探讨 ［M］．北京：北京师范大学出版社，2000：21.

　　［71］袁连生，田志磊，崔世泉．地区教育发展与教育成本分担 ［J］．清华大学教育研究，2011（1）：74－82.

　　［72］袁志刚．中国的城乡劳动力流动与城镇失业——理论和经验研究 ［M］．北京：经济科学出版社，2007：43－49.

　　［73］岳昌君．我国教育发展的省际差距比较 ［J］．华中师范大学学报 （人文社会科学版），2008（1）：221－621.

　　［74］约翰·罗尔斯．正义论 ［M］．何怀宏，等，译．北京：中国社会科学出版社，1988.

　　［75］云南省农村义务教育阶段贫困家庭学生“两免一补”工作实施意见　省教育厅　省财政厅（二〇〇五年五月二十日）［EB/OL］．（2005－09－14）　［2010－11－01］．http：//www.yn.gov.cn/yunnan，china/774056 18595430400/20050914/1003212.html.

　　［76］曾满超，丁延庆．中国义务教育资源利用及配置不均衡研究 ［J］．教育与经济，2005（2）：34－40.

　　［77］曾满超．教育政策的经济分析 ［M］．北京：人民教育出版社，2000：76－135.

　　［78］张建红，J Paul Elhorst，Arjen Van Witteloostuijn．中国地区工资水平差异的影响因素分析 ［J］．经济研究，2006（10）：62－71.

［79］ 张人杰. 国外教育社会学基本文选 ［M］. 上海：华东师范大学出版社，2009.

［80］ 张展新. 劳动力市场的产业分割与劳动人口流动 ［J］. 中国人口科学，2004 (2)：45 - 52.

［81］ 钟宇平，雷万鹏. 公平视野下中国基础教育财政政策 ［J］. 教育与经济，2002 (1)：1 - 7.

［82］ 朱镜德. 现阶段中国劳动力流动模式、就业政策与经济发展 ［J］. 中国人口科学，2001 (4)：73 - 78.

二、外文类参考文献

［83］ A Mavourneen Thompson, David L Silvernail. Cost of Education Adjustments in States' School Funding Formulas ［R］. A Selected Fiscal Issue in School Funding Formulas, 2001：1 - 6.

［84］ Albert Saiz. Immigration and Housing Rents in American Cities ［J］. Journal of Urban Economics, 2007, 61：345 - 371.

［85］ Alessandra Faggian, Philip McCann, Stephen Sheppard. An Analysis of Ethnic Differences in UK Graduate Migration Behaviour ［J］. The Annals of Regional Science, 2006, 40 (2)：461 - 471.

［86］ Alexander, Celeste D, Timothy J Gronberg, Dennis W Jansen, Harrison Keller, Lori L. Taylor and Philip Uri Treisman. A Study of Uncontrollable Variations in the Costs of Texas Public Education ［R］. Texas：The University of Texas at Austin, 2000：1 - 44.

［87］ Barbara Wolfe, Samuel Zuvekas. Nonmarket Outcomes of Schooling ［R］. Institute for Research on Poverty Discussion Paper, 1995 (10)：1065 - 95.

［88］ Baryla, Edward A Dotterweich, Douglas. Student Migration：Do Significant Factors Vary by Region? ［J］. Education Economics, 2001, 9 (3)：269 - 280.

［89］ Bradford Tuck, Matthew Berman, Alexandra Hill. Local Amenities, Unobserved Quality and Market Clearing：Adjusting Teacher Compensation to Provide Equal Education Opportunities ［J］. Economics of Education Review,

2009（1）：58 - 66.

［90］Christiana Stoddard. Adjusting Teacher Salaries for the Cost of Living：the Effect on Salary Comparisons and Policy Conclusions ［J］. Economics of Education Review, 2005, 24（3）：323 - 339.

［91］Coust A T. Hedonic Price Indexes with Automotive Examples ［M］. New York：General Motors Corporation, 1939：99 - 117.

［92］D H Blackaby, D N Manning. Regional Earnings and Unemployment-A Simultaneous Approach ［J］. Oxford Bulletin of Economics and Statistics, 1992, 54（4）：481 - 501.

［93］Ding Yanqing. Inequalitys and Inequities in Compulsory Education in China ［D］. New York：Theachers College of Columbia University, 2005.

［94］E Anthon Eff. Cost Indices for Tennessee Local Education Providers：A Teacher Cost approach ［R］. Tennessee：Tennessee Advisory Commission on Intergovernmental Relations, 2008：1 - 17 + 34.

［95］F Howard Nelson. An Interstate Cost-of-Living Index ［J］. Educational Evaluation and Policy Analysis, 1991, 13（1）：103 - 111.

［96］Harvey E Brazer, Ann P Anderson. Adjusting for Differences Among School Districts in the Cost of Education Inputs ［R］. Washington, DC：Office of Education（DHEW）, 1974：1 - 43.

［97］Imazeki, Jennifer, Reschovsky, Andrew. Measuring the Costs of Providing an Adequate Public Education in Texas ［R］//Proceedings of the 91st Annual Conference on Taxation. Washington, DC：National Tax Association, 1991：275 - 290.

［98］Jahyeong Koo, Keith R Phillips, Fiona D Sigalla. Measuring Regional Cost of Living ［J］. Journal of Business & Economic Statistics, 2000（1）：127 - 136.

［99］Jay G Chambers. Educational Cost Differentials and the Allocation of State Aid for Elementary/Secondary Education ［J］. The Journal of Human Resources, 1978（4）：459 - 481.

［100］Jay G Chambers. Geographic Variations in Public Schools' Cost ［R］. Washington, DC: National Center for Education Statistics, 1998: 7 – 34, 41 – 45.

［101］Jay G Chambers. Public School Teacher Cost Differences across the United States: Introduction to a Teacher Cost Index (TCI) ［R］. Washington, DC: National Center for Education Statistics, 1995: 19 – 32.

［102］Jay G Chambers. Public School Teacher Cost Differences across the United States ［R］. Analysis/Methodology Report for NCES, 1995: 1 – 114.

［103］Jennifer Roback. Wages, Rents and Amenities: Differences among Workers and Regions ［J］. Economic Inquiry, 1988, 26 (1): 23 – 41.

［104］Jennifer Roback. Wages, Rents and the Quality of Life ［J］. Journal of Political Economy, 1982, 90 (6): 1257 – 1278.

［105］John V Winters. Wages and Prices: Are Workers fully Compensated for Cost of Living Differences ［J］. Regional Science and Urban Economics, 2009, 39: 632 – 643.

［106］Kristen Keith, Abagail Mc Williams. The Returns to Mobility and Job Search by Gender ［J］. Industrial and Labor Relations Review, 1999, 52 (3): 460 – 477.

［107］Lori L Taylor, Harrison Keller. Competing Perspectives on the Cost of Education ［R］. //Developments in School Finance: 2001 – 02 (NCES 2003 – 403), W J Fowler, Jr. U. S. Department of Education. Washington, DC: National Center for Education Statistics, 2003: 111 – 126.

［108］Lori L Taylor, Jay Chambers and Joseph P Robinson. A New Geographic Cost of Education Index for Alaska: Old Approaches with Some New Twists ［J］. Journal of Education Finance, 2004, 30: 51 – 78.

［109］Lori L Taylor, W J Fowler Jr. A Comparable Wage Approach to Geographic Cost Adjustment ［R］. Washington, DC: National Center for Education Statistics, 2006: 1 – 24.

［110］Mark C Berger, Glenn C Blomquist, Klara Sabirianova Peter. Compensating Differentials in Emerging Labor and Housing Markets: Estimates of Quality of Life in Russian Cities [J]. Journal of Urban Economics, 2008, 63: 25 – 55.

[111] McDowell Group. Alaska School Operating Cost Study Final Report [R]. Alaska: Alaska State Legislature, 1998: 1 – 110.

[112] Michael J Greenwood. The Geographic Mobility of College Graduates [J]. The Journal of Human Resources, 1973, 8 (4): 506 – 515.

[113] Mincer J, Solomon P. Family Investments in Human Capital: Earnings of Women [J]. The Journal of Political Economy, 1974, 82: 76 – 108.

[114] Mun C Tsang, Yanqing Ding. Resource Utilization and Disparities in Compulsory Education in China [J]. China Review, 2005, 5 (1): 1 – 31.

[115] Odden A and Picus L. School Finance: A Policy Perspective [M]. Boston: McGraw – Hill, 2004.

[116] Peter B Doeringer, Michael J Piore. Internal Labor Markets and Manpower Analysis [M]. Massachusetts: D C Heath and Company, 1971.

[117] Peternick L, Smerdon BA, W J Fowler, Jr and Monk D H. Using Cost and Need Adjustments to Improve the Measurement of School Finance Equity [M] W J Fowler, Jr. Developments in School Finance: 1997 (NCES 98 – 212) U. S. Department of Education. Washington, DC: National Center for Education Statistics, 1997: 149 – 168.

[118] Rosen Sherwin. Hedonic Prices and Implicit Markets: Product Differentiation Pure Competition [J]. Journal of Political Economy, 1974, 82 (1): 35 – 55.

[119] Rothstein R and Smith J R. Adjusting Oregon Education Expenditures for Regional Cost Differences: A Feasibility Study (Submitted to the Confederation of Oregon School Administrators) [R]. Sacramento, CA: Management Analysis & Planning Associates, LLC. 1997 – 05 – 30.

[120] Samuel Bowles. Migration As Investment: Empirical Tests of the

Human Investment Approach to Geographical Mobility [J]. The Review of Economics and Statistics, 1970, 52 (4): 356 – 362.

[121] Shirley J Holloway. Alaska's Public School Funding Formula: A Report to the Alaska State Legislature [R]. Alaska Department of Education & Early Development, 2001 – 01 – 15.

[122] Stephen M Barro. Cost of Education Differentials across the States [R]. Washington, DC: U. S. Department of Education, 1993: 1 – 171.

[123] Theodore W Schultz. Investment in Human Capital [J]. American Economic Review, 1961, 51: 1 – 17.

[124] Theodore W Schultz. The Economic Value of Education [M]. New York: Clumbia University Press, 1963: 39 – 44.

[125] Timothy J Gronberg, Dennis W Jansen, Lori L Taylor, Kevin Booker. School Outcomes and School Costs: the Cost Function Approach [R]. Texas: Texas A&M University, 2004: 1 – 34.

[126] Walter W McMahon, Carroll Melton. Measuring Cost of Living Variation [J]. Industrial Relations, 1978 (1): 324 – 332.

[127] Walter W McMahon, Shao Chung Chang. Geographical Cost of Living Differences: Interstate and Intrastate [R]. Illinois: Illinois State University, 1991: 1 – 9, 18 – 23.

[128] Walter W McMahon. Geographical Cost of Living Differences: An Update [R]. Illinois: Illinois State University, 1988: 4 – 22.

[129] Walter W McMahon. Intrastate Cost Adjustments [R] //W J Fowler, Jr. Selected Papers in School Finance 1994. National Center for Education Statistics, 1994: 93 – 112.

[130] William Duncombe, John Ruggiero, John Yinger. Alternative Approaches to Measuring the Cost of Education [R]. Washington, D C: The Brookings Institution, 1995: 1 – 55.

[131] W J Fowler, Jr, David H Monk. A Primer for Making Cost Adjust-

ments in Education ［R］. Research and Development Report for NCES, 2001：1 – 133.

［132］ Loren Brandt, Carsten A Holz. Spatial Price Differences in China：Estimates and Implications ［J］. Economic Development and Cultural Change, University of Chicago Press, 2006, 55 （1）：43 – 86.